# ENFANT UNIQUE

*JILL PITKEATHLEY*
*DAVID EMERSON*

• MARABOUT •

Titre original : *Only Child. How to Survive Being* One.
Publié par Souvenir Press Ltd.


Traduction: Liliane Charrier et Tina Calogirou

---

# SOMMAIRE

# Introduction

Les enfants uniques se distinguent des autres. Ni pires, ni meilleurs, ils sont tout simplement différents. Dans les pages qui suivent, nous allons nous pencher sur leurs spécificités.

À notre connaissance, le présent ouvrage reste le premier à étudier les caractéristiques de l'enfant unique. En effet, le cliché de l'enfant gâté, égoïste, égocentrique et bon élève se révèle très limité. Bien évidemment, les aînés, les cadets et les benjamins présentent, eux aussi, certaines particularités, mais là n'est pas notre propos. Ce livre est le premier à s'appuyer entièrement sur des témoignages d'enfants uniques. Il analyse les événements de leur vie et souligne comment ceux-ci ont marqué leur personnalité afin de suggérer à chacun des solutions permettant de tirer le meilleur parti de cette expérience singulière.

Après avoir mené une enquête auprès de plus de soixante enfants uniques, nous avons effectué une analyse approfondie de leur milieu (enfance, scolarité), des rapports avec leur entourage, puis de leur carrière et de bien d'autres aspects de leur existence. À l'issue de cette étude, il nous est apparu que l'enfance de ces individus allie de précieux avantages (grande capacité d'amour de la part des parents, par exemple) à de profondes lacunes (peu d'échanges avec d'autres enfants). À cet égard, nos interlocuteurs s'expriment sans équivoque :

*J'en ai assez des stéréotypes poussiéreux qui s'attachent aux enfants uniques. Nous ne sommes pas forcément plus gâtés ou plus adulés que les autres. Inversement, nous ne sommes pas non plus des phénomènes sur lesquels il convient de s'apitoyer. L'unicité n'est pas forcément synonyme de problèmes comportementaux, que ce soit chez l'enfant ou chez l'adulte. Ces clichés négatifs sont réducteurs. Il est vrai que notre expérience est singulière et qu'elle fait de nous des individus différents. C'est cela qu'il faut comprendre.*

Une jeunesse sans frères ni sœurs constitue pour l'enfant unique un héritage qui, les années passant, peut devenir un fardeau lourd à gérer. Notre enquête le confirme : devenus adultes, les enfants uniques sont soumis à de très fortes pressions et responsabilités. De toute évidence, tout n'est pas rose derrière la façade d'assurance et de confiance qu'ils présentent, en général, à leur entourage.

Si l'expérience de l'enfant unique se révèle si spécifique, pourquoi n'a-t-elle pas été étudiée plus tôt ? Peut-être parce que les enfants uniques ne reconnaissent pas eux-mêmes l'influence de ce statut sur leur comportement humain et social. N'ayant jamais pu tester les réactions d'un frère ou d'une sœur, ils mettent leur originalité sur le compte de leur propre personnalité.

*Il est difficile d'expliquer ce que c'est que de grandir dans l'ignorance totale de la vie familiale avec d'autres enfants.*

Abonder dans le sens du cliché de «l'enfant gâté et égoïste» est monnaie courante. Ce n'est qu'à l'âge adulte que l'enfant unique, à l'occasion d'une rencontre avec un alter ego, pourra vérifier des similitudes de caractère et même en rire.

Au fil des témoignages, la même constatation revient sans cesse : en racontant la façon dont ils ont grandi, tous nos interlocuteurs découvrent avec surprise les similitudes qui les unissent. Des souvenirs d'enfance qui se ressemblent et qui, jusque-là, n'avaient jamais été partagés, faute d'un frère ou d'une sœur :

*Si l'on m'avait donné le choix, je n'aurais jamais voulu être enfant unique. Je ne le souhaite d'ailleurs à personne. Je ne prétends pas avoir vécu un calvaire, non ! Mais j'aurais aimé comprendre plus tôt à quel point cette situation a influencé mon psychisme.*

Le présent ouvrage se propose de vous aider à mieux comprendre les incidences qu'engendre la situation d'enfant unique. La petite enfance, époque où se forgent les traits essentiels du caractère, est incontestablement la période la plus importante de la vie. Quelle qu'ait été votre position d'enfant au sein de la famille – aîné, cadet, benjamin ou enfant unique –, elle a influencé diversement et durablement votre existence d'adulte.

Il ne s'agit donc pas d'affirmer que la façon dont vous avez été élevé a déterminé votre personnalité, mais d'en mesurer l'impact sur celle-ci. Dans les pages qui suivent vous pourrez identifier les conséquences diverses liées à l'absence de frères et sœurs. À la faveur de cette prise de conscience, l'occasion vous est offerte d'opérer des changements au sein de votre vie afin de mieux la maîtriser. C'est là tout notre propos.

Au cours du premier chapitre, vous serez confronté, peut-être pour la première fois de votre existence, aux différents schémas comportementaux de l'enfant unique. Vous vous reconnaîtrez peut-être dans certains d'entre eux dont, jusqu'à présent, vous n'aviez pas conscience.

Dans le deuxième chapitre, vous verrez comment gérer au mieux les relations familiales, conjugales et amicales, ainsi que les rapports liés au milieu professionnel.

Le troisième chapitre s'adresse aux personnes vivant maritalement et aux futurs parents d'un premier enfant risquant d'être unique. Nous mettrons en lumière certaines réactions typiques chez ceux qui furent enfants uniques. Au sein du couple, ils se comportent sur un mode affectif particulier. N'étant pas habitués au partage, leur attitude peut, en apparence, ressembler à un manque d'amour ou à de la négligence, alors que tout simplement ils traduisent la difficulté de vivre à deux. Pour l'adulte qui fut enfant unique, l'intimité avec un compagnon ou une compagne peut même être vécue comme un envahissement. La peur de se sentir emprisonné se manifeste alors par des attitudes de fuite.

Ainsi, pour avoir recueilli bon nombre de témoignages, nous sommes en mesure de proposer aux parents de ces enfants de précieux conseils en matière d'éducation.

Nous abordons ici un fait de société, car aujourd'hui, les familles avec enfant unique sont de plus en plus nombreuses. Selon un sondage réalisé en 1993, le nombre d'enfants uniques s'est multiplié par cinq en dix ans. S'il n'était pas rare de se limiter à un seul enfant durant la grande crise des années 1930 et lors de la Seconde Guerre mondiale, l'après-guerre a fait place au baby-boom. Aujourd'hui, la situation s'inverse, et ce pour plusieurs raisons : de plus en plus de femmes connaissent une maternité tardive, tandis que d'autres, pour des raisons de carrière, se limitent à une, voire deux maternités. Du point de vue statistique, la moyenne française s'élève à 1,7 enfant par famille alors que la famille européenne moyenne ne compte plus que 1,4 enfant.

La rédaction de ce livre par des auteurs eux-mêmes enfants uniques a eu pour effet de les amener, page après page, à mieux assumer leur expérience ! Qu'il en soit ainsi pour le lecteur, tel est notre vœu le plus cher.

## L'identité de l'enfant unique

Définir la spécificité des enfants uniques ne reviendrait-il pas à affirmer que tous sont semblables ? Qu'il existe un stéréotype d'enfant unique aisément identifiable pour quiconque en connaît les codes ? En aucun cas ! Les enfants uniques relèvent du paradoxe. Chacun possède une histoire particulière mais tous ont des traits de caractère similaires, les deux tiers des personnes interrogées se retrouvant dans telle ou telle caractéristique commune évoquée précédemment. Par conséquent, un enfant unique ressemble généralement plus à un autre enfant unique qu'à un membre d'une fratrie. Si cet énoncé vous laisse sceptique, voici un test simple mais convaincant. Lorsque vous serez en société, posez-vous les questions suivantes : quel est l'individu :

– le plus responsable du groupe ?
– le mieux organisé ?
– le plus sérieux ?
– qui est rarement en retard ?
– qui évite les controverses ?
– le plus maître de soi ?

Il y a de fortes chances pour que celui qui réunit toutes ces conditions soit un enfant unique.

Les traits caractéristiques d'un enfant unique découlent de son éducation et de sa situation familiale.

Les témoignages montrent que la majorité des enfants uniques ont passé leur jeunesse entourés de leurs deux parents. Malgré le nombre croissant de divorces et de femmes choisissant de vivre seule leur maternité, la famille traditionnelle demeure la structure la plus courante pour l'enfant en bas âge. Quant à nos interlocuteurs issus de familles monoparentales, ils présentent des spécificités d'enfant unique sensiblement moins marquées. Dans ce cas, il s'avère que l'expérience monoparentale prend le pas sur celle d'enfant unique. Il conviendra de consacrer un autre ouvrage à ce sujet.

## L'enfant unique : qui est-il ?

«Qu'est-ce qu'un enfant unique ?» À question simple, réponse simple : quelqu'un qui n'a ni frère ni sœur. Mais que dire si vous avez un frère ou une sœur de dix ans plus jeune ou plus âgé que vous ? Ou si, adolescent ou jeune adulte, vous avez perdu votre frère ou votre sœur ? Nous préférons nous abstenir de donner une définition restrictive, puisque c'est l'expérience individuelle qui prime. Si vous vous ressentez enfant unique, c'est que vous êtes enfant unique ! Toutefois, si vous avez fait partie d'une fratrie, nous vous engageons à prendre un peu de distance avec les enseignements du présent ouvrage, dans la mesure où certains d'entre eux peuvent ne pas être pertinents pour vous.

Être enfant unique recouvre deux réalités. D'une part, toute personne ayant vécu une enfance hors fratrie développe un certain état d'esprit avec répercussions sur le comportement. Avec un frère ou une sœur nettement plus jeune ou plus âgé (ce qui revient à être élevé «seul»), les traits de la personnalité d'enfant unique peuvent vous concerner partiellement.

D'autre part, si être enfant unique, c'est être seul pour répondre aux attentes de ses parents et, par la suite, le seul à en être responsable, les personnes ayant perdu un frère ou une sœur se retrouvent dans le même cas de figure. Si telle est votre situation, vous vous reconnaîtrez peut-être à travers le sens du devoir et le besoin de ne pas décevoir vos parents, deux caractéristiques propres aux enfants uniques.

En tant qu'auteurs, nous n'avons à aucun moment pris position dans ce livre. Seule nous importait l'opinion des enfants uniques qui ont eu la courtoisie de nous consacrer du temps lors de leurs témoignages. Nous leur en sommes à tous extrêmement reconnaissants. Et si nous avons fidèlement retranscrit leurs paroles, c'est dans le but de livrer à nos lecteurs l'ensemble des points de vue exprimés.

# Première partie
# ÊTRE ENFANT UNIQUE

*J'ai toujours pensé qu'il devrait y avoir une association regroupant les enfants uniques. J'avais même trouvé un nom : la F.E.U.*

«Qu'est-ce que les enfants uniques ont donc de si particulier ?» On imagine aisément les remarques de tous ceux qui ont grandi entouré d'une ribambelle de frères et sœurs : «Pourquoi croient-ils avoir besoin d'une association ? N'ont-ils pas toujours bénéficié d'un traitement de faveur, ne sont-ils donc jamais satisfaits ? Bon sang, qu'ont-ils de si spécial ? Quels problèmes peuvent-ils bien éprouver, quand on sait qu'ils ont reçu plus d'attentions que d'autres de la part de leurs parents, et qu'ils ont bénéficié d'une foule d'avantages ?»

*L'une de mes amies était fille unique. Elle avait tous les jouets qu'elle désirait, les nouveaux livres. Adolescente, elle était toujours habillée avec des vêtements dernier cri.*

Ces avantages, cette attention parentale exclusive, le fait de n'avoir pas à partager quoi que ce soit avec ses frères et sœurs, mais aussi de ne pas grandir dans l'animation d'une maisonnée pleine d'enfants, avec son lot de bagarres et d'expériences : tout cela contribue à faire de l'enfant unique une personnalité à part, dont le comportement peut paraître déconcertant à ceux qui ont été élevés au sein d'une fratrie.

Que l'on soit l'aîné, le cadet ou le benjamin, la place que l'on occupe dans une famille, avec ses avantages et ses inconvénients, façonne, nous l'avons dit, la personnalité de chacun, en générant des comportements spécifiques. Loin de nous l'idée que seuls les enfants uniques soient marqués à vie par leur enfance.

Toutefois, l'expérience de l'enfant unique, qui a grandi dans un monde d'adultes, entraîne souvent des difficultés relationnelles entre lui et son entourage (relation affective perturbée avec le conjoint, conflits dans l'univers professionnel) en raison d'un sentiment permanent d'isolement :

*Je suis réfractaire à toute amitié exclusive. Lorsqu'on s'approche trop de moi, j'éprouve comme un sentiment de claustrophobie. Bien sûr, c'est difficile à vivre pour moi, mais plus encore pour ma famille.*

*Bien que marié depuis des années, j'ai toujours souffert, dans mes rapports avec autrui, de l'absence de la chaleur et de l'enjouement qu'on connaît au sein d'une famille nombreuse.*

*Mes parents voulaient à tout prix que je réussisse, ce qui a fortement marqué mon éducation. Durant toute ma scolarité, ils ont été extrêmement exigeants, ce qui a entraîné quantité de problèmes dans mon intégration sociale. D'ailleurs, j'en souffre encore aujourd'hui.*

L'entourage remarque aussi ces types de comportement. «Les défauts des enfants uniques sont spectaculaires», estiment les proches. Un psychologue explique :

«Je reconnais un enfant unique à vingt mètres. Cela se traduit par un certain espace qu'il requiert, à cette incapacité à se livrer ou à vraiment s'engager auprès de quelqu'un.»

Les enfants uniques ont la réputation d'être égocentriques et d'avoir été gâtés à outrance… Une femme décrit son ex-mari en ces termes :

*J'ai toujours pensé qu'il était un enfant unique typique : totalement préoccupé de lui-même, ne pensant qu'à ses propres besoins, et sincèrement convaincu d'être le centre de l'univers.*

Mais la réalité intérieure d'un enfant unique s'avère parfois très éloignée de l'image qu'il donne à son entourage. Nos interlocuteurs ont tous porté un jugement très négatif sur certains aspects, voire sur la totalité, de leur expérience :

*Quand on est enfant unique, c'est pour toujours – les choses ne s'améliorent jamais.*

Nous avons regroupé leurs commentaires en cinq grands chapitres :

– Être tout pour ses parents,
– Petites bagarres entre frères et sœurs,
– Image de soi,
– Immaturité sociale,
– Toujours seul.

Les réactions des personnes interrogées ne sont pas toutes négatives : nous avons recueilli des témoignages d'enfants uniques heureux. Mais la grande majorité d'entre eux se retrouvent tout entiers dans cette petite phrase :

*Il ne s'est pas écoulé un jour de ma vie au cours duquel je n'aie souhaité avoir un frère ou une sœur.*

1.

# Être tout pour ses parents

*Être enfant unique, c'est une expérience très forte. On a l'impression qu'on doit être tout pour ses parents.*

*Souvent, j'avais l'impression que toutes les responsabilités reposaient sur mes épaules. J'étais le panier dans lequel mes parents avaient mis tous leurs œufs, car, pour eux, je représentais l'avenir. Cette image de tous les œufs dans le même panier résume parfaitement mon expérience.*

Ce chapitre s'intéresse aux sentiments éprouvés par ces enfants uniques sur lesquels se focalisent les *responsabilités*, les *espérances* et les *reproches,* ce qu'ils résument souvent en disant qu'ils représentent tout pour leurs parents. Puis dans un second temps, nous examinerons les effets, sur les bénéficiaires, de *toute l'attention* et de *tous les avantages dont ils ont bénéficié.*

Pourquoi ces sentiments sont-ils particulièrement exacerbés chez les enfants uniques ?

Dans la plupart des civilisations, deux personnes vivant en couple ne constituent pas une famille à proprement parler. On n'imagine pas un homme déclarant qu'il est «très famille» s'il n'a qu'une épouse et pas d'enfants, ni une femme dire qu'elle souhaite consacrer davantage de temps à sa famille si celle-ci se résume à son mari. Ce n'est qu'à la naissance d'un bébé, d'une troisième personne, que le couple devient une famille. Très tôt, l'enfant unique comprend que c'est sur lui que repose l'existence de la famille, ainsi que la responsabilité d'en perpétuer la lignée familiale. Par le simple fait de naître, il a assuré la transition du couple vers la famille.

*Pour ma part, j'ai souffert du syndrome de l'investissement total. Mes parents savaient qu'ils ne pouvaient pas avoir d'autre enfant. Tout s'est canalisé sur moi : les frustrations de ma mère concernant sa vie de couple et les frustrations personnelles de mon père. Tous leurs espoirs se sont focalisés sur moi. J'étais le messie. Avec ma venue, tout allait s'améliorer.*

Entre toutes les responsabilités à assumer, les attentes et les exigences relatives à la famille, une majorité d'enfants uniques jouent un vaste répertoire de rôles, comme celui de :

– médiateur ou d'arbitre entre les parents,

– compagnon,

– dépositaire des ambitions parentales tant dans le domaine professionnel que pour la pérennité du nom,

– source de joie et stabilisateur d'humeur,

– soignant.

Bien souvent, ces rôles dépassent le cadre familial : l'enfant unique se fait le porte-parole de la famille à l'école ainsi dans d'autres groupes sociaux. (activités sportives, par exemple). N'ayant personne avec qui partager tous ces rôles il trouve en lui la force de les assumer seul. Comme l'exprime l'une des personnes interrogées, aujourd'hui âgée de plus de 70 ans :

*Vraiment, on ne souhaite ça à personne : il faut savoir être TOUT.*

Rares sont les enfants uniques souhaitant à quiconque le même sort qu'eux. Et nombre d'entre eux insistent sur l'énorme poids qui leur est réservé.

*Vous représentez tout pour vos parents. Vous êtes leur raison d'être. Je pense que les parents d'enfants uniques peuvent très facilement exploiter cette situation, en jouant la carte de la culpabilité.*

Certains le perçoivent comme une pression s'accentuant avec le temps :

*Lorsque tous les espoirs de vos parents sont focalisés sur vous, vous éprouvez une pression incroyable. D'une certaine manière, le*

*poids lié à mon statut d'enfant unique me semble plus lourd aujourd'hui que dans mon enfance. Et à mesure que mes parents vieillissent, ce sentiment va croissant... Je redoute vraiment le jour où je devrai m'occuper d'eux. Quand on est enfant, on n'a pas vraiment conscience de tout cela, mais à mesure qu'on vieillit, la pression s'accentue, la culpabilité aussi, car on a peur de ne pas être à la hauteur. Aujourd'hui, je me sens une lourde responsabilité vis-à-vis de mes parents. Les rôles sont inversés.* Etre tout pour ses parents, cela comporte des inconvénients, mais aussi des avantages : l'enfant jouit de toute leur attention et de largesses matérielles. C'est sans doute l'origine du mythe de l'enfant unique trop gâté.

Examinons de plus près chaque aspect de cette situation.

## TOUTES LES RESPONSABILITÉS

Qui est désigné responsable ? Qui se charge de l'organisation ? Qui va établir une liste des participants à la prochaine réunion ? Qui prend les décisions ? L'enfant unique, bien sûr ! Tout le monde sait combien les enfants uniques sont sérieux et fiables. Eux, les dépositaires des ambitions de leurs parents, les surdoués, ceux qui ont toujours raison...

Par la naissance de l'enfant, le couple change de statut. On parle désormais de parents, de leur enfant, et donc d'une famille. Dans ce trio, l'enfant unique fait figure de phare. Animé d'un puissant sens du devoir, cherchant à tout prix à adopter un comportement irréprochable en faisant face à toutes les obligations qui se présentent, il est en quelque sorte le maître à bord de la famille :

*J'ai toujours voulu ruer dans les brancards, mais je n'y suis jamais parvenu. Toujours ce sentiment qu'il fallait être «raisonnable».*

*J'arrive parfaitement à assumer la responsabilité de mes actes – peut-être même trop bien. Je place toujours la barre un peu trop haut. Mais je pense que mes parents ont fait de même avant moi.*

Les aînés qui se sont occupés de leurs petits frères et sœurs éprouvent le même sentiment. Comme le dit une femme à son frère aîné :

*Quand nous étions jeunes, j'étais très égoïste, tandis que toi, tu apprenais à devenir altruiste.*

On sait que chez les enfants uniques, ce sens des responsabilités peut parfois prendre une dimension sans commune mesure. Les paroles de cette femme de 33 ans, qui a perdu son frère alors qu'elle avait 21 ans, sont éloquentes à cet égard :

*Après la mort de mon frère, j'ai tout d'abord pensé que ce sentiment de responsabilité accru que je ressentais vis-à-vis de mes parents, et vis-à-vis des autres, était dû à son décès. Puis, je me suis rendu compte que, bien que nous nous habituions à son absence, ce sentiment perdurait, devenant une composante permanente de ma personnalité, renforcée par le fait que je n'avais plus personne de ma génération avec qui partager mes sentiments.*

Les enfants uniques acceptent de prendre les choses en main, de se charger des tâches. Ce sont des leaders-nés. Dans un groupe, ils parviennent souvent à détecter un autre enfant unique à son air sérieux ou préoccupé, ainsi qu'à la fréquence de ses excuses :

*Je suis une véritable mère poule, même avec mes amis. Par exemple après un dîner, je m'inquiète de savoir comment ils vont rentrer chez eux, s'ils n'ont pas trop bu, etc. Être une mère poule, c'est aussi une manière de régenter la vie des gens. Donc, je me soucie des autres au point de me sentir responsable d'eux.*

En réalité, il convient de distinguer deux types de responsabilités :

## Être responsable du bien-être de ses parents

Les enfants uniques que nous avons interrogés se sentaient fortement responsables du bonheur et du bien-être de leurs parents. On peut d'ailleurs se demander si un tel sentiment peut se retrouver aussi exacerbé chez des personnes ayant grandi au sein d'une fratrie.

*J'avais l'impression qu'il me fallait toujours être sage pour que ma mère soit gentille. Lorsqu'elle était de bonne humeur, tout allait bien et l'ambiance à la maison était alors supportable.*

*Lorsque j'étais étudiant, mes parents se sont séparés pendant un certain temps. Après le départ de mon père, je me suis senti totalement responsable de ma mère. Elle était seule, elle n'avait plus que moi. J'ai passé beaucoup de temps avec elle, je suis quasiment revenu vivre à la maison. Puis, mon père est rentré, mais j'ai continué à me faire du souci pour l'avenir. Le pli était pris et c'était très lourd à porter.*

Un certain nombre d'enfants uniques ont conscience des désaccords au sein du couple parental. Il n'est pas rare que l'un d'eux, généralement la mère, recherche alors le soutien de son enfant :

*Je pense que ma mère m'en demandait trop. Les rapports sont très différents selon qu'il s'agit d'une relation mère-fille ou mère-fils, mais je crois qu'ils sont aussi puissants dans les deux cas.*

*Ma mère m'a toujours manipulée pour que je sois de son côté. Mon père était le bouc émissaire, il était accusé de tous les maux, et ma mère me demandait de prendre position contre lui. C'était le prix à payer pour gagner les faveurs de ma mère.*

*Je ne pouvais pas prendre le risque d'un conflit avec mes parents en faisant preuve d'indépendance. Le moindre petit détail devenait un problème. Je faisais tout pour préserver la paix et le calme à la maison. Il fallait marcher sur la pointe des pieds et ne contrarier personne. Mes parents entretenaient également des rapports très complexes avec ma grand-mère, qui se montrait extrêmement méprisante vis-à-vis de mon père (selon elle, son gendre n'était pas assez bien pour sa fille). Moi, j'observais tout cela et je faisais mon possible pour éviter de mettre de l'huile sur le feu !*

*Quand mon père était malade, je m'occupais de lui. Je m'y sentais obligé. Mais ma mère avait aussi besoin de moi. Il lui fallait quelqu'un à qui parler, quelqu'un pour s'occuper de tout. J'aurais aimé qu'elle sache gérer les situations de crise à ma place.*

*Mon père souffrait d'un ulcère. Lorsqu'il a été hospitalisé, j'ai dû retourner vivre chez mes parents pour m'occuper de ma mère. Elle ne savait pas se débrouiller toute seule.*

*Je me sentais très responsable de ma mère. Elle était possessive, assez faible et elle avait besoin de moi. Je me souviens par exemple que je n'aimais pas la soutenir en lui donnant le bras. Avec le temps, les rôles ont été inversés.*

Avec le temps et lorsque des difficultés affluent, la plupart des enfants deviennent les parents de leurs parents. Mais pour l'enfant unique, cette situation est d'autant plus lourde à gérer qu'il n'a ni frère ni sœur pour partager ce poids familial, les responsabilités à exercer et les sentiments éprouvés :

*On n'a personne à qui dire : «notre mère», on a l'impression que tout repose sur nos épaules : c'est cela qui donne l'impression que le ciel vous tombe sur la tête.*

Ce sens des responsabilités pousse certains enfants à jouer les médiateurs vis-à-vis de leurs parents. Un nombre surprenant de nos interlocuteurs ont dû faire office d'intermédiaires :

*Mes parents se disputaient constamment. Souvent, je prenais mes draps et ma couverture, et j'allais dormir devant leur porte, pour que cela cesse !*

*J'ai parfaitement conscience d'avoir souvent tenu le rôle de médiateur avec mes parents. Lorsqu'ils se disputaient, j'essayais d'arrondir les angles. Je savais que j'avais le pouvoir de les réconcilier. Souvent, ma mère faisait nos valises et nous partions, elle et moi. Installé sur la banquette arrière de la voiture, avec mes nounours, je demandais : «Est-ce que ça va aller pour papa ?» J'ai toujours eu l'impression d'être un arbitre entre eux.*

Comme l'idée du bonheur est étroitement liée à l'image d'une famille épanouie, l'enfant unique pense souvent que l'harmonie familiale dépend de lui :

*Je crois que, dans la mesure où j'occupais le centre de la vie de ma mère, j'étais investie d'une grande responsabilité envers elle. J'avais conscience qu'à ses yeux il était essentiel que je demeure à ses côtés… Il aurait été inconcevable que je parte faire mes études, par exemple, à Montpellier ! Je me suis inscrite à la faculté de Nanterre, suffisamment loin pour ne pas vivre à la maison. Elle et moi, nous nous sommes finalement dit que c'était un bon choix.*

*L'enfant unique éprouve un sentiment permanent de culpabilité. Pendant mon enfance, toute la vie de mes parents tournait autour de moi. Maintenant que mon père est malade, j'ai l'impression, en arrivant à la maison, que j'apporte enfin un peu d'animation. Ce n'est pas que mes parents ne vivent qu'à travers moi, mais j'ai quand même le sentiment que je leur dois toujours quelque chose.*

Les personnes interrogées sont souvent persuadées que la réussite ou l'échec des réunions familiales (fêtes de Noël ou vacances) dépend d'eux. D'ailleurs, cette impression a été mentionnée si fréquemment que nous lui avons consacré un bref chapitre *(cf. NOËL ET AUTRES FÊTES DE FAMILLE, chapitre 11).*

## Etre responsable de son existence

D'une manière étonnante, les enfants uniques sont souvent convaincus que s'ils n'ont pas de frères et sœurs, c'est un peu de leur faute. Cette idée leur a fréquemment été suggérée par une conversation qu'ils n'auraient pas dû entendre :

*Ma mère racontait toujours que ma naissance avait été un moment très éprouvant.*

*On m'a toujours laissé entendre que si je n'avais pas eu de frères et sœurs, c'est parce que j'étais un enfant difficile et que je fatiguais trop ma mère.*

Ou bien cela leur a été dit de manière totalement explicite :

*L'accouchement fut assez pénible et j'ai bien saisi le message : c'était de ma faute. Mon père continue d'ailleurs à raconter cette version. Il explique que ce fut un accouchement pénible, et que, pour rien au monde, ma mère n'aurait voulu affronter à nouveau cette épreuve. «Après toi, on ne voulait pas d'autre enfant !» Je n'avais vraiment pas le sentiment d'avoir été désiré.*

Parfois, cette idée est entretenue même si elle ne repose sur aucun fondement :

*Lorsque j'étais enfant, j'ai eu les oreillons. Selon la légende familiale, j'aurais alors contaminé papa, raison pour laquelle mes parents ne pouvaient plus avoir d'enfant. Ce n'est que bien plus tard que j'ai su avoir contracté cette maladie à l'âge de sept ans !*

Certaines de ces histoires sont probablement véridiques, un premier accouchement étant souvent long et douloureux. De ce fait, la jeune maman (ou les deux parents) refusent l'éventualité d'une nouvelle grossesse. Mais la version donnée à l'enfant est quelque peu différente et propice à engendrer très tôt un sentiment de culpabilité : «Tu étais vraiment insupportable !» ou bien : «Avec toi, nous ne savions plus à quel saint nous vouer !» :

*Ma mère prétend qu'elle a vécu une grossesse et un accouchement extrêmement pénibles. Je ne sais pas si c'est vrai, mais elle n'a cessé de me le répéter pour que j'en sois bien persuadée. Elle n'arrêtait pas de me dire : «On a demandé à ton père de choisir entre la mère et l'enfant.» Je pense qu'il doit y avoir du vrai dans cette histoire, certainement, mais on me l'a trop souvent ressassée lorsque j'étais petite.*

Peut-être le sentiment de culpabilité, déterminant dans l'expérience de l'enfant unique, germe-t-il à ce moment-là :

*D'après ce qu'en dit ma mère, ma naissance n'a pas été une expérience heureuse et j'en éprouve une certaine culpabilité. À la suite de cet accouchement difficile, mes parents n'envisageaient pas un nouveau bébé. J'ai toujours entendu mon père déclarer que ma petite enfance avait été une période désagréable pour ma mère. Et pourtant au départ, je ne crois pas que mes parents aient pensé n'avoir qu'un seul enfant.*

*J'étais un bébé absolument énorme. À la maternité, les sages-femmes m'appelaient «l'éléphant». Apparemment, l'accouchement fut horriblement douloureux. Ma mère m'a toujours culpabilisé à ce sujet et pour bien d'autres choses d'ailleurs. Ça m'est vraiment resté en travers de la gorge.*

Dans certains cas, c'est le chagrin de parents ayant perdu un enfant qui génère chez le frère ou la sœur un sentiment de culpabilité :

*J'avais sept ans lorsque ma mère a mis au monde un petit garçon qui est mort quinze jours plus tard. Ce drame s'est répété une seconde fois, à la naissance du bébé. L'arrivée tardive d'un frère et d'une sœur qui n'ont pas survécu ont éveillé en moi un sentiment de culpabilité comme si j'avais souhaité leur mort. Etre enfant unique pendant sept ans et voir arriver tout à coup un petit frère, ce n'est pas évident ! Longtemps je me suis accusé de leur disparition et j'en ai beaucoup souffert.*

*Ma mère avait perdu une fille avant ma venue au monde. J'ai une foule de souvenirs d'enfance liés à cette tragédie. J'essayais de jouer en silence sous la table, ma mère pleurait devant la cheminée, toutes lumières éteintes. Je crois qu'elle ne s'est jamais remise de cette mort. Elle n'arrêtait pas de me dire : «Si ta sœur était là, elle t'aurait remis à ta place.» Je trouvais cela vraiment assommant : quand on a six ans, une sœur morte, ça ne représente rien. Et puis toutes les occasions étaient bonnes pour évoquer la disparue. Par exemple, elle m'annonçait : «Aujourd'hui, ta sœur aurait douze ans.» Ces rappels pesaient lourdement sur moi. Mais hélas, ils trahissaient aussi la douleur de ma mère.*

Les enfants uniques assument des responsabilités en réponse à un message qui leur a été adressé, directement ou indirectement, par leurs parents ou par la famille. Le processus décrit ci-après les amène à mûrir plus tôt et plus rapidement que d'autres enfants :

- le jeune enfant unique grandit entouré d'adultes qui focalisent toute leur attention sur lui. De ce fait, il acquiert rapidement un vocabulaire riche et copie les attitudes observées autour de lui, si bien que très tôt il adopte un comportement d'adulte,
- les parents constatent alors une maturité précoce chez leur enfant.

Mais dès que celui-ci retrouve ses semblables (à la crèche ou à l'école), il se comporte à nouveau comme un petit de son âge :

- tout naturellement, les parents encouragent ses aptitudes à se conduire comme un adulte en lui confiant des tâches, en le responsabilisant et en l'impliquant dans les décisions concernant la maison et la famille,
- en réaction, l'enfant unique se montre de plus en plus fiable, et le cycle responsabilité/maturité va en s'intensifiant.

C'est ainsi que naît le phénomène du «petit adulte» :

*J'ai passé les premières années de ma vie dans un environnement sans enfants, ce qui m'a donné une certaine maturité. Je me suis donc senti adulte bien avant l'âge.*

Les répercussions sur le développement affectif du «petit adulte» sont considérables. Derrière une façade sérieuse se cache en réalité un jeune enfant *(cf. chapitre 4, LA MATURITÉ SOCIALE, qui en étudie les implications)*. N'ayant pas conscience de ce processus, les parents peuvent prendre pour argent comptant cette apparente maturité et surcharger leur enfant de responsabilités :

*Chez nous, l'argent n'était pas tabou et j'étais parfaitement au fait des questions financières. Je savais ce que nous pouvions nous permettre, et ce qui était exclu. Par exemple, je connaissais la marge dont mes parents disposaient pour les dépenses de Noël. Une fois, j'ai désiré un cadeau trop cher. On m'a expliqué que tout était une question de budget. J'ai bien appris la leçon et, très tôt, j'ai su gérer une cagnotte. Ainsi, lorsque je voulais m'acheter quelque chose mais que mon argent de poche était insuffisant, je travaillais pour gagner ce qui manquait Lorsqu'ils avaient une décision d'ordre financier à prendre, mes parents me consultaient, même lorsque j'étais très jeune.*

*En fait, la situation financière de mes parents n'a jamais été un secret pour moi, et ce depuis mon plus jeune âge. Jamais je n'ai pleurniché pour obtenir ceci ou cela (remarquez qu'à l'époque il n'y avait pas autant de sollicitations que maintenant). J'ai encore moins trépigné devant un magasin de jouets en disant : «Je veux ça !» Mais dès que je désirais quelque chose qui était dans nos moyens, mes parents me l'offraient.*

L'apparente maturité de l'enfant unique ne frappe pas seulement ses parents :

*J'ai toujours été assez mûre, adulte et responsable. Lors d'une fête ou d'un anniversaire, les mères demandaient à leurs enfants : «Est-ce que Véronique est invitée ? Dans ce cas, tu peux y aller.» J'étais quelqu'un de rassurant pour les autres parents.*

Certains parents confient sciemment des responsabilités à leur enfant ou lui accordent certaines libertés pour éviter de le «couver», danger sur lequel nous reviendrons plus loin, dans ***Toute l'attention*** :

*Ma mère m'a donné plus de liberté que n'en avaient mes camarades : elle jugeait important que je sorte et que je fréquente des têtes nouvelles. Aujourd'hui, quand je pense à ce que j'avais le droit de faire, j'en suis sidérée. Et rétrospectivement, cela me fait froid dans le dos !*

Bien sûr, le fait de se voir très tôt confier des responsabilités, ou au contraire d'en être privé, induit des répercussions durables dès l'enfance :

*Étant impliquée très tôt dans les décisions familiales, j'ai vite compris que dans certaines situations, mon avis comptait. Dans le couple que formaient mes parents, le pouvoir n'était pas, me semble-t-il, réparti équitablement. D'ailleurs, il est rare que ce soit le cas. L'enjeu pour l'enfant unique, c'est de comprendre qui a l'ascendant sur l'autre, quelle est sa marge de manœuvre à lui, dans quel cas il peut l'exercer, etc.*

## Être trop responsable : quels en sont les effets ?

Etre responsable est une qualité qui profite à l'enfant unique comme à la société tout entière. Toutefois, on souhaiterait une petite dose d'insouciance à ceux qui souffrent d sens aigu du devoir :

*Il y a des jours où je fais mes valises, je monte dans ma voiture et je pars. J'aimerais tant tout plaquer, mais je n'y arrive pas : je me sens trop responsable. Je cours à droite et à gauche pour m'occuper de tout et de tout le monde. Je fais toujours le maximum pour que chacun soit heureux. Et si j'arrêtais ? Eh bien, je serais malheureuse.*

On peut s'interroger sur l'incidence que ce sens surdéveloppé des responsabilités a sur l'enfant unique. La plupart des personnes interrogées estiment ne pas avoir eu d'enfance et donc être devenus adultes trop rapidement :

*Je n'ai jamais eu l'impression qu'on m'autorisait à être un enfant, c'est-à-dire insouciant, libre de tout sens du devoir.*

Plus tard, à l'adolescence, ce sentiment a étouffé dans l'œuf toute velléité de rébellion chez ces jeunes estimant être tellement redevables à leurs parents :

*Il me semble que les enfants uniques ne traversent pas de crise d'adolescence, pas ouvertement du moins. J'ai été dans ce cas. En fait, on ne peut pas vraiment se le permettre, on porte une trop grosse responsabilité. Vos parents n'ont que vous, cela serait trop dur pour eux d'affronter le désarroi d'un adolescent. Alors, on trouve d'autres moyens. C'est ainsi.*

*Je ne me suis pas rebellée à l'adolescence. Ce n'était pas possible. Mes parents étaient intraitables. Pour les horaires, par exemple : je devais impérativement être rentrée à la maison à 22 heures. Quand je vois des adolescentes insupportables et insolentes, ça me met hors de moi. Pourquoi les laisse-t-on faire, elles ?*

Ce sens des responsabilités, qui perdure à l'âge adulte, se manifeste parfois dans des domaines où il n'a pas forcément lieu d'être. Ainsi, certains se sentent responsables du bonheur ou de la situation d'autrui, tel Charles, sans aucune raison logique :

*Il se sent responsable de tout. Je n'arrête pas de lui dire : «Tu ne peux pas régler les problèmes de la terre entière.» Si ce trait de caractère est typique des enfants uniques, alors Charles en est l'illustration parfaite. Un jour où je ne me sentais pas bien, je lui ai demandé de rester à la maison. Il m'a répondu qu'il avait pris des engagements pour la soirée. En fait, il est sorti dîner avec sa secrétaire : figurez-vous qu'elle était déprimée parce qu'elle venait de quitter son petit ami ! Je lui ai dit qu'il ne pouvait pas tenir la main*

*…ressifs de la terre ! Il estime devoir faire le bonheur de*

…récisément ce sens des responsabilités qui confère …niques certaines qualités :

*J'ai un sens de l'équité très développé. Je me bats toujours pour les plus faibles.*

*À l'école, je détestais voir certains enfants brutalisés par d'autres. Je protégeais surtout les fillettes victimes de brimades. Comme j'étais assez grand pour mon âge, c'était facile. Je leur disais : «Si vous avez des problèmes, venez me le dire.» Et chaque fois que ce genre d'abus avait lieu, j'intervenais et je disais à l'agresseur : «Si tu veux l'embêter, il faudra d'abord que tu te frottes à moi, parce que c'est une de mes amies. Pigé ?» Et je me suis mis à veiller sur toutes les filles qu'on chahutait.*

Là encore, cette attitude peut subsister à l'âge adulte et s'avérer précieuse :

*Je suis quelqu'un de fort et de responsable, presque au point d'en être névrosé. Je me sens coupable des délits accomplis par les autres. Ce qui fait de moi un bon avocat. Et quand on malmène les gens, cela me rend fou.*

*J'éprouve le besoin impérieux de m'occuper des autres. Les canards boiteux, c'est mon rayon. Je les aide, mais en réalité, je fais cela pour moi, pour me sentir mieux. Je joue les justiciers pour voler au secours de la veuve et de l'orphelin. Mais du même coup, il m'est difficile de réclamer assistance lorsque à mon tour, il me faut de l'aide. J'ai par ailleurs un sens très développé de l'équité. En politique, dans le domaine social… Aussi, quand je suis témoin d'une injustice, cela me met hors de moi. Ce sont des colères inutiles qui me coûtent une énergie folle, car je sais que je m'énerve à propos de choses auxquelles je ne peux rien changer.*

La ligne séparant le sens des responsabilités du sentiment de culpabilité est ténue, ce qui nuit quelquefois aux relations entre l'enfant et l'un de ses parents, voire les deux :

*Je souffre d'une grande culpabilité, ce qui explique la haine profonde que je voue à ma mère. Je ne la supporte pas. Aller la voir me demande toujours un effort. Maintenant, je consacre le plus d'argent possible pour la dédommager. Je lui offre des cadeaux, je l'invite au restaurant à Noël. C'est une attitude totalement cynique et grotesque dont je suis parfaitement conscient. Mais jamais elle ne pourra me dire : «Nous avons payé pour que tu ailles dans une bonne école, dans une bonne université. Et toi, qu'est-ce que tu as fait pour nous ?» Je la rembourse, assez généreusement d'ailleurs. Ainsi, j'essaie littéralement de racheter ma culpabilité. Il y a bien un autre moyen : couper les ponts avec elle, mais cette idée-là m'est intolérable.*

*Je connais la culpabilité pour l'avoir éprouvée envers ma mère. C'est un sentiment puissant et destructeur. Mon mari est enfant unique. Du jour où je l'ai rencontré, lui aussi a eu l'impression de trahir sa mère. Coupable de la quitter, d'accorder plus d'importance à une autre femme. Un problème qu'il n'a jamais pu dépasser. Avec nos schémas parentaux à peu près identiques (nos mères nous en demandaient trop à cause d'un mari défaillant), quel couple de coupables avons-nous formé ! Aujourd'hui une chose est sûre : je ne veux pas que mes enfants se sentent coupables vis-à-vis de moi.*

Dans ce chapitre, nous nous intéresserons de près à cette culpabilité déjà mentionnée à maintes reprises qu'éprouvent les enfants uniques.

Toutefois, le sens des responsabilités caractérisant les enfants privés de fratrie n'est pas dépourvu d'avantages, étant jeunes ou devenus adultes :

*Quand on n'a ni frères ni sœurs, on apprend à se motiver tout seul. L'enfant unique doit inventer ses propres activités, une capacité qu'il conserve à l'âge adulte. C'est pour cela que j'ai choisi de travailler à la maison. Je préfère ne pas subir les contraintes inhérentes à la vie de groupe. Accomplir des choses seule ne me dérange pas, c'est même un atout.*

*Quand j'ai un objectif, je fonce. Il faut vraiment avoir d'excellents arguments pour me faire changer d'avis.*

*Toute ma vie, j'ai respecté les délais qui m'étaient imposés. Pour moi, c'est essentiel. Je mets vraiment un point d'honneur à respecter mes engagements.*

*Très jeune, lorsque j'entreprenais quelque chose, je savais que l'échec m'était interdit, sous peine de susciter la colère de mes parents. Non, même pas la colère. C'était plus proche de la déception…, comme si je les avais trahis. Sur le moment, c'était l'enfer, mais avec le recul, je dois admettre que cette méthode a porté ses fruits. Je rends toujours un travail impeccable et à la date convenue.*

Néanmoins, l'enfant unique sait se montrer excessivement dur avec lui-même et intolérant envers les autres :

*Je suis parfaitement intraitable avec moi-même en plaçant toujours la barre très haut. J'attends aussi beaucoup des autres. Par exemple, je ne supporte pas que quelqu'un fasse preuve de négligence dans son travail.*

Les enfants uniques ne sont pas toujours faciles à vivre. Trop sérieux, peu enclins à l'insouciance, ils ont un mal fou à se laisser aller. Dans la deuxième partie de cet ouvrage, nous verrons comment gérer ce sens du devoir et comment l'exploiter sans en être esclave.

Une responsabilité en entraînant une autre, l'enfant unique se doit non seulement d'«être tout pour ses parents» mais aussi celui qui endosse toutes les réalisations en devenir.

## TOUTES LES ATTENTES

Chaque famille nourrit pour ses enfants des espoirs et des aspirations qui ne se concrétisent pas toujours. L'enfant ressent le décalage, plus ou moins marqué, entre ce que ses parents attendent de lui (de façon explicite ou non) et ses propres envies. C'est une situation tout à fait classique à cette différence près que dans une famille à enfant unique, les ambitions parentales sont d'autant plus fortes qu'elles n'ont qu'une seule chance d'aboutir.

Lors de nos entretiens, la plupart des enfants uniques ont souligné les exigences dont ils ont fait l'objet. Ils étaient prisonniers d'un avenir tracé à l'avance par leurs parents (auxquels s'associaient parfois les grands-parents et les proches). Les idéaux exprimés touchaient tous les domaines : diplômes universitaires prestigieux, carrière grandiose, mariage brillant... L'une des personnes interrogées a défini ainsi le rôle qu'on voulait lui faire tenir : «J'étais le messie.» En fait, pour l'enfant unique, les désirs de la famille sont vécus comme un fardeau.

D'une personne à l'autre, la perception des attentes familiales et les réactions qu'elles engendrent diffèrent considérablement. Certains ont exprimé leurs sentiments de manière générale :

*Tous les espoirs et toutes les attentes de vos parents se concentrent sur vous.*

*Ils voulaient me donner une éducation parfaite. Mais surtout que je compense leur enfance à eux, parce qu'elle avait été difficile. Ils voulaient faire de moi un enfant idéal.*

*Je me rends compte aujourd'hui que j'ai passé une bonne partie de ma vie à ressembler à ce qu'on attendait de moi — en vain du reste. Je m'en voulais de ne pas y arriver. Bien qu'aujourd'hui je vive en harmonie avec moi-même (pour autant qu'on sache ce qu'est être soi-même), ce «moi» ne sera jamais parfait. Il me faut une certaine force pour poursuivre ma voie, ce qui n'est ni facile ni évident.*

D'autres personnes ont ressenti les attentes exprimées par leurs parents de manière plus précise, comme une pression exercée sur eux durant l'enfance :

*J'ai toujours fait la fierté et la joie de mes parents, de mon père en particulier. Or je l'ai vécu comme une contrainte. La pression exercée sur moi était insupportable. Je devais tout réussir : études universitaires, profession. Mes parents se mêlaient même du choix de mes petits amis.*

Certains ont subi une forte pression, mais plus tardive :

*Lorsque nous avons acheté une maison à Saint-Germain-en-Laye, mes parents vivaient dans le Sud. Nous avons tout fait pour qu'ils se rapprochent de nous en venant vivre à Versailles. Il ne fait aucun doute que nous nous y sentions obligés.*

Pour d'autres encore, la réussite est obligatoire :

*Si j'avais eu un frère ou une sœur, je crois sincèrement que je ne me serais pas forcé à aller à l'université. Les études ne m'ont jamais vraiment plu, j'avais l'impression de perdre mon temps. Mais j'étais dans l'obligation de réussir parce qu'il n'y avait personne d'autre pour prendre le relais.*

Quand les ambitions parentales touchent à la fois le plan personnel et le choix des études :

*Une multitude d'attentes ont pesé sur moi, principalement à propos de mes études : qu'allais-je faire plus tard, quand, dans quelle université, etc. ? Cela préoccupait surtout mon père. Maintenant, il veut que je me marie avec quelqu'un de bien. Il ne me le dit pas ouvertement, mais si la personne que je lui présente ne lui convient pas, il ne se prive pas de faire des remarques. Bien que nos rapports se soient améliorés, ses attentes sont toujours aussi fortes. Malgré tout, je souhaite faire ce qui me plaît. Si j'ai envie d'avoir des enfants, eh bien, j'en aurai, même si le fait de fonder ma propre famille me donne l'impression d'abandonner mon père.*

Ces attentes sont parfois exprimées par un seul parent, la mère :

*Pour ma mère, j'étais tout, surtout après qu'elle eut quitté mon père. J'étais son compagnon autant que son fils. Je ne pensais pas que mes parents avaient exercé une telle pression sur moi, mais maintenant, en vous en parlant, je me rends compte qu'en fait, j'ai répondu à toutes les attentes de ma mère : j'ai fait mes études à la Sorbonne, je suis devenu journaliste, comme elle, et j'ai deux fils magnifiques. Aujourd'hui, elle est décédée, mais si elle pouvait voir ce que je suis devenu, elle serait heureuse.*

Ou bien l'attente du père :

*J'allais à la pêche avec mon père, je tenais la place du petit garçon qu'il avait toujours voulu avoir. Mon père est un homme très exigeant. On m'a toujours dit que si j'avais été un garçon, les choses auraient été très difficiles pour moi.*

Certaines personnes ont le sentiment d'avoir été la seule raison de vivre de leurs parents :

*Quoi que vous fassiez, il s'agit toujours d'une expérience unique pour vos parents. Je pense à mon mariage, par exemple. Il n'était pas conforme aux vœux de ma mère. Étant enfant unique, il n'y aurait jamais d'autre mariage pour rattraper le mien.*

La pression exercée sur l'enfant unique engendre parfois une frustration, le fait d'être privé de frère ou de sœur avec qui partager ce poids :

*Quand vous êtes enfant unique, tout se focalise sur vous. Si vous n'êtes pas à la hauteur de leurs attentes, vos parents n'ont personne d'autre vers qui se tourner. Souvent, je leur disais : «J'aurais aimé avoir une sœur parfaite, une sœur qui aurait eu son bac du premier coup, qui aurait eu un parcours universitaire sans faute, qui se serait mariée, etc. Alors, vous auriez été comblés.»*

Même les attentes reposant sur de bons sentiments n'en sont pas moins perçues comme des contraintes :

*Ils voulaient tellement que je me marie, que j'aie quelqu'un pour prendre soin de moi. Mes parents m'ont toujours encouragée pour deux choses : faire des études et trouver un mari.*

La pression la plus forte est peut-être celle qui concerne les espoirs personnels des parents ou de la famille :

*Je suis le dépositaire de tous les espoirs et de toutes les ambitions de mes parents. Moi seul aurais pu leur donner des petits-enfants, et je ne l'ai pas fait. Je suis la seule personne qui puisse désormais s'occuper d'eux.*

Il n'est pas rare que les parents (et les grands-parents) désirent voir arriver des bébés dans la famille, surtout les femmes :

*En dehors de ma réussite sur le plan universitaire, ma famille attendait que je me marie et que je fonde une famille. Pour ma mère, le fait que je sois resté célibataire fut une grande déception.*

*Je me sens coupable de ne pas avoir donné des petits-enfants à ma mère — j'ai bien dit petits-enfants, et pas enfants, c'est dire si ce désir était fort chez ma mère... C'est la seule chose que je n'aie pas accomplie pour elle. Tout ce qui était possible et imaginable, je l'ai fait. Elle était inquiète à l'idée que je n'aie personne, absolument personne pour s'occuper de moi.*

C'est aussi un désir exprimé par les hommes :

*Chez mes parents, il y a un désir très fort d'avoir des petits-enfants. J'aimerais bien leur faire ce cadeau. À 35 ans, il serait temps ! Dans leur entourage, tout le monde a des petits-enfants. Je sais que cela ensoleillerait leur existence.*

Les personnes interrogées ont senti que leur entourage leur demandait de perpétuer un nom ou une lignée familiale :

*Quand j'étais petit, on m'a souvent parlé du bonheur qu'ont ressenti mes grand-tantes et d'autres membres de la famille lorsque mes parents, presque âgés de quarante ans, ont fini par avoir un enfant, qui plus est un garçon. Le nom de famille était sauvé. Il a été inscrit dans le registre familial, et j'ai compris que tous mes proches attendaient que je perpétue la lignée familiale. « Tu sais, tu es le dernier Chaumette. Il ne faut pas que notre nom s'éteigne. » Fort heureusement j'ai des cousins, si bien qu'aujourd'hui, je ne ressens plus autant cette pression.*

*Quand tu te marieras, ne change pas de nom, sinon, il ne restera plus de Chilleton.*

Ceux qui ne répondent pas aux attentes de leurs parents se sentent coupables :

*J'ai quitté quelqu'un qui correspondait à l'idée de l'homme idéal qu'ils se faisaient et je me sens coupable d'avoir fait voler leurs rêves en éclats. Ça vient juste d'arriver.*

Ce sentiment ronge parfois l'enfant unique, même lorsqu'il a conscience qu'il ne peut répondre à des attentes en contradiction avec ses propres désirs :

*Sur son lit de mort, Maman a dit : «J'aurais aimé que Véronique se marie», et je me suis vraiment sentie mal. On ne peut pas se marier simplement pour faire plaisir à quelqu'un. C'est ma vie. Et je ne peux pas toujours être ce que mes parents voulaient que je sois.*

Certains parents demandent à leur progéniture d'adopter des règles morales ou un comportement bien précis :

*Mes parents sont catholiques pratiquants. Quand j'étais petit, j'étais enfant de chœur. En grandissant, j'ai commencé à poser des questions et à ne plus vouloir aller à l'église. Ma mère a une très forte personnalité, et par moments, je cédais pour avoir la paix, mais je leur en voulais vraiment, à tous deux, et je ressentais une grande amertume, ce qui est encore le cas. Le fait que je ne sois pas pratiquant les contrarie beaucoup, ils ne l'acceptent pas. Si mes parents avaient eu d'autres enfants, je me suis toujours dit que ces sentiments auraient été moins exacerbés, que le poids pesant sur mes épaules aurait été moins écrasant.*

*Mes parents sont Témoins de Jéhovah. Quand je suis entré à l'université, j'ai décidé de quitter cette secte, ce qui a été très dur. Ils en ont été bouleversés, et plusieurs personnes «bien intentionnées» nous ont écrit, à eux et à moi, en disant qu'ils devraient me renier et autres choses du même genre. Vraiment, ces lettres étaient extrêmement perfides.*

*Mon père avait des convictions morales très fortes : pas d'alcool à la maison. Il attendait de moi que je me plie à cette règle. Or, mon comportement n'était absolument pas conforme à ses principes. Sur ce plan, je n'ai pas répondu aux attentes familiales.*

Les ambitions des parents concernant le cursus universitaire ou professionnel sont souvent démesurées :

*Mes parents, surtout mon père, voulaient que je réussisse. Avec ses amis, il se vantait en disant : «Elle va faire Polytechnique.» D'une certaine manière, c'était agréable, j'étais contente et fière. C'était très valorisant, mais le revers de la médaille, c'est que je me sentais obligée de réussir.*

Ces souhaits peuvent se porter sur un choix professionnel impératif :

*Je suis devenue enseignante, parce que c'est ce que ma mère attendait, c'est aussi simple que cela.*

*Je suis entrée dans l'entreprise de mon père tout simplement parce que j'étais fille unique. Si j'avais eu un frère, c'est lui qui l'aurait fait, et moi, j'aurais pu devenir infirmière, c'est-à-dire suivre ma vocation.*

Les attentes des parents s'expriment souvent ouvertement :

*À l'école, je n'ai pas beaucoup fréquenté les garçons jusqu'au baccalauréat, parce que mes parents ne voulaient pas que je sorte. Ce qui importait avant tout, pour ma mère, c'était que je fasse des études – elle voulait que j'obtienne un diplôme. Par contre, malgré ce diplôme, mes parents ne voulaient pas que je fasse rien d'autre que de fonder une famille ! C'était dit de manière très précise. Oh oui, j'en étais consciente…*

Des attentes qui ne constituent pas nécessairement un fardeau :

*Mes parents tenaient vraiment à ce que je réussisse mes études. Cela ne m'a jamais pesé. J'adore les livres, j'en possède énormément. Leur attente n'a jamais posé problème, mais elle a toujours été exprimée très clairement. D'ailleurs, ils tiennent encore à ce que je réussisse, ils continuent à s'intéresser de très près à chaque changement de poste, à chaque tournant de ma carrière.*

Elles peuvent être exprimées avec davantage de force par l'un des deux parents :

*J'ai eu conscience des attentes de ma mère durant toute ma scolarité. Elle était enfant unique, première en classe, première en sports, première en tout. Elle était l'élève parfaite, à la hauteur des attentes de ses parents. Quant à mon père, il a obtenu des diplômes et son doctorat en un temps record et, en plus, il était bel homme. Bref, tout le monde l'adorait. Mon grand-père était lui aussi brillant. Pour moi, les choses n'ont pas été faciles.*

*J'appartiens à cette génération dépositaire des frustrations scolaires de leurs parents. Mon père n'a pas pu faire d'études universitaires, il a dû quitter l'école à 15 ans pour gagner sa vie. Mes parents ont fondé beaucoup d'espoirs en moi, et j'avais l'impression qu'il était de mon devoir de réussir. En même temps, il ne me semblait pas particulièrement difficile d'être à la hauteur de leurs attentes.*

Dans certains cas, entre les souhaits scolaires et les souhaits affectifs des parents, il y a incompatibilité :

*Quand j'avais huit ans, mes parents m'ont emmené visiter des internats. Mon père tenait vraiment à ce que j'aille en pension. Pour lui, une bonne éducation primait sur tout. Ma mère, elle, n'y tenait pas tant que cela. En fait, elle n'avait aucune envie que je quitte la maison.*

Certains souvenirs de pression dans le domaine scolaire remontent très loin :

*Pour mes parents, il était essentiel que je réussisse l'examen d'entrée en sixième dans un collège prestigieux. Ils m'ont fait prendre des cours particuliers. Je me souviens parfaitement du livre sur lequel je travaillais, un livre avec une bande rouge sur la couverture. Ces cours m'ont marquée : je suis devenue une maniaque de l'orthographe. Les fautes m'horripilent.*

Parfois, la pression scolaire, jugée supportable, est partagée par les parents et les enfants. Beaucoup de nos interlocuteurs issus de familles ouvrières étaient d'accord avec leurs parents sur le fait de s'élever socialement :

*Ils avaient des ambitions relativement élevées. Leur objectif, ou plutôt celui de ma mère, était que je devienne enseignant. Pour mon père, le fait que je sache lire et écrire correctement était déjà une réussite. Dans l'ensemble, leurs attentes ne me pesaient pas trop. La bonne culture générale de ma mère et le soutien de mon père m'ont incité à étudier. La pression était supportable : je me débrouillais bien, même si je n'ai pas réussi à entrer du premier coup dans l'école que j'avais choisie, mes notes étant insuffisantes. Après mon entrée en seconde, la pression s'est relâchée : j'avais fait mes preuves.*

*Mes parents voulaient que je réussisse, ils étaient très généreux avec moi et ont fait beaucoup de sacrifices. Ils ne voulaient pas que je me retrouve à l'usine, comme mon père. Pour eux, le fait que je sois mauvais élève était très frustrant. Je ne tenais pas à être à la hauteur. Tout ce que je voulais, c'était sortir avec mes amis.*

*À l'école, mes résultats étaient plutôt moyens, ce qui décevait mes parents. Venant d'un milieu ouvrier, ils avaient atteint le plus haut niveau social possible pour eux. Quant à moi, je devais continuer à gravir les échelons de l'échelle sociale. Ils voulaient réussir à travers moi. Ma mère, allez savoir pourquoi, s'était mis en tête qu'il fallait que je devienne opticien. Lorsque je suis entré à l'I.U.F.M. pour devenir enseignant, ils étaient effondrés.*

Dans les pires des cas, l'amour porté à l'enfant est, ou semble être, fonction des résultats scolaires :

*Les attentes de mes parents étaient contradictoires. Ils me disaient en permanence qu'ils m'adoraient, ma mère me le répétait même de manière obsessionnelle. Puis lorsque mes résultats scolaires sont devenus médiocres, leur amour m'a semblé moindre.*

*À l'adolescence, lorsque j'ai commencé à dire des choses comme : «Il faut bien qu'il y ait un dernier de la classe» - avant je disais : «Il faut bien qu'il y ait un premier», sous-entendu moi -, ma mère s'est inquiétée. Enfant, je ne me rappelle pas si l'amour qu'ils me portaient dépendait de mes résultats scolaires. Après, c'est ainsi que je le percevais. Réussis, sois gentil, et nous t'aimerons. Je déteste cette attitude, elle s'est révélée très destructrice.*

La plupart des enfants uniques que nous avons interrogés ont le souvenir d'attentes scolaires formulées par leurs parents, mais ils y ont réagi de manières très différentes. Certains contrecarraient les projets parentaux sans le vouloir :

*En gros, l'école ne m'intéressait pas. Mes parents étaient tous deux très intelligents, surtout mon père. Mon grand-père avait effectué sa scolarité avec deux ans d'avance. Toute la famille était brillante. Et puis ils ont eu un enfant débile : moi.*

D'autres le faisaient à dessein :

*J'ai fait des pieds et des mains pour résister aux projets de mon père. Il souhaitait que je fasse des études scientifiques (j'en aurais été bien incapable). Puis, après mon diplôme, il a voulu que je devienne fonctionnaire, de préférence inspecteur des impôts ! Il a une passion pour les chiffres que je ne partage pas. J'ai mis un point d'honneur à tracer ma propre voie. Quant à ma mère, tout ce qu'elle voulait, c'est que je rentre à Dijon pour y enseigner. Je n'ai jamais pu. Je ne suis jamais retourné à Dijon.*

Ces attentes sont certainement le lot de bien des familles, mais nous avons été surpris de constater combien d'enfants uniques se sentaient responsables de l'ambiance affective qui règne dans la famille :

*Toujours ce sentiment qu'il faut être là pour les grandes occasions et pour les fêtes. Je n'ai pas de sœur à qui dire : «Cette année, c'est ton tour.»*

*On a l'impression qu'on ne peut jamais faire de «break». Il faut écouter et répondre en permanence. Toute l'attention se porte sur vous. Je n'ai jamais pu m'isoler dans ma chambre pour y être tranquille. Je devais toujours être présente à 100 %. J'ai l'impression que dans une famille nombreuse, j'aurais pu me retirer un peu pendant que mes parents se seraient intéressés aux autres.*

*Tous les enfants traversent des phases où ils sont mal lunés. Eh bien moi, je n'ai jamais eu le sentiment d'en avoir le droit. Si je l'avais fait, toute la famille aurait été de mauvaise humeur. Un enfant unique ne peut pas se laisser aller.*

Avec le temps, la responsabilité de l'atmosphère familiale va croissant : en vieillissant, les parents en demandent toujours plus à l'enfant unique. Pour eux, les grandes occasions et les fêtes revêtent une importance considérable, et c'est toujours la même personne qui est mobilisée. Il n'y a personne d'autre susceptible d'assumer ce rôle *(comme nous le verrons au chapitre 11, NOËL ET AUTRES FÊTES DE FAMILLE)* :

*Si je ne rends pas visite à mes parents le jour de mon anniversaire ou dans les 24 heures, ils en font toute une histoire. Si je ne vais pas déjeuner chez eux le Premier de l'An, c'est pareil. Chez eux, ces événements prennent une importance démesurée.*

Lorsqu'il ne répond pas aux attentes de ses parents, l'enfant unique doit en subir les conséquences sur le plan affectif. Or les parents n'ont pas toujours conscience des efforts que leurs exigences impliquent :

*Si, une semaine, j'oublie de téléphoner à ma mère, c'est à peine si elle m'adresse la parole la semaine suivante. De toute évidence, elle a le sentiment que je lui appartiens. Je joue un rôle prépondérant dans son existence. Comme si rien d'autre n'existait. En revanche, elle n'occupe pas une place aussi importante dans la mienne. Bientôt, je vais descendre passer huit jours avec eux. J'y vais seule, car Hugues doit prendre une semaine de congé pour s'occuper des chiens pendant mon absence. Ce qui veut dire qu'un mari et sa femme prennent huit jours de vacances sans les passer ensemble. Mes parents ont aussi un chien, ou plus exactement une chienne, qui est un véritable enfant de substitution. Il ne dort jamais dans sa niche. Est-ce un hasard ? Je fais tout pour que mes parents soient heureux, parce que cela ne vaut pas la peine de se fâcher avec eux.*

Lorsqu'un des parents a subi la pression d'attentes irréalisables dans son enfance, cela ne l'empêche pas de se montrer exigeant à son tour :

*Maman, elle-même enfant unique, disait qu'elle refusait de me culpabiliser comme sa mère l'avait fait avec elle. Elle devait toujours lui rendre visite, etc. En fait, elle me culpabilise tout autant, mais d'une autre manière.*

La maturité de l'enfant unique et sa sensibilité peuvent l'aider à réagir :

*Adolescent, je me suis rendu compte que si je n'y prenais pas garde, ma mère risquait de se reposer sur moi d'une façon excessive. Vers 16 ans, j'ai mené une campagne très ferme pour l'inciter à avoir ses propres activités, ce qui n'était pas le cas jusque-là. Ma mère n'était pas très sociable, et après des heures de tractations et de discussions (et aussi grâce à l'intervention enthousiaste de mon père, à qui j'en avais touché un mot), nous avons réussi à susciter son intérêt pour des activités associatives. Cela lui a vraiment plu. Je me souviens parfaitement de m'être dit à l'époque : «Il doit bien y avoir autre chose à faire pour elle que de s'occuper de moi.» Je pense qu'elle a traversé une phase où elle se concentrait trop sur moi.*

*Mes parents souhaitaient que j'aille à l'université. Ils ont été très fiers de voir mon choix se porter sur les lettres classiques, fiers que je sache lire tous ces obscurs caractères grecs. Mais ma mère voulait que j'étudie non loin de chez eux, elle était très dépendante de moi. À l'époque, j'avais commencé à me rendre compte qu'elle me manipulait. J'étais déterminée à quitter la maison, et nous avons eu une terrible querelle à propos de mon départ pour Paris. Mes parents ne voulaient pas que je m'inscrive à la Sorbonne, ils n'ont pas approuvé mon mariage avec Robert que j'ai rencontré à l'université. Ils ne se sont jamais privés de me le faire savoir.*

D'ailleurs, l'attente qui pèse sur l'enfant n'est pas forcément ressentie comme un fardeau :

*Ma mère et moi étions très proches. À bien des égards, nous étions davantage sœurs que mère et fille. J'ai passé beaucoup de temps avec elle, et nous nous entendions à merveille. Ma mère n'a jamais travaillé. Elle restait toujours à la maison. D'une certaine façon, c'était un poids, parce qu'elle attendait toujours mon retour et souhaitait ma présence. Je ne pouvais pas improviser et décider au pied levé de changer de programme, parce qu'elle se serait inquiétée. Mais d'un autre côté, j'appréciais beaucoup sa compagnie.*

En outre, les attentes ne se cantonnent pas aux membres de la famille :

*Je me souviens d'un entretien d'admission dans une école privée. La directrice m'a posé des questions sur ma famille et je l'ai vue écrire dans mon dossier : «Enfant unique», souligné d'un trait. Ensuite, elle m'a demandé ce que je souhaitais faire plus tard. Comme mes parents me l'avaient soufflé, j'ai répondu que je voulais être médecin. «Eh bien» a-t-elle dit, «voilà un excellent projet, et tout à fait réalisable puisque vous êtes fille unique.»*

*Quand j'étais jeune, je fréquentais une bande peu recommandable, et je suis passé au tribunal pour avoir conduit sans permis. Ce salaud de juge a déclaré que mes parents devaient être particulièrement consternés par mon comportement puisque j'étais enfant unique.*

## Les attentes et leurs effets sur les rapports humains

Tout occupés à répondre aux attentes et aux besoins affectifs de leurs parents, les enfants uniques éprouvent parfois des difficultés à nouer des relations dans leur entourage :

*Je n'entretenais pas de relations avec d'autres adultes que mes parents. En fait, si, j'étais en contact avec l'une de mes tantes, qui n'est pas mariée, mais je ne l'aimais pas. Ma mère aurait été morte de jalousie si j'avais fréquenté d'autres adultes, ne serait-ce que de façon superficielle… Lorsque j'ai noué des relations étroites avec d'autres personnes, elle a dû très mal le vivre.*

Les enfants uniques nourrissent fréquemment des attentes trop élevées vis-à-vis des autres, tant sur le plan pratique qu'affectif. Nous verrons plus tard quelle est l'incidence de cette attitude sur leurs relations avec autrui, et quelles sont les solutions envisageables. De même, leur penchant à considérer comme un devoir de répondre aux attentes des autres peut devenir une facette essentielle de leur personnalité, une composante intrinsèque de leur caractère et de leur comportement. S'il n'est jamais remis en cause, ce sentiment peut donner naissance à un sens du devoir surdéveloppé qui perdure à l'âge adulte et peut affecter leurs rapports avec l'entourage :

*Personne n'a autant que moi le sens du devoir. Je ressens des obligations morales pour tout. Sans arrêt, j'ai le sentiment que je devrais faire ceci ou cela. Je n'arrive pas à m'en départir. Ce n'est pas une question d'envie. Quand j'ai l'impression que je dois faire quelque chose, je le fais, point final. Je crois que si je ne le faisais pas, j'éprouverais une culpabilité insupportable.*

## Culpabilité et obligations

Comme nous l'avons vu plus haut, la pression découlant de toutes ces attentes, accrue par le fait que seul l'enfant unique peut y répondre, suscite un puissant sens du devoir, qui se répercute sur la vie de l'enfant unique. Ce dernier a tôt fait de se sentir coupable. Cette étude nous a donné la conviction que la culpabilité est une composante intrinsèque de la condition de l'enfant unique. Comme le dit l'une des personnes interrogées : «Quand on est enfant unique, on ressent un sentiment permanent de culpabilité.» Parfois, ce sentiment est exprimé en termes très explicites :

*J'aimerais pouvoir me débarrasser de toute cette culpabilité. Je me sens coupable quand j'oublie de rappeler les gens, quand je laisse le répondeur alors que je suis à la maison, quand je mets les pieds sur mon bureau en travaillant, quand je reste trop longtemps dans la baignoire... Je me sens coupable en permanence. Je déteste ça, j'ai horreur de ça. La culpabilité, c'est le dénominateur commun de tous les enfants uniques. Elle se manifeste dans tous les domaines de la vie.*

*C'est comme les dimanches : je dois aller les voir. Le seul moyen de sauter un dimanche, c'est d'inventer un truc, une excuse qui leur paraît acceptable. Quand je leur annonce que je ne viens pas, ma mère me dit : «Eh bien, on n'aura pas vraiment de raison de se lever dimanche matin.» Elle me tient par la culpabilité. Elle revendique son droit à sa journée.*

*Je crois que je l'ai déçue : je suis obèse, je ne suis pas mariée, j'ai fait une dépression, je me suis mise à boire et je gagne ma vie en faisant des ménages. Ça fait pas mal de raisons de mécontentement, non ?*

## Jamais assez

Si certains enfants réussissent à répondre aux attentes de leurs parents, à la plus grande joie de ces derniers, ces cas se comptent sur les doigts de la main. Il ressort de notre étude qu'une fois l'objectif atteint, les parents placent la barre encore plus haut :

*Quoi que je fasse pour ma mère, ce n'était jamais assez. Elle m'a non seulement poussée à faire des études, mais à entrer dans une grande école. Lorsque j'étais étudiante, je leur ai présenté mon premier petit ami sérieux. J'ai confié à ma mère que j'avais fait l'amour avec lui (aujourd'hui, je me demande bien pourquoi je lui ai raconté ça), et elle m'a rendu la vie infernale. Je suis retournée à l'université et j'ai fait une dépression nerveuse. J'ai pris une année sabbatique pour partir en Amérique latine. Quand je suis rentrée, j'ai passé mon diplôme, et j'ai commencé à travailler dans un secteur technique où il y a une forte concurrence. Mais j'ai fait mon trou et à 28 ans, on peut dire que j'ai pas mal réussi. Alors ma mère m'a demandé pourquoi mon métier comptait tant pour moi, n'avais-je pas envie de fonder une famille ? C'est quand même révélateur, non ? J'ai fait une carrière brillante, mais ça ne lui suffit pas. Lorsqu'elle a été très malade, elle m'a demandé de lui promettre d'avoir un enfant. Je lui ai parlé de ce qui s'était passé à l'époque avec mon petit ami. Elle m'a répondu qu'elle ne voulait pas que je renonce à mon avenir professionnel en me mariant. Elle voulait que je sois la meilleure dans tous les domaines.*

«Mes parents ne sont jamais satisfaits» : voilà une remarque récurrente dans la bouche des enfants uniques. Quels que soient les efforts déployés, ils ont rarement le sentiment d'avoir atteint les objectifs fixés. Résultat : ils sont extrêmement durs avec eux-mêmes. Comparées aux propres exigences qu'ils se fixent, les attentes formulées par les parents font pâle figure. Le pire tyran de l'enfant unique, c'est lui-même :

*J'ai toujours éprouvé le besoin de faire non pas aussi bien que les autres, mais mieux.*

*À 40 ans, on ne ressent plus un sentiment de déprime, mais plutôt une sorte de stress ou de panique à l'idée de ne pas réussir ou de n'être pas assez performant.*

*Je porte la misère du monde entier sur mes épaules. En permanence.*

*Je me suis effondrée et on m'a amenée à l'hôpital en urgence. Diagnostic des médecins : état de stress. Pendant des années, j'ai maîtrisé ma vie et soudain, tout a volé en éclats. J'ai même envisagé le suicide.*

## Quitter le cocon familial au plus vite

Comme nous l'avons dit plus haut, l'un des aspects essentiels de l'expérience de l'enfant unique réside dans son intensité. Confiné dans une famille réduite et contraint par les adultes à réussir, l'enfant unique ne voit qu'une solution : partir pour échapper à sa famille. Beaucoup de personnes interrogées se souviennent parfaitement qu'il leur tardait de quitter le toit familial, ce désir étant plus fort chez eux que pour d'autres adolescents. Les enfants uniques veulent non seulement s'en aller, mais encore le plus loin possible :

*En premier choix, j'ai indiqué l'université la plus éloignée de la maison, en deuxième choix celle venant juste après, etc. Je leur ai dit très clairement que je souhaitais partir de la maison pour connaître autre chose. Je ne sais pas s'ils me l'ont jamais pardonné !*

*Je brûlais d'impatience de quitter la maison. Ma mère ne m'a jamais rien dit, mais je crois qu'elle pensait : «Après tout ce que j'ai fait pour toi.»*

*Dans mon lycée, on nous poussait à poursuivre des études littéraires, mais à l'époque, j'étais en pleine rébellion. Je voulais absolument faire des études scientifiques, de surcroît dans une université très éloignée de la maison. J'en ai trouvé une exactement à l'autre extrémité de l'Hexagone !*

*Plus j'étais loin de ma mère, mieux c'était. En quittant la maison, j'ai tenté de prendre mon indépendance.*

Il n'y a aucun mal à fonder des espoirs sur ses enfants. Tous les parents le font, et d'ailleurs, des objectifs réalistes sont indissociables d'une éducation réussie. C'est l'étendue et le niveau des attentes qui peuvent poser problème. Et le poids des «échecs» est particulièrement lourd à porter pour les enfants uniques : culpabilité, stress, attitude très critique vis-à-vis d'eux-mêmes, sentiment aigu de ne jamais être à la hauteur, le pire étant peut-être que l'individu confonde sa véritable personnalité avec les attentes formulées par sa famille.

## Tous les reproches

L'importance de l'enfant unique dans la cellule familiale comporte son lot d'inconvénients et d'avantages : toute l'attention se porte sur lui. De plus, si tout va bien au sein de la famille, il peut s'en arroger le mérite. En revanche, si quelque chose ne va pas :

*Il n'y a personne à qui jeter la pierre, hormis moi.*

*Après tout, comme il n'y a pas d'autre enfant, tout est forcément de ma faute, non ?*

*Normalement, dans chaque famille, il y a une brebis galeuse. Là, ça tombe forcément sur vous.*

Il n'y a personne d'autre susceptible d'endosser les torts, personne pour faire remarquer que ce sont peut-être les parents qui se trompent et qui portent un jugement erroné :

*Lorsque quelqu'un vous gronde, vous vous sentez indigne d'être aimé, c'est forcément de votre faute. La seule colère que vous connaissiez, c'est celle qui est dirigée contre vous. Si vous aviez un frère ou une sœur, la colère pourrait changer de camp. Lorsque vos parents se fâchent ou qu'ils manifestent leur désapprobation, ils sont les seules personnes que vous voyiez dans cet état, et c'est toujours dirigé contre vous. C'est pour cela, à mon avis, que l'enfant unique comprend si tard que ses parents sont faillibles. Ma mère était extrêmement exigeante, et ce n'est que très tard que je l'ai remise en question.*

Nos entretiens ont démontré que ce problème comporte en réalité deux facettes : (1) comme il n'y a que vous, c'est forcément de votre faute ; (2) en l'absence de frères et sœurs, vous n'avez pas d'allié objectif pouvant démontrer à vos parents qu'ils peuvent se tromper. Chez l'enfant unique, le sentiment d'être en tort peut venir du fait qu'il estime ne pas avoir été à la hauteur :

*Lorsque je les décevais, ils me tombaient dessus deux fois plus fort.*

Il peut aussi provenir du jugement de ses parents :

*J'étais le reflet de ma mère. C'est elle qui me dictait ce que j'étais. Résultat, j'étais en conflit avec ce que je ressentais vraiment. Mais je la croyais sur parole. Par exemple, si ma mère me disait : «Tu es un vilain garçon», je me disais : «C'est sûrement vrai, je dois être un vilain garçon.»*

Alors que la majorité des gens sont prompts à rejeter les responsabilités sur le dos des autres, l'enfant unique caractéristique les assume tout naturellement :

*Je n'arrête pas de dire : «Désolé.» Longtemps, je ne m'en suis pas rendu compte, jusqu'à ce qu'on me le fasse remarquer. L'autre jour, à une fête, j'ai répété plusieurs fois : «Désolé.» Quelqu'un (qui s'est révélé être lui aussi enfant unique) m'a répondu : «Vous êtes certainement un enfant unique.» Cela sautait aux yeux !*

«C'est pas moi, c'est lui (ou elle) !» L'enfant unique ne peut jamais se retrancher derrière cette formule chère à ses camarades. Certes, il se familiarisera avec cette répartie plus tard, mais il restera privé d'un entraînement permanent au sein de sa famille.

De même, l'enfant unique ne peut adresser de reproches à l'un de ses parents. Le déséquilibre des pouvoirs entre l'enfant et ses parents est tel que toute velléité de ce genre serait vouée à l'échec. De surcroît, l'enfant unique ne peut relativiser l'importance de ces réprimandes, aucune comparaison avec un frère ou une sœur n'étant possible :

*Je suis incorrigible. Il faut toujours que j'assume tout : quand le train est en retard, quand la soupe est froide, quand le compte rendu n'est pas prêt en temps et en heure, j'ai le sentiment que c'est de ma faute. Lorsque je vois des gens rejeter les torts sur d'autres, ouvertement ou insidieusement, je suis béate d'admiration.*

*Je me souviens parfaitement d'un Noël passé avec mes cousins. Ils étaient quatre, très proches en âge. En chahutant, nous avons fait tomber un bibelot. En entendant le bruit, les adultes se sont précipités pour voir ce qui s'était passé. J'ai été sidéré de voir que spontanément, mes cousins rejetaient la faute sur moi. Je ne pense pas qu'ils l'aient fait méchamment, ils ont tout simplement cherché un bouc émissaire. Et en plus, je n'ai pas réagi, je me suis laissé gronder. Pas une seconde, je n'ai pensé nier. Contrairement à eux, je n'étais pas rompu à ce type de comportements.*

Mais peut-être l'enfant unique endosse-t-il aussi les torts parce que cette attitude lui paraît responsable ou conforme à ce que les adultes attendent de lui. Rejeter la faute sur autrui n'est-il pas puéril ?

*Même lorsque je sais qu'un autre que moi a tort, j'ai infiniment de mal à le dire : cela me paraît immature, mal, j'ai l'im-*

*pression que ça ne se fait pas. Quand je fais porter le chapeau aux autres, j'ai l'impression d'avoir une conduite infantile.*

L'enfant unique ne cesse de s'excuser, ce qui devient une sorte de réaction instinctive :

*Je n'arrête pas de dire : «Pardon.» Je le dis des centaines de fois par jour. Dans la rue, si on me bouscule, c'est moi qui présente des excuses. C'est une véritable litanie. Pardon d'exister... Pourquoi s'excuser quand on n'a rien fait ? Mes amis me le répètent sans cesse : «Pourquoi t'excuses-tu sans arrêt ? Tu n'as rien fait.»*

Pourquoi ? Tout simplement parce que tout est de votre faute, non ? Dès que quelque chose se passe mal ou qu'il faut un responsable, c'est forcément de votre faute, puisqu'il n'y a que vous :

*Même quand on me marche sur le pied, je m'excuse de l'avoir posé là où il ne fallait pas. C'est assez bizarre : j'ai pris cette habitude pour apaiser ma mère qui faisait la tête pour un oui ou pour un non. Elle restait parfois une semaine sans m'adresser la parole. Quand je ne m'excusais pas, elle boudait. C'est lié aussi à une histoire de colère : si vos parents sont en colère contre vous, ils ne vous aiment pas – c'est de votre faute. Bien sûr, en réalité, ça n'a sans doute rien à voir avec vous, vos parents ont passé une mauvaise journée et ils se défoulent sur vous, faute d'avoir quelqu'un d'autre sous la main.*

Personne ne peut vous aider à comprendre que vous n'y êtes pour rien :

*On se sent coupable, forcément coupable.*

Pour les enfants uniques, tout est prétexte à porter une culpabilité sur leurs épaules :

*Je me sens responsable de choses ridicules. Par exemple, comme je viens de l'île de Ré, les gens me demandent souvent conseil avant d'y partir en vacances. Je les encourage à y aller, parce que je pense que c'est un endroit magnifique. Une fois qu'ils se mettent à organiser leurs vacances, je commence à m'angoisser en me demandant quel temps il fera, s'ils seront bien logés, si le bac n'aura pas trop de retard, etc. Si, à leur retour, ils me disent qu'ils ont passé d'excellentes vacances, je suis ravie. Par contre, si les paysages ne leur ont pas plu, s'ils se sont fait voler leurs bagages ou si le temps a été pluvieux, j'ai l'impression que j'y suis pour quelque chose.*

*J'ai presque le sentiment que je devrais leur rembourser leurs vacances !*

Certains enfants uniques éprouvent un sentiment de manque :

*J'ai toujours eu l'impression qu'il me manquait quelque chose. Je voulais avoir quelqu'un, avec qui partager les torts. Je ne pouvais rejeter la faute sur personne : il n'y avait que moi.*

## Subir tous les reproches : quels en sont les effets ?

*Dès la naissance, tu représentes le centre de l'univers. Donc, quand on te gronde, c'est la catastrophe, puisque tu ne vois jamais personne d'autre se faire gronder. Quand ça arrive, c'est la fin de tout. Ceux qui ont des frères et sœurs, même s'ils ne s'entendent pas avec eux, les voient subir le même sort : ils apprennent ainsi que la vie a ses hauts et ses bas. L'enfant unique est seul dans cette famille nucléaire et ses parents lui disent qu'ils l'adorent, qu'il est la chose la plus précieuse sur terre. Quand ils lui font des compliments, il a l'impression d'être la seule personne au monde à recevoir des louanges. Quand cela cesse et qu'on vous gronde parce que vous êtes méchant, c'est la fin du monde parce que vous ne voyez jamais personne d'autre dans la même situation. Ainsi, la tristesse succède à la joie. Il n'y a pas de juste milieu.*

Le passage d'un extrême à l'autre rend l'enfant unique vulnérable à plusieurs égards. Il peut aisément être exploité et se sent souvent coupable. Il est facilement blessé par les autres, prompts à se décharger sur lui des responsabilités et des torts.

Persuadés que tout le monde se comporte de manière équitable, ces enfants sont désavantagés s'ils ne réagissent pas suffisamment vite ou s'ils ne se défendent pas lorsque d'autres ne respectent pas les règles du jeu en se défaussant de leurs responsabilités (c'est ce même sens de l'équité qui pousse les enfants uniques à intervenir lorsqu'ils assistent à une scène de brimade). Pour se protéger, ils élaborent quelquefois des mécanismes de défense, qui, en général, ne font pas suite à une attaque. La plupart des enfants uniques ne savent pas gérer les agressions et redoutent les conflits. Ils se réfugient plutôt dans des stratégies de défense lorsqu'ils se sentent agressés :

*Je supporte mal la critique. En fait, dans mon travail, je consacre beaucoup d'efforts à me préserver des critiques. Je collecte des informations que je pourrais utiliser pour me défendre si j'étais menacé. Mon patron pratique la critique sournoise, contre laquelle il est difficile de se défendre. Cela suscite en moi un profond sentiment d'injustice.*

*Mon attitude vient du fait que, lorsque j'étais enfant, j'ai appris à vivre avec les humeurs de ma mère en me faisant tout petit, et cela fonctionnait. Plus tard, j'ai fait face aux responsabilités. Dans un groupe, je sais désamorcer les tensions. Quand on joue ce rôle, on est rarement critiqué. Face à quelqu'un qui est de mauvaise humeur, j'ai l'impression que c'est de ma faute. Mon rôle consiste à rendre les choses lisses et agréables, à jouer à la gentille famille heureuse, comme quand j'étais petit.*

Si les enfants uniques sont prompts à assumer les torts, cela ne signifie pas pour autant qu'ils acceptent facilement les critiques. Bien au contraire : la plupart y réagissent de façon épidermique :

*Je ne supporte pas les critiques. Quand on n'a pas eu l'habitude d'être critiqué au sein d'un groupe, c'est toujours catastrophique. Bien sûr, quand votre mère vous gronde, c'est la fin du monde parce que, deux minutes plus tôt, elle vous adorait. Mais dans le groupe, tout est amplifié et tout devient affreusement personnel. On essaie à tout prix d'éviter les critiques. Mes copains se moquaient de moi : je voulais toujours que tout le monde m'aime bien. Je ne supportais pas l'idée que l'un d'eux dise quelque chose de négatif à mon sujet.*

Prompt à endosser les torts tout en ayant du mal accepter les critiques, l'enfant unique peut être un partenaire déroutant. S'il est à l'aise lorsqu'il assume lui-même les torts, il n'apprécie guère d'être critiqué. Il cherche à maîtriser la situation (*nous reviendrons sur ce besoin au chapitre 4, LA MATURITÉ SOCIALE*).

L'enfant unique veut également, parfois de manière compulsive, «bien» faire les choses. Il souhaite bien se comporter, bien agir et bien réagir. Il désire poser les bonnes questions et apporter les bonnes réponses. Cette exigence de qualité concerne aussi ses relations personnelles, sa famille et sa vie tout entière. Le problème étant, bien sûr, qu'il n'a pas la moindre idée de ce que cela veut dire. Tout ce qu'il sait, c'est qu'il n'a pas droit à l'erreur. Quand vous êtes un enfant unique qui assume toutes les responsabilités, vous savez d'expérience que, si les choses se passent mal, c'est vous qui serez tenu pour responsable. Ainsi, Isabelle sait qu'il lui faut «réussir» ses vacances mais elle ignore comment faire :

*Cela fait huit ou neuf ans que je ne suis pas partie en vacances, parce que je m'angoisse tellement à l'idée qu'elles pourraient ne pas bien se passer que je préfère ne pas partir. Les week-ends, c'est autre chose : leur réussite compte moins.*

Or la plupart des gens n'ont aucun mal à trouver des responsables si leurs vacances sont ratées : c'est la faute du temps, du tour-opérateur, etc. L'enfant unique ne mange pas de ce pain-là : il doit assurer lui-même le succès de ses vacances.

Idem lorsqu'il reçoit des amis à dîner :

*Je veux que tout soit absolument parfait. Et pourtant, je commets des erreurs idiotes, comme par exemple essayer de nouvelles recettes quand des amis viennent dîner. Évidemment, quand je rate mon coup, cela me met dans tous mes états. Si seulement je pouvais prendre ces choses moins à cœur…*

Prendre les choses moins à cœur : voilà qui simplifierait la vie, non seulement de l'enfant unique, mais aussi de son entourage. Désireux de réussir à tout prix en endossant tous les torts, l'enfant unique se montre assez intolérant, tant vis-à-vis de lui-même que de son entourage. C'est dire s'il ne fait pas un conjoint facile à vivre. Dans ce cas, le fait d'avoir été «tout pour ses parents» est sans conteste lourd à porter. Mais comme nous l'avons vu plus haut, cette situation a aussi des avantages :

## Toute l'attention

Jusqu'à maintenant, le fait d'être «tout pour eux» pouvait sembler pesant. Certes, c'est souvent le cas. Mais il y a aussi des aspects positifs, avec des compensations et des avantages de taille pour l'enfant unique. Bon nombre de personnes interrogées l'ont fait remarquer :

*Vos parents vous consacrent tout leur soutien et toutes leurs ressources, y compris financières. Mais l'enfant unique n'est pas forcément gâté à outrance. Il apprend à s'occuper seul, à développer sa personnalité.*

Les conjoints des enfants uniques remarquent eux aussi ces avantages :

*On est immédiatement frappé par la confiance qui se dégage de lui, lui qui a été enfant unique et adoré. Il émane de sa personne une aura de dévotion et d'amour. Georges n'a jamais été comparé à qui que ce soit. Moi, j'ai une sœur aînée. Lui n'a jamais rien dû partager. Mais il ne possède pas pour autant un instinct de propriété surdéveloppé, contrairement à certaines personnes issues de familles nombreuses. Je pense que c'est à cause de son statut familial. De même, il est extrêmement généreux, il donne toujours. Il a dû apprendre à s'amuser tout seul et n'avait personne avec qui partager le poids d'être un enfant, le poids affectif d'être aimé de deux personnes. Lorsque son père est mort, personne d'autre que lui n'a partagé le chagrin de sa mère.*

Examinons maintenant l'attention dont bénéficient les enfants uniques et les sentiments qu'elle suscite chez eux :

*J'ai eu le privilège d'avoir toute l'attention de mes parents pour moi. Comme j'étais leur seule chance, ils ont tout misé sur moi. Quand on est enfant unique, on apprend à s'absorber dans ses pensées et à cultiver ses propres ressources pour se divertir.*

Parmi les parents d'enfants uniques, beaucoup souhaitaient une progéniture plus nombreuse, ce qui n'a pu advenir. Leur seul enfant a alors pris une importance considérable. L'attention dont ce dernier bénéficiait pouvait lui donner le sentiment qu'il était le centre de l'univers :

*L'un des points positifs, quand on est enfant unique, c'est qu'on bénéficie d'un traitement de faveur de la part de ses parents et qu'on a conscience d'être cher à leur cœur.*

*Le soir, la seule chose dont mes parents avaient à s'inquiéter, c'était moi.*

*Je crois que pour tous les enfants uniques, c'est pareil : cela fait chaud au cœur de se dire que deux adultes nous assurent une loyauté sans faille et un soutien inconditionnel. Vous savez qu'ils vous encourageront, quoi qu'il arrive, et que vous aurez toujours leur soutien.*

Les personnes interrogées ont souvent mentionné l'attention que leurs parents leur ont portée dans leur vie scolaire :

*Vos parents vous accordent plus d'attention. Sans aller jusqu'à vous gâter honteusement, ils peuvent vous consacrer beaucoup de temps et d'énergie pour les devoirs, ce que ma mère a fait, indéniablement.*

Certains enfants uniques considèrent qu'ils ont eu la chance de cultiver leurs passions, ce qui aurait été difficile avec des frères et sœurs :

*Mon père m'a transmis sa curiosité. Il m'a également appris une foule de choses en matière de jardinage. J'ai passé des heures au jardin, avec lui.*

S'il est difficile pour l'enfant de prendre conscience du traitement de faveur dont il bénéficie, certains savaient ce que la présence d'un frère ou d'une sœur aurait impliqué :

*Très tôt, j'ai reconnu les avantages de mon statut d'enfant unique. Je bénéficiais de toute l'attention, de tout l'amour et de tous les moyens financiers de mes parents, ce qui n'est pas rien dans une famille ouvrière. On me taquinait souvent en me disant que j'allais peut-être avoir un petit frère, et je me souviens que cela m'énervait. En aucun cas, je ne voulais voir arriver un intrus.*

*Sincèrement, je ne suis pas certaine d'avoir voulu un frère ou une sœur, mais lorsque j'étais enfant, j'avais l'impression qu'il fallait faire semblant. J'adorais être le point de mire, être le seul objet de l'amour de mes parents.*

Etre au centre de l'attention pendant quelques années, voilà une expérience propre aux aînés et aux enfants uniques, qui contribue à expliquer certaines caractéristiques communes. Mais pour l'enfant unique, cette attention perdure :

*Aujourd'hui encore, je ne suis jamais aussi heureux que lorsque toute l'attention se porte sur moi. J'imagine que tous les enfants connaissent une période où, après avoir été la huitième merveille du monde, ils tombent des nues à l'arrivée d'un bébé hurleur. Nous, les enfants uniques, nous n'avons jamais connu cela. Nous restons toujours au centre.*

Quels sont les effets de toute cette attention ? Certains sont bénéfiques :

*Pour moi, l'un des aspects positifs de mon statut d'enfant unique réside dans l'attention totale que mes parent m'ont portée. Ils m'ont toujours encouragée, dans tout ce que je voulais entreprendre, y compris mes loisirs. Comme j'aimais les disciplines artistiques, ils m'offraient tout le matériel nécessaire. Je n'avais pas de frères et sœurs, alors ils faisaient tout pour que je ne m'ennuie pas... Ils veillaient à répondre à toutes les curiosités que je manifestais. Ça m'a donné le sentiment d'être importante. Pour une enfant, j'avais grandement conscience d'être chère à leur cœur, ce qui m'a conféré une grande confiance en moi.*

Ayant la charge d'un seul enfant, les parents sont en mesure de proposer certaines activités qui seraient probablement impossibles, faute de temps (ou d'argent), dans une famille plus nombreuse :

*Quand j'étais enfant, tout mon temps libre était planifié. Avec mes parents, on en discutait. Ils me disaient : «Voilà, nous avons dix semaines de vacances scolaires, qu'est-ce que nous allons organiser ?»*

*Mes grandes vacances étaient planifiées comme une opération militaire, pour éviter à tout prix que je ne m'ennuie.*

Et pour une foule de petits détails, le temps et l'attention supplémentaires que les parents peuvent consacrer à leur unique enfant permettent de mieux répondre à ses besoins et plus rapidement :

*Les vêtements n'ont jamais posé problème. J'avais tout ce que je voulais. Ma mère m'a même cousu une cravate blanche, à l'époque où c'était à la mode. J'obtenais tout sur-le-champ. Quand quelque chose devait être fait (cuisine, repassage, bricolage), c'était tout de suite accompli. Résultat : aujourd'hui, j'aime que les choses soient faites immédiatement. Par exemple, je déteste les files d'attente. Je fais la queue, comme tout le monde, parce que je n'ai pas le choix. Tout cela vient du fait qu'à la maison, les choses étaient effectuées rapidement, parce que mes parents étaient disponibles.*

Quand les deux parents vous portent une attention totale, aucune de vos paroles ne passe inaperçue :

*En fait, ce n'est qu'en allant chez d'autres enfants, ce que j'ai fait lorsque j'étais un peu plus âgée, que je me suis rendu compte que, chez moi, je n'avais pas à me battre pour attirer l'attention de mes parents. Je pense que c'est un point essentiel. Quand on voit des parents entourés en permanence d'une nuée d'enfants hurlants, on se rend compte que c'est une situation à laquelle ils ne sont jamais confrontés. Quand je rentrais chez moi, on me disait : «Bonjour chérie, comment ça va ? Tu as passé une bonne journée ? Qu'est-ce que tu veux pour goûter ?» J'avais conscience d'être très gâtée. Non pas sur le plan matériel mais par toutes ces petites attentions dont j'étais entourée.*

Comme le faisait remarquer un jeune homme issu d'une famille nombreuse, intervenant dans notre entretien avec son épouse :

*Les enfants uniques sont habitués à être écoutés. Ils disent quelque chose et leurs parents leur répondent. Dans une famille nombreuse, quand on dit quelque chose, il y a une chance sur deux pour que cela passe inaperçu. Par exemple, quand Annette m'a dit que vous veniez aujourd'hui, elle croyait que je l'écoutais, alors qu'en réalité, il n'en était rien !*

Ainsi que l'ont souligné la plupart des enfants uniques, focaliser l'attention constitue une expérience positive qui donne confiance en soi. Toutefois, elle comporte également des aspects négatifs. Dans une famille composée de trois individus, les relations sont d'une grande intensité. Nous en avons déjà parlé, et nous y reviendrons encore. La concentration de l'attention parentale contribue à ce phénomène :

*Dès leur naissance, les enfants uniques voient toute l'attention centrée sur eux. Même les parents qui s'efforcent à tout prix d'éviter cela n'y parviennent pas. Si un enfant pleure et que, pendant ce temps, deux autres sont en train de se taper dessus à coup de bâtons, les parents s'occupent de ceux qui se battent. Quand il y a plusieurs enfants, les parents sont obligés d'établir des priorités.*

*Quand toute l'attention est concentrée sur vous et que vous ne pouvez pas vous permettre un faux pas, vous vous tenez à carreau. Quand il y a trois ou quatre enfants, les parents ne sont pas continuellement en train de surveiller ce qu'ils font et une bêtise peut passer inaperçue. Par contre, quand toute l'attention se porte sur vous, la moindre sottise se remarque.*

Cette attention permanente peut faire naître un sentiment de claustrophobie ou d'étouffement :

*Je me sentais oppressé par l'amour de ma mère : «Fais exactement ce que je te dis de faire, et je t'aimerai.» L'enfant unique a moins d'échappatoires.*

*Je regrette la possessivité excessive de mes parents et ce sentiment d'enfermement... Il n'y avait que nous trois, et une foule de contraintes non dites. J'en connaissais quelques-unes, auxquelles je me conformais, et j'en ignorais d'autres. Aujourd'hui, je suis en mesure de faire la part des choses entre les contraintes fondées et celles qui ne le sont pas, mais à l'époque, j'en étais bien incapable.*

Nos enfants uniques estiment qu'il y avait des désavantages à être en vedette à la maison, sur le plan pratique notamment :

*Toute cette attention dirigée sur moi comportait un inconvénient : c'était toujours moi qui devais faire la vaisselle, qui devais tout faire, comme m'occuper de ma mère quand elle était malade, par exemple.*

L'attention totale des parents peut être trop lourde à porter lorsqu'elle est associée à certaines exigences :

*Pour ma mère, par moments, il fallait que je sois tout, ce qui était impossible... Que je sois à la fois fils, fille, compagnon, etc. Il faut savoir que son rôle d'épouse et de mère représentait toute sa vie, ce qui laissait beaucoup de temps pour moi. Elle demandait des manifestations concrètes, des preuves d'amour tangibles. Si j'avais eu une sœur, elle aurait assumé une partie de ces exigences et continuerait à le faire. J'ai appris rapidement qu'il fallait répondre aux exigences de ma mère, sinon, gare...*

Ou en cas de problèmes entre les parents :

*J'étais toujours entre mes deux parents. Le problème, quand on est enfant unique, c'est qu'on est au centre d'un flot d'émotions, et qu'on ne peut s'en échapper. Mon père me disait tout le temps : «Ne réponds pas à ta mère» ou «Arrête de faire la tête», etc. Ma mère avait le même registre : «Tu vas fâcher ton père.» J'avais l'impression d'être une balle de ping-pong qu'ils se renvoyaient en permanence. Quand mon père était de mauvaise humeur, ma mère venait se consoler près de moi. Elle m'exposait les griefs qu'elle avait contre lui.*

Un jour, l'enfant unique prend conscience que toute cette attention, qui lui a permis d'avoir confiance en lui, ne l'a pas réellement préparé à affronter le monde extérieur. Chez lui, il est au centre de l'univers : lorsque ses parents parlent, c'est à lui qu'ils s'adressent. Les questions, les ordres et les commentaires lui sont destinés. Personne d'autre n'est là pour intervenir, émettre des réserves ou un avis différent. Tout tourne autour de lui et il croit naïvement qu'il en sera toujours ainsi :

*Nous, les enfants uniques, nous avons ce sentiment étrange que nous allons être vus par les autres, qu'ils vont tenir compte de nous, que nous avons un droit conféré par une autorité supérieure à ce que nos sentiments soient perçus. Tout cela parce que nos parents ressentaient sur-le-champ nos moindres contrariétés – ne serait-ce qu'à travers nos postures. Ils nous connaissaient si intimement qu'ils saisissaient le langage de notre corps. Or, souvent, on ne comprend et on ne remarque que les personnes expansives, ce qui nous paraît injuste. Quand quelqu'un étale ses sentiments de manière ostentatoire (ce que font naturellement les gens issus d'une famille nombreuse), on l'écoute et on l'approuve. Et nous, nous fulminons, parce que nous avons l'impression d'avoir manifesté notre colère ou n'importe quel autre sentiment sans que personne ne les ait remarqués.*

*L'un de nos travers, c'est que nous partons du principe que tout le monde sait ce que nous ressentons. On se dit que les gens sont censés savoir, puisque nos parents, qui nous adoraient inconditionnellement, savaient.*

Or le monde extérieur est bien différent du cocon douillet de la famille. Pour nombre d'enfants uniques, la prise de contact avec la réalité a été très dure. Ils ont dû apprendre qu'ils n'étaient pas le centre de l'univers, mais seulement au centre de leur petit monde à eux. Ils sont allés à l'école, ils ont commencé à travailler, ils ont noué des relations avec d'autres. Là, on leur a dit qu'ils devaient se débrouiller seuls, se battre, partager et penser aux autres. Tous les enfants du monde vivent cette expérience, mais ceux qui ont grandi au sein d'une fratrie sont préparés à la vie en groupe. Les bagarres leur ont permis de se familiariser progressivement avec les règles sociales, et de manière peut-être moins traumatisante.

L'attention concentrée dont bénéficient les enfants uniques les rend plus enclins à penser qu'ils sont uniques au monde. Elle peut également constituer un facteur de déséquilibre : quantité d'entre eux admettent une bonne dose d'égocentrisme :

*Mon conjoint me reproche la chose suivante : lorsqu'on m'expose un problème, ma première réaction est de penser aux répercussions que cela aura pour moi. L'autre jour, j'ai appris la mort de la mère d'un ami. Aussitôt, je me suis demandé comment j'allais me rendre à l'enterrement. Cela ne veut pas dire que je ne pensais pas à mon ami, mais ma première réaction n'a pas été pour lui.*

*J'ai toujours voulu qu'on m'aime, et à l'école, j'adorais attirer l'attention. J'en avais assez d'être seul à la maison : quand j'avais un public, je me donnais en spectacle et je m'amusais comme un fou.*

*Je ne me souviens pas avoir rencontré des problèmes à l'école. À la maternelle il n'y avait que dix enfants par classe et je faisais tout pour que l'attention se porte sur moi. C'est sans doute parce que c'était ma première expérience en collectivité.*

N'ayant pas l'habitude de s'intégrer à un groupe, les enfants uniques se tiennent en retrait dans la cour de récréation, ce qui peut les faire paraître distants. S'ils s'attendent de surcroît à capter l'attention, il y a fort à parier qu'ils s'attireront des railleries :

*Je me souviens qu'on jouait au foot et quelqu'un de mon équipe a marqué. J'ai hurlé : «Bravo, je n'aurais pas fait mieux !» Ce qui était censé être un compliment. Je n'ai pas compris pourquoi tout le monde s'est mis à rire. Pour moi, c'était une réaction naturelle.*

Leur unique enfant étant particulièrement précieux, certains parents deviennent possessifs et sur-protecteurs, surtout avec les filles :

*Je ne suis jamais allée à la maternelle. J'étais très isolée, étouffée par ma mère qui ne me quittait pas d'une semelle. Je comptais tant pour elle. Ce sentiment d'étouffement a bercé toute mon enfance.*

*Et cette angoisse permanente de mes parents... C'est étonnant que je ne sois pas totalement névrosée. Vous savez, tous les parents sont inquiets quand leur enfant rentre tard. Mais ma mère, elle était franchement nerveuse. J'ai toujours été un vrai garçon manqué, j'étais intrépide, et elle devenait folle quand je grimpais partout, parce que de toute évidence, elle imaginait toujours le pire... Vous savez, on en revient toujours à cette histoire d'œufs : les parents d'enfants uniques n'ont qu'un seul œuf dans le panier.*

*Je crois que les choses sont pires pour les filles uniques. Je ne pouvais jamais rentrer tard. J'ai fait l'objet d'une inquiétude permanente... Et ma mère continue à se soucier pour tout. Quand on prend l'avion, c'est la catastrophe, elle panique. J'ai connu ça durant toute mon enfance, ça m'a rendue très prudente. Mes parents avaient toujours peur de me perdre. Je pense avoir été davantage couvée que d'autres enfants.*

Toutefois, lorsqu'il quitte le toit familial, un adolescent surprotégé est moins conscient des dangers qui le guettent que ses camarades :

*J'ai été couvée, mais à l'époque, je n'en avais pas conscience. Quand je suis partie de la maison, je crois que d'une certaine manière, j'étais très naïve.*

Ultérieurement, l'enfant unique est parfois tenté de recréer des situations dans lesquelles tout tourne autour de lui :

*J'adore être au centre. Il en a toujours été ainsi. Je n'aime pas passer inaperçue. Lorsque j'étais enfant, toute la vie s'articulait autour de moi, autour de ce que je voulais faire. Inconsciemment, je m'attends encore à être au cœur de l'attention, et je suis déçue lorsque ce n'est pas le cas.*

*Les enfants uniques ont une perception faussée de leur propre importance. Est-ce qu'ils veulent être au centre de l'attention parce qu'une fois qu'on l'a été, on veut continuer à l'être ?*

*Mon mari, qui est enfant unique, n'est heureux que lorsque tous les yeux sont braqués sur lui.*

Toute sa vie, l'enfant unique peut s'efforcer de revivre cette expérience :

*Chercher à briller… D'une certaine manière, on n'arrive plus à briller aussi facilement que lorsqu'on était enfant, parce qu'alors, on était au centre de tout. En grandissant, il faut exceller dans un domaine pour être remarqué, on se met la pression et on se sent mal si on n'y réussit pas.*

## Le besoin d'être exceptionnel

Ayant été en permanence au centre de l'attention, l'enfant unique, qui se considère comme quelqu'un d'exceptionnel, recherche un conjoint tout aussi extraordinaire qui lui renverra cette image d'unicité :

*S'il y a une constante entre mes différentes compagnes, c'est leur ambition. J'aime les gens qui se détachent du lot. Pour moi, ma mère s'est toujours distinguée de son entourage. C'est ainsi qu'elle se voyait elle-même… Et sur le plan sentimental, je désire, et j'ai toujours désiré, un amour fusionnel. Catherine, qui est la benjamine d'une famille de trois enfants, relativise tout ça. Elle a bien d'autres personnes que moi à prendre en considération. Moi, je veux que notre amour soit quelque chose de sacré, d'extraordinaire, qui n'appartient qu'à nous. Je recherche un rapport exclusif dans lequel personne ne peut s'immiscer. Parfois, je suis trop exigeant et heureusement, Catherine est là pour tempérer mon besoin d'absolu.*

*Toutes les femmes avec lesquelles j'ai eu une histoire d'amour, je les ai considérées comme des personnalités hors du commun. Je n'ai jamais été attiré par une femme sans relief. Nous, les enfants uniques, nous avons le sentiment que l'autre doit nous considérer comme quelqu'un d'extraordinaire. Mon ex n'arrêtait pas de me dire : «Des personnages comme toi, il n'y en a pas deux !» Et j'adorais ça.*

Ces réactions sont parfois excessives ou injustifiées :

*Quand on se considère comme le centre du monde, on est hypersensible aux critiques. Quand ma femme m'adresse un reproche, j'ai l'impression que tout est fini entre nous. J'en ai parlé avec d'autres enfants uniques : ils ont la même réaction. Je suis certain que c'est lié au fait que nous n'avons jamais appris que toute relation a ses hauts et ses bas. Lorsqu'on est enfant unique, on n'en a pas conscience.*

Pourtant, on peut apprendre à ne pas être constamment en position de demandeur. La plupart des enfants uniques y parviennent, bien que cela soit douloureux. Toutefois, ce besoin d'être au centre durera certainement toute leur vie. Cela contribue peut-être à expliquer le grand nombre d'enfants uniques ayant embrassé des carrières de comédien ou d'autres professions permettant d'avoir les projecteurs braqués sur soi. D'ailleurs, saviez-vous que Gengis Khan et Staline étaient enfants uniques ?

## TOUS LES AVANTAGES

L'enfant sans fratrie bénéficie non seulement de toute l'attention de ses parents, mais aussi d'avantages matériels indéniables :

*On a des cadeaux, l'héritage, la maison, tout.*

D'où le stéréotype de l'enfant unique «pourri gâté». Comme nous le verrons au chapitre 13, *CONSEILS AUX JEUNES PARENTS D'UN ENFANT UNIQUE,* consacré aux avantages matériels et au mythe de l'enfant unique gâté, c'est l'attitude de l'enfant face aux biens matériels qui détermine s'il est gâté à l'excès, et non la quantité de faveurs qu'il reçoit. Or, cette réaction est fonction du comportement des parents.

Indéniablement, l'enfant unique a l'avantage de jouir de toutes les ressources disponibles dans la famille :

*On n'a pas à se battre pour obtenir ce qu'on veut, ni à harceler ses parents. Si ce que je voulais était dans leurs moyens, ils me l'offraient.*

*Ma mère m'a dit un jour : «Ce que nous avons fait pour toi, nous n'aurions pas pu le faire pour plusieurs enfants.»*

Beaucoup d'enfants uniques doivent leur ascension sociale à l'attention que leurs parents ont portée à leur éducation et aux moyens financiers mis en œuvre. Ce qui n'aurait probablement pas été le cas dans une famille nombreuse :

*J'ai pris des cours particuliers avant le bac, et mon mari (également enfant unique) a lui aussi bénéficié de cours de soutien.*

*Je voulais devenir mannequin. Une agence m'a fait une proposition professionnelle alors que j'allais encore à l'école. Mes parents m'ont dit : «Si tu passes ton bac, tu peux faire l'essai pendant un an, nous t'aiderons financièrement.» C'est ce qu'ils ont fait. Ça a commencé à marcher et, au bout d'un an, je gagnais suffisamment d'argent pour en vivre, alors j'ai continué.*

S'il est souvent facile d'aider financièrement un enfant unique, en prendre plusieurs en charge ne va pas de soi. Certes, les enfants qui ont dû se battre ou travailler pour concrétiser leurs projets ont ainsi aiguisé leur esprit de compétition, mais avouons que bénéficier de l'aide de ses parents n'est pas désagréable non plus.

Incontestablement, les enfants uniques sont plus nombreux à voyager, à avoir des activités culturelles et à s'adonner à des passe-temps coûteux, comme l'équitation ou le ski :

*Si j'avais eu un frère ou une sœur, je n'aurais peut-être pas pu faire tout ce que j'ai fait.*

*Quand j'avais dix ou onze ans, mes parents m'emmenaient au musée une fois par mois. Je crois que s'ils avaient eu plusieurs enfants, ils ne l'auraient pas fait.*

Au commencement de leur carrière professionnelle, les enfants uniques peuvent compter sur le soutien financier de leurs parents, ce qui leur ouvre un vaste éventail de possibilités. La disponibilité des ressources parentales ainsi que la jouissance de tous les avantages, sans obligation de partage, jouent un rôle important dans la réussite des enfants uniques :

*Je ne pense pas être un enfant unique facilement identifiable. Sauf pour mes petites amies. Ce qui me trahit, c'est le chocolat ! Mon Mars est à moi, et à personne d'autre. Point final. Je ne supporte pas de partager. Si vous voulez un Mars, j'irai vous le chercher, mais celui que je suis en train de manger est à moi. Toutes mes petites amies me disent : « Tu es un sale égoïste avec ton chocolat ! » C'est le symptôme indiquant que je suis un enfant unique.*

Leur statut peut avoir un impact de taille sur leur aptitude à partager à l'âge adulte :

*J'achète toujours plusieurs confiseries et j'en donne à mon conjoint, ou bien j'achète quelque chose prévu pour deux. Mais je ne veux pas partager MA part. Une part, c'est fait pour une personne.*

*Quand j'ouvre un sachet de chips et qu'Antoine y plonge la main, je lui dis : « Si tu en veux, prends un autre sachet. » Ça ne me dérange pas d'en acheter pour lui. Je suis plutôt généreuse.*

À noter qu'il ne s'agit pas là d'avarice. Beaucoup de conjoints ont confirmé que les enfants uniques étaient généreux :

*C'est le plus généreux des hommes quand on lui fait remarquer qu'on a besoin de quelque chose. Simplement, il pense que la dernière part de gâteau lui revient automatiquement.*

*Si vous voyez quelqu'un prendre la dernière part de gâteau, vous pouvez être sûr que c'est un enfant unique. Il pense que cette tranche lui revient de droit pour la bonne raison qu'il n'a jamais appris à se comporter autrement. C'est une réaction normale venue de l'enfance : quand il restait quelque chose de bon à manger, c'était forcément pour lui.*

Le savoir-vivre enseigne à ne pas prendre le dernier morceau :

*Je crois que nous sommes trop polis. Par exemple, je coupe constamment des parts de gâteau pour les proposer aux autres. Je crois qu'en cherchant à tout prix à éviter l'égoïsme, je suis tombée dans le travers inverse.*

Mais l'expérience passée laisse indéniablement des souvenirs forts, notamment pour les cadeaux :

*Quand j'étais petit, j'étais sidéré par le peu de cadeaux que les autres enfants recevaient à Noël, alors que leur famille était grosso modo dans la même tranche de revenus que nous. Ce n'est que bien des années plus tard que j'ai compris que lorsqu'il y a trois enfants, chacun n'a qu'un tiers du nombre total de cadeaux.*

*Je me souviens parfaitement de ce qui m'a décidé à devenir assistante sociale. C'était juste après Noël et je jouais avec l'un de mes nombreux cadeaux. Mes parents n'étaient pas riches, mais ils me consacraient tout leur argent. Le garçon qui livrait les journaux a sonné à la porte. Tout en cherchant sa monnaie pour le payer, ma mère lui a demandé ce qu'il avait eu pour Noël. Ses lèvres ont tremblé et il a répondu que ses parents avaient fait réparer le pneu crevé de son vélo. Je me souviens encore de la vague de honte qui m'a submergée. C'est là que j'ai constaté que tous les enfants n'avaient pas ce que j'avais.*

Si l'enfant unique pense que tous les avantages lui sont dûs, c'est parce que depuis toujours, tout lui appartient, à lui et à lui seul. Pour l'entourage, cette attitude peut être difficile à comprendre. Elle n'est cependant ni provocatrice, ni agressive. Pour le principal intéressé, elle constitue l'affirmation naturelle de ses droits, reflet de son univers d'enfant. Qu'il s'agisse de cadeaux ou de nourriture, tout lui revient. Cette évidence est essentielle pour comprendre l'enfant unique : l'absence de partage constitue une composante essentielle de son expérience :

*Plusieurs fois, des amis sont venus passer des vacances avec nous, mais ce ne sont pas mes meilleurs souvenirs. Sur le principe, l'idée me plaisait, mais lorsque nous y étions, je me sentais envahi : il y avait quelqu'un dans mon espace. Ce qui ne me plaisait pas du tout. J'avais vraiment du mal à partager ma chambre, mes jouets, etc. Cela ne me venait pas naturellement.*

*Je suis incapable de partager quoi que ce soit. S'il y a six magazines dans la pièce, vous pouvez être sûr que celui que je veux, c'est celui que Richard est en train de lire !*

Son inaptitude à partager et son manque d'expérience dans ce domaine suivront l'enfant unique toute sa vie. Nous reviendrons à plusieurs reprises sur cette question dans différents contextes.

# 2.

# Petites bagarres entre frères et sœurs

*J'ai du mal à gérer les disputes. J'imagine que c'est dû au fait que je n'ai jamais eu à me bagarrer avec des frères et sœurs.*

Lorsque nous avons commencé nos entretiens pour l'élaboration de cet ouvrage, nos interlocuteurs ont très rapidement fait état de cette difficulté, mais nous n'y avons guère prêté attention. Ce n'est qu'à la longue que cette phrase, revenant fréquemment dans les témoignages, nous a frappés :

*Je n'arrive pas à gérer les petites chamailleries de la vie de famille. Par exemple, je ne supporte pas de voir mes deux fils se battre.*

Apparemment, cette difficulté revêt une importance considérable pour les enfants uniques. Nous nous sommes demandé pourquoi.

La réponse nous a été apportée au fil des entretiens. Elle concerne les échanges normaux et naturels au sein d'une famille nombreuse, mais qui restent rares dans une famille à un seul enfant. Les enfants uniques ne connaissent pas les rites propres à la fratrie : se toucher, se pousser, se bousculer, qu'il s'agisse de bagarres ou de contacts affectueux.

*Est-ce que vous vous rendez compte qu'un enfant unique est en général privé d'une multitude de contacts physiques tout à fait naturels ? J'avais toute la banquette arrière de notre voiture pour moi. Au dîner, je disposais d'un côté de la table pour moi tout seul. Le seul moment où j'étais serré contre quelqu'un, c'était chez les scouts, et je détestais ça.*

Mais avant tout, les personnes interrogées songeaient aux «bagarres» qui se déroulent sur le plan affectif. Qu'entendaient-elles donc par là ? Il s'agit du pendant émotionnel des bousculades physiques : savoir être bon perdant dans une dispute, accepter de se faire taquiner, que les autres se moquent de soi, apprendre à garder le sens de la mesure, voire celui de l'humour, etc. Autant d'expériences qui apprennent également à gérer la colère et les conflits qui sont monnaie courante de la vie :

*L'un des inconvénients de la vie d'enfant unique, c'est l'immaturité affective. On est incapable de remettre en place quelqu'un de son âge. On n'a personne avec qui s'amuser. Même entouré des plus beaux jouets du monde, on reste seul : il n'y a personne avec qui être complice ou se bagarrer.*

L'enfant unique ne maîtrise pas l'art de l'attaque et de la défense qu'enseigne la vie à plusieurs.

L'absence de contacts physiques et de «bousculades affectives» qu'affrontent la plupart de leurs camarades se ressent fortement sur le développement des enfants uniques. Nos témoignages en font état à maintes reprises. Même si le terme de bagarre n'est pas toujours utilisé explicitement, le manque de pratique dans le rapport attaque/défense se fait cruellement sentir.

## Pourquoi est-ce si important ?

Pour résumer, disons que c'est grâce à ce mécanisme qu'un enfant fait l'apprentissage permettant d'entretenir, à l'âge adulte, des relations équilibrées avec autrui. En se frottant à son entourage, il acquiert une image tangible de lui-même. Bien sûr, dès son entrée à l'école, l'enfant unique se mesure lui aussi à ses camarades. Mais si les bagarres en famille revêtent une telle importance, c'est parce qu'elles apprennent à entretenir des relations non pas avec des adultes, mais avec des êtres de la même génération que soi. De plus, ces liens se nouent dans un cadre auquel il est impossible d'échapper : il faut impérativement trouver un terrain d'entente ou une solution aux conflits. Ces petites brouilles s'avèrent riches en enseignements sur les *modus vivendi.*

Comme nous l'avons déjà constaté, l'enfant unique, exclusivement entouré d'adultes, reste privé de certaines expériences que vivent ses camarades, ce qui lui confère sa spécificité. L'absence de bagarres constitue un élément central du vécu de l'enfant unique. Or, nos entretiens l'ont mis en évidence : beaucoup d'enfants uniques estiment que c'est précisément l'expérience de la bagarre qui confère un vaste éventail d'aptitudes sociales et affectives. L'enfant unique, quant à lui, devra attendre une opportunité pour combler cette lacune :

*Dans une famille comptant plusieurs enfants, on apprend à vivre les uns avec les autres et à ne pas prendre les démêlés trop à cœur. Il est vrai que cela se passe dans un cadre protégé où les parents font office d'arbitres. Les enfants uniques, quant à eux, font cet apprentissage dans un environnement beaucoup moins sûr, hors de la famille. Souvent, cet apprentissage se fait très tard, voire trop tard, et toujours en l'absence d'arbitre.*

Une fois entré dans le monde des adultes, l'enfant unique prend conscience que ce type de rapport lui fait défaut. Il comprend alors que c'est la pratique de l'attaque et de la riposte qui a permis aux enfants de familles nombreuses d'acquérir la faculté de se mesurer à autrui. Pour la grande majorité des personnes interrogées l'inaptitude au rapport de force s'explique par leur enfance solitaire.

Loin de nous l'idée que les enfants uniques constituent un groupe uniforme d'«handicapés» de la relation humaine. Le contact étroit avec les adultes leur donne souvent d'excellentes compétences sociales, comme nous le soulignons au chapitre 4, *LA MATURITÉ SOCIALE.* Et la plupart d'entre eux rattrapent ce déficit affectif à l'âge adulte par le biais d'un apprentissage d'une durée variable :

*Je fréquentais surtout des enfants plus âgés que moi. Mon seul problème, c'était d'arriver à partager, sur le plan affectif. Les enfants traversent tous des phases où ils décrètent : «Toi, tu n'es plus ma meilleure amie, maintenant c'est elle.» Cela fait partie d'un processus normal que je n'ai pas connu. J'avais choisi de ne pas entrer en lice. Je ne voulais pas être en concurrence. Si je ne pouvais être la meilleure amie attitrée, j'estimais que ça ne valait pas la peine de lutter. Plus tard, bien sûr, j'ai dû entrer dans ce jeu, parce qu'il est indispensable d'en maîtriser les règles.*

Certaines personnes n'y parviennent jamais. «Et alors ?», pensez-vous peut-être, «Est-ce si important ?» Eh bien oui, c'est essentiel. Les enfants uniques qui se sont confiés à nous estiment que cette carence a faussé leur comportement et entraîné des complications dans leur vie et dans celle de leur entourage. L'absence de conflits physiques et émotionnels a fait naître chez eux un besoin exagérément développé d'espace personnel (à la fois physique et intérieur), avec, comme corollaire, des difficultés à partager cet espace. Ils sont aussi plus réservés et plus enclins à se faire des illusions sur les autres. Par ailleurs, la plupart des enfants uniques attribuent à leur statut leurs difficultés à gérer les conflits à l'âge adulte.

Nous allons maintenant examiner en détail leurs témoignages sur ces différents points, en commençant par les plus fréquemment cités : le besoin d'espace et les difficultés à partager.

## Besoin d'espace

Presque tous les enfants uniques éprouvent ce besoin, qui revient sous une forme ou sous une autre dans tous les témoignages :

*Il me faut mon espace à moi, ce que certains ont du mal à comprendre. Par exemple, j'ai besoin d'avoir la maison pour moi toute seule. Et quand je n'ai pas suffisamment d'espace, je m'arrange pour délimiter mon territoire. Même lorsque je pars en vacances avec des amis, je mène ma vie de mon côté.*

*J'aime que tout soit à sa place. Je tiens à mon intimité. Lorsque je partageais un appartement avec d'autres étudiants, c'était dur. Je rentrais à la maison tous les week-ends, pour avoir mon espace à moi. J'en avais vraiment besoin. Je déplaçais les objets pour retrouver mon environnement, mon cadre à moi. Ce n'était pas toujours évident. Parfois, je ne parlais pas à ma mère pendant plusieurs heures, pour me retrouver.*

*On dirait que les enfants uniques ont un plus grand besoin d'intimité. J'aime être seul dans ma voiture. Pourtant, je croyais que le fait d'être enfant unique ne m'avait pas marqué. En fait, avant que vous n'en parliez, je n'y avais jamais prêté attention. Oui, bien sûr, j'ai besoin d'espace. Je le trouve dans ma chambre et dans ma voiture. Nous avons des besoins importants dans ce domaine. Je viens d'en prendre conscience.*

Beaucoup d'enfants uniques trouvent des moyens d'échapper aux autres, de s'aménager du temps ou de l'espace. Ainsi, certains partent seuls en voyage :

*C'est un moyen d'avoir du temps à soi.*

*Les enfants uniques ont besoin d'être seuls : pour cela, les voyages offrent une excellente échappatoire.*

Nul besoin de partir loin pour s'évader. Ainsi, l'un de nos interlocuteurs a passé des années à construire un bateau.

*J'ai besoin d'avoir du temps pour faire ce que je veux. Quand on part en vacances ensemble, on prend nos distances et on passe quelques heures chacun de son côté, dans l'après-midi. On n'en a jamais discuté, ça s'est fait comme ça, tout naturellement.*

*Bien que j'adore être entourée de gens, il me faut mon espace. Quand je partageais un appartement avec des amies, ma chambre était mon cocon. Je m'y retirais, simplement pour disposer d'un espace à moi. Mes soirées préférées sont celles que je passe seule dans ma chambre, entourée de mes affaires.*

Néanmoins, il faut parfois du temps avant de reconnaître et de tolérer ce trait de caractère :

*Cela ne fait pas longtemps que j'ai accepté le fait que j'aime être seule. Je rentre à la maison et je ferme les écoutilles. Pour cela, l'invention la plus géniale, c'est le répondeur téléphonique pour filtrer les appels ! Avant, j'avais l'impression que rester seule, c'était égoïste, que c'était un caprice d'enfant gâtée, et je m'inventais toutes sortes de maladies pour pouvoir rester chez moi sans voir personne. Ce n'est peut-être pas normal, mais c'est un aspect de ma personnalité, c'est ainsi que je fonctionne. Maintenant, je sais ce qui me réussit le mieux : je sors deux fois par semaine et je fais ce que j'ai envie de faire le reste du temps, seule, bien entendu.*

Nous examinerons en détail les implications de ce trait de caractère dans les relations avec le conjoint et avec les amis dans les chapitres 7 et 8, mais en voici un échantillon :

*Je travaille à la maison. Mon bureau, c'est mon territoire. Si mon mari laisse traîner des affaires dans mon coin, ça me rend folle, je rassemble le tout et je le pousse dans le premier tiroir venu. Nous avons des salles de bains séparées, et gare à lui s'il se lave les dents dans la mienne au moment où j'ai besoin de la place... Heureusement que j'ai la maison pour moi seule dans la journée.*

Ce besoin d'espace paraît relativement simple à expliquer : l'enfant unique dispose de sa propre chambre ou d'une grande partie de la maison pour faire ce que bon lui semble, quand cela lui chante. L'espace s'ouvre à lui comme une évidence, sans nul besoin de se battre.

Observons un groupe d'enfants courir vers un banc ou vers une balançoire, dans un jardin public. Aussitôt, ils délimitent leur place sur le banc, leur espace, leur territoire. Vous voyez ce petit qui reste en retrait, à l'écart du banc sans revendiquer sa place ? Devinez qui c'est ! Étranger au chahut et aux bousculades, l'enfant unique a bien du mal à faire valoir ses droits.

Son espace regorge souvent d'objets n'appartenant qu'à lui, et dont le sort ne dépend que de lui : il n'y a ni frère ni sœur pour les emprunter, les déplacer ou pire, les détruire. Quiconque s'aventure à réorganiser son territoire risque de s'attirer ses foudres :

*J'ai besoin de garder la maîtrise des objets qui m'appartiennent. Je n'aime pas que l'on vienne toucher à mes livres. Quand des gens viennent chez moi, je me fiche de ce qu'ils font, à condition de ne pas mettre leur nez dans mes affaires. Ce serait une intrusion, une violation de mon espace.*

Si ce besoin se cantonnait à l'espace physique, il ne poserait pas problème : dans la pratique, il est souvent aisé de trouver des solutions. Mais il recouvre également l'espace affectif.

Qu'entendons-nous par là ? Il s'agit du besoin qu'éprouve l'enfant unique de ne pas montrer certains aspects de sa personnalité, de cultiver son jardin secret. Il y a chez lui une réticence à se livrer, une retenue l'empêchant de confier aux autres ses pensées les plus intimes :

*Je n'aime pas que l'on sache en permanence ce que je fais.*

*J'ai terriblement besoin d'espace, et il y a peu de temps que j'accepte cela sans me culpabiliser. Je m'y suis mal pris pour le faire comprendre aux autres. Je me suis posé en victime. Jusqu'alors, je n'avais pas exprimé cette nécessité, car je ne l'avais pas identifiée. Ce besoin est exactement l'inverse d'un caprice. Si on ne parvient pas à le satisfaire, on en souffre.*

Tout au long de cet ouvrage, nous reviendrons sur ce puissant besoin d'espace exprimé par la plupart des enfants uniques. Nous pensons que ce trait de caractère est dû à l'absence de bagarres entre frères et sœurs, et donc à l'impossibilité pour l'enfant unique de tester ses réactions affectives. Si vous vivez en huis clos avec vos parents et que vous êtes leur point de mire, il n'y a pas de risques à prendre. Pour leur faire plaisir, vous évitez toute source de conflit. Et si quelque chose vous contrarie, vous n'en faites pas état. Très tôt, des mécanismes de protection se mettent en place et pour longtemps, empêchant l'enfant unique d'être véritablement proche des autres. Nous y reviendrons dans la 3e partie : si elle constitue un problème pour les conjoints, cette retenue peut se révéler encore plus difficile à vivre pour l'enfant unique lui-même :

*J'aime avoir mon espace. J'en ai besoin. Vraiment. Que ce soit pour une heure ou plusieurs jours. J'éprouve la même nécessité dans mes relations sentimentales. Récemment, je suis sortie avec un garçon. On ne peut pas dire qu'il était envahissant, il voulait simplement qu'on soit tout le temps ensemble. Ça a duré un mois. Je l'aimais beaucoup mais j'étais incapable de vivre avec lui vingt-quatre heures sur vingt-quatre. J'avais besoin d'un espace de solitude.*

Mais l'absence d'altercations entre frères et sœurs peut aussi entraîner d'autres problèmes.

## AVOIR DU MAL À PARTAGER

Comment la plupart des enfants apprennent-ils à partager ? En jouant avec leurs frères et sœurs, ils comprennent qu'il faut parvenir à un *modus vivendi*. Vous n'avez peut-être aucune envie que votre frère se serve de votre vélo, mais vous apprendrez rapidement que si vous ne le laissez pas faire, il va se servir de ses poings. Ou se plaindre à votre mère qui se fâchera. Ou se venger d'une façon ou d'une autre. A contrario, si vous lui prêtez votre vélo, il vous autorisera à jouer avec son train électrique, ce dont vous rêvez.

L'enfant unique n'apprend pas ces choses-là. Lorsque des camarades viennent jouer avec lui, il reste sur son territoire où il fait régner sa loi. Quand il part jouer chez ses amis, il est certes sur le terrain d'autrui, mais il sait qu'il a son sanctuaire, son chez-lui où personne ne viendra s'immiscer. Comment lui en vouloir... Les enfants uniques ont parfaitement conscience de cette situation qui les met mal à l'aise. Mais rien n'y fait : ils aiment avoir la mainmise sur leurs biens :

*Enfant, je n'aimais pas partager mes jouets. Aujourd'hui encore, j'ai vraiment du mal à partager mes amis, une maison de vacances, etc.*

*Je ne supporte pas qu'on déplace mes affaires, comme par exemple mes outils. Je les prête volontiers, mais quand je vois que quelqu'un s'est servi du marteau sans le remettre à sa place ou que les sécateurs traînent toujours dans le jardin, ça me met hors de moi. Je déteste qu'on ne respecte pas les objets qui m'appartiennent.*

Bien évidemment, les conjoints des enfants uniques sont intarissables sur ce sujet :

*Quand je veux lui emprunter quelque chose, elle est toute surprise : «Ah bon, tu voulais prendre mon pull ? Justement, je comptais le mettre aujourd'hui.» Quand j'étais enfant, les échanges étaient naturels avec mes frères et sœurs. Les enfants uniques sont très possessifs avec leurs objets, ils ne savent pas partager.*

Réponse des principaux intéressés :

*En tant qu'enfant unique, on a l'impression qu'on a le droit de dire non. Quand quelqu'un me demande s'il peut m'emprunter quelque chose, j'ai le sentiment qu'il me force la main.*

Parfois, cette réticence au partage prend des formes très concrètes :

*Si je mange du chocolat et que j'en propose un morceau à quelqu'un, c'est ma décision. Mais je n'aime pas qu'on considère cela comme un dû. Quand on me force la main, je me braque sur-le-champ.*

Par les différends qui les opposent, les membres de la fratrie apprennent, bon gré mal gré, à partager. Il y a fort à parier que la réputation d'égoïsme de l'enfant unique vient de sa difficulté à en faire autant. C'est facile de prêter, de donner et de recevoir quand on a été initié au partage entre frères et sœurs dès le plus jeune âge. D'ailleurs, quand il voit ses camarades agir ainsi, l'enfant unique aimerait bien avoir la même souplesse. Mais on sait que plus un apprentissage est tardif, plus il est difficile. Dans leurs témoignages, plusieurs femmes nous ont indiqué qu'en cela, leurs enfants avaient été d'une aide précieuse :

*Un enfant unique n'a pas besoin de partager. Mon mari (qui est lui aussi enfant unique) n'y est jamais parvenu. Pour ma part, en tant que mère, j'ai appris à être moins égoïste, à donner davantage, par la force des choses. Cependant, je dois dire que même si j'ai appris à donner et à recevoir (donner me paraît plus facile, plus naturel), j'ai toujours du mal à partager.*

Nous avons vu que l'absence de bagarres entre frères et sœurs engendre un fort besoin d'espace et des difficultés à partager. Du fait de cette carence, l'enfant unique présente souvent une nature très réservée. Parfois, on va jusqu'à le soupçonner de sournoiserie.

## Être secret

*Nous sommes des gens très secrets. Je crois que les enfants uniques sont plus renfermés que les autres.*

*Je sais bien que je suis indépendante. Certains de mes amis estiment que je suis introvertie. Il y a une part en moi que je veux garder secrète. Je ne ressens pas le besoin de m'ouvrir. J'imagine que c'est un comportement classique d'enfant unique, non ?*

*Il me semble que les gens qui ont des frères et sœurs arrivent plus facilement à s'extérioriser.*

Peut-être les enfants uniques sont-ils plus renfermés parce qu'ils ne se trouvent jamais en situation de comparaison et de concurrence. Dans une famille nombreuse, chacun peut aisément garder un secret, trouver un subterfuge pour éviter d'attirer l'attention, s'éclipser un moment sans que personne ne s'en aperçoive. L'enfant unique, quant à lui, est contraint de mettre au point des stratagèmes pour jouir de cette intimité :

*Comme l'attention de ma mère était toujours portée sur moi et que je ne pouvais rien lui cacher, j'ai appris rapidement que pour arriver à mes fins, il fallait que je ruse. J'ai appris à mentir et à faire semblant. Mon père n'était pas dupe. Je crois que tous les deux, nous étions complices d'une sorte de mensonge.*

Du fait de son statut, l'enfant unique se réfugie dans le secret et pratique une franchise toute relative. Il serait toutefois injuste de le qualifier de dissimulateur. Il sait simplement louvoyer pour échapper de temps à autre à l'attention constante que lui portent ses parents.

*Je leur ai toujours caché certaines choses, ce qui m'a valu d'avoir terriblement mauvaise conscience.*

Ces enfants avaient-ils vraiment des choses à cacher ? Nous l'ignorons. Mais ce qui est certain, c'est *leur sentiment* qu'il en était ainsi. Vivre une enfance solitaire amène peut-être à donner aux événements une dimension qu'ils n'ont pas... Les témoignages ont également révélé que lorsque l'enfant unique se sent isolé ou menacé à l'école, son penchant à l'enfermement s'accentue encore :

*Bien que mes parents aient été très affectueux, j'étais excessivement timide et peu sûre de moi. Je manquais totalement d'aplomb face aux autres enfants. J'étais assez pitoyable, en réalité. Personne ne me remarquait. Je restais toute seule dans mon coin.*

*J'ai fréquenté une école de garçons, ce qui m'a énormément complexé. Comme j'étais enfant unique, je ne savais pas grand-chose sur les filles. J'étais très seul, très vulnérable, et je me sentais différent des autres. Je parlais peu et surtout pas avec mes camarades de classe.*

Cet enfermement peut exacerber les difficultés à partager :

*Je réfléchis beaucoup dans mon coin. Au lieu de discuter des problèmes avec un ami ou un collègue, je gamberge tout seul. J'ai peut-être tort... Quand quelque chose me tracasse, je n'en parle pas forcément. Je préfère garder mes distances pour chercher une solution.*

Ce désir d'indépendance a toutes les chances de ressurgir dans les relations avec le conjoint :

*Quand elle fond en larmes, par exemple, elle veut que je me montre protecteur, mais moi, je réagis en restant un peu à l'écart.*

Il peut susciter des attentes irréalistes :

*Je ne demande pas d'aide. «Tu devrais savoir ce que je ressens» : c'est que je dis à mon mari !*

Seule planche de salut : avoir un conjoint compréhensif... ou vivre avec un enfant unique, ce qui donne la possibilité de se duper réciproquement !

## Taquineries, crédulité et illusions

Il est surprenant de constater à quel point les enfants uniques sont conscients de leurs difficultés à gérer les taquineries, de leur inaptitude à juger si leur interlocuteur est sérieux ou s'il plaisante, et des effets que cela produit sur eux :

*Je ne supporte pas qu'on me charrie. Je trouve ça très dur. Je prends tout au sérieux et je me vexe alors que manifestement c'est une marque d'affection : on ne plaisante qu'avec les gens qu'on aime.*

Certains estiment que ce trait de caractère a été source de malaise à l'école :

*Je n'ai jamais été heureuse à l'école. Je ne m'y suis jamais sentie à l'aise. Pour des raisons qui m'échappent, j'étais incapable de m'intégrer au groupe. Je manquais de confiance en moi. Je n'arrivais pas à faire face à la moindre raillerie, et je crois que c'est lié au fait que j'étais enfant unique. Mes parents ne me taquinaient jamais, nous n'avions pas ce type de rapports.*

*Je ne sais jamais vraiment quand quelqu'un blague ou pas. Je ne parviens pas à trouver la limite entre le sérieux et la plaisanterie.*

À l'âge adulte, beaucoup d'enfants uniques continuent de mettre en œuvre leur imagination là où d'autres s'inscrivent dans le réel. N'ayant personne pour contester leurs idées saugrenues ou pour en rire, ils risquent de fausser leurs relations humaines :

*Je me souviens d'avoir été complètement obsédé par une fille. J'allais la chercher à la gare tous les dimanches soir, quand elle rentrait d'un week-end passé avec un autre. Vraiment, quand j'y pense, quel imbécile j'étais !*

*Dans mes relations avec autrui, je me fais facilement des illusions.*

Ils ont également tendance à nourrir des aspirations irréalistes :

*J'ai toujours fait des projets grandioses, démesurés, bien trop fous pour qu'ils aboutissent. C'était idiot.*

Leur penchant à mal évaluer les situations les rend très tôt crédules :

*Je suis une cible toute trouvée pour les escrocs et les arnaqueurs, parce que je n'arrive quasiment jamais à savoir quand les gens bluffent. Les aigrefins me repèrent à des kilomètres à la ronde. Rétrospectivement, certaines choses qu'on a réussi à me faire croire me font mourir de honte. Avec le temps, je suis devenu prudent, j'attends des preuves tangibles. Résultat : je vexe souvent les gens en mettant en doute leur bonne foi.*

*Plus crédule que moi, ça n'existe pas. C'est incroyable... Je me souviens d'avoir travaillé avec deux assistants qui adoraient se mettre en boîte. Je prenais les choses au premier degré. Je croyais qu'ils ne se supportaient pas et j'en étais bouleversée. Je me trompais lourdement car en fait, ils étaient les meilleurs amis du monde. Et moi qui étais persuadée de l'inverse…*

Avec ses parents comme unique référence relationnelle, l'enfant unique se berce souvent d'illusions vis-à-vis des autres. Il nourrit notamment des idées fausses sur le plan sentimental du fait de l'amour inconditionnel de ses parents. En l'absence de frère et sœur, pas de bagarres pour apprendre à gérer les conflits et avoir les pieds sur terre.

## Conflits et solutions

Beaucoup d'enfants uniques constatent leur incapacité à gérer une relation conflictuelle ou de simples divergences d'opinion. Ils sont nombreux à être désemparés en cas de différends :

*Je ne sais ni me battre pour imposer mon point de vue, ni gérer une colère.*

*J'ai toujours été spectateur de la colère des autres. Impossible pour moi d'être partie prenante. Je n'ai tout simplement jamais été habitué aux prises de bec, aux brouilles et aux réconciliations dont j'ai été témoin par la suite chez mes propres enfants, avec pas mal de difficultés, d'ailleurs.*

Certains n'ont que rarement assisté à des scènes de colère, que ce soit en tant que témoin ou acteur :

*Chez nous, il n'y a jamais eu un mot plus haut que l'autre. Je n'ai jamais vu une assiette voler.*

Ne pas savoir gérer un conflit, voilà un sérieux handicap pour un adulte, qu'il s'agisse de sa propre colère ou de celle de son interlocuteur. Incapable de légèreté, l'enfant unique a du mal à s'adapter à ce type de situation. Acculé à la défensive par un scénario qui lui est étranger, il peut se montrer menaçant :

*C'est avec mes enfants que j'ai appris que l'on peut se mesurer à quelqu'un sans pour autant le détester. On peut donner de la voix tout en gardant des relations parfaitement intactes. Mais je dois dire que j'ai encore du mal à comprendre ce mode de fonctionnement.*

Au sein d'une fratrie, il n'est pas de jour sans son lot de chamailleries. La plupart du temps, nous avons affaire à des affrontements sans gravité au cours desquels les enfants s'entraînent à gérer une colère dans un cadre relativement sûr. En revanche, l'enfant unique ne dispose pas d'un contexte propice aux querelles. Entrer en conflit avec ses parents ? Impossible : il prendrait le risque de ne plus être aimé.

Quand l'enfant unique devient parent à son tour, il ressent douloureusement son manque de pratique de la dispute :

*Les altercations entre mes enfants me minaient, je ne supportais pas de les voir se chamailler. Ils le savaient et en abusaient. Combien de fois ont-ils simulé une bagarre, tout bonnement pour me faire bouillir intérieurement. La preuve : quand je n'étais pas à la maison, ils étaient gentils comme des anges.*

Que se passe-t-il si vous ne savez pas exprimer votre colère ? Est-ce dommageable ? Oui, si cela signifie un manque d'honnêteté envers vous-même. Il n'y a rien de plus sain qu'une colère qui sort. A contrario, la contenir peut avoir des effets destructeurs. Un enfant unique l'a formulé ainsi :

*J'arrive à me mettre en colère contre des objets : le robinet qui goutte, le document qui ne rentre pas dans le classeur, etc. Mais je suis incapable de piquer une rage contre quelqu'un. Je me réfugie dans le sarcasme et je réagis plutôt mal. Comme si les êtres humains ne m'inspiraient que du ressentiment.*

Si vous ne parvenez pas à vous fâcher tout rouge et à crever l'abcès par une bonne dispute, les problèmes et les rancœurs subsistent. La plupart des enfants uniques disent avoir du mal à résoudre les conflits affectifs. Bien souvent ils privilégient la fuite pour éviter l'affrontement. Bien sûr, dans certains cas, cette solution est la plus judicieuse. Mais dans d'autres, l'inaptitude à résoudre une crise s'avère problématique, y compris dans le domaine professionnel :

*J'ai travaillé avec une femme qui était totalement incompétente. Quand j'essayais d'aborder le sujet, elle parvenait à merveille à prendre le dessus. Elle savait se protéger en réagissant avec agressivité si bien que je n'insistais pas. Elle avait même le don de retourner la situation : si elle n'avait pas atteint ses objectifs ou si elle avait loupé un contrat, c'était de ma faute. Et le pire, c'est que je finissais par me sentir responsable, de sorte que la situation ne s'est jamais améliorée, ce que j'impute aujourd'hui au fait d'être enfant unique. J'ai honte de dire qu'il a fallu attendre sa nomination auprès d'un autre directeur pour que la situation change. Lui n'a pas eu peur de la prendre de front.*

Dans la vie privée, cette inaptitude à aborder les difficultés et à trouver des solutions peut entraîner des problèmes encore plus graves :

*J'ai vécu avec un Américain pendant quelques années avant de me rendre compte que le cœur n'y était pas. Il était très amoureux de moi et voulait m'épouser. Pour moi, pas question de mariage mais je n'arrivais pas à l'avouer. Je parlais par sous-entendus en espérant qu'il comprendrait. Cela l'attristait et le mettait en colère, ce que je ne supportais pas. Nous nous sommes séparés sans que j'aie jamais pu formuler le fond de ma pensée, de sorte qu'il est resté sur une fausse impression : il pensait pouvoir recoller les morceaux. Quelques mois plus tard, il a renoué le contact pour me dire que son permis de travail expirait. Seule solution pour qu'il reste en France : le mariage. Et j'ai accepté de l'épouser. Je me sentais coupable de l'avoir quitté. Je sais, c'est ridicule, mais j'étais incapable de l'affronter, incapable de lui dire : «Non, il est hors de question que je t'épouse.» Quand nous avons fixé la date du mariage, il était aux anges : son rêve devenait réalité. Une semaine avant le grand jour, j'en ai parlé à un ami, et j'ai compris que je m'apprêtais à commettre une folie : j'allais lier mon destin à celui d'un homme que je n'aimais pas. Tout cela parce que je n'arrivais pas à mettre un terme à notre histoire. J'ai finalement tout annulé, causant bien de plus de peine et de bouleversements que si j'avais su dire non lors de notre première rupture.*

En résumé, quelles sont les conséquences, pour l'enfant unique, de la privation de cette joyeuse turbulence régnant dans une grande famille, avec son lot de disputes quotidiennes ?

1. N'appartenant pas à une fratrie, il ne peut ni observer ni échanger, ce qui induit une carence relationnelle essentielle sur le plan affectif.
2. N'ayant pas eu de défis lancés par ses frères et sœurs, ni d'assauts à repousser, ni d'occasions de voir ses illu-

sions voler en éclats, il ne peut pas répondre à une situation d'affrontement.

Résultat pour lui : il présente une immaturité affective souvent masquée par un épais vernis de maturité sociale, comme nous le verrons au chapitre 4.

Dans les familles nombreuses, on envie souvent les enfants uniques en croyant qu'ils occupent une position privilégiée. Quand on a une ribambelle de frères et sœurs, on rêve d'une vie sans eux, sans rivalités et sans bagarres, donc beaucoup plus agréable, en apparence… En fait, qu'il y ait harmonie ou non entre frères et sœurs, la simple présence de l'autre est riche d'enseignements. Le contact permanent, l'obligation de s'adapter, de faire contre mauvaise fortune bon cœur, constituent un apprentissage précieux pour l'adulte à venir. Bien sûr, on peut se passer de l'aide d'une fratrie. Cette expérience s'acquiert alors plus tard, comme en témoignent la majorité de nos interlocuteurs. En contrepartie, l'enfant unique est plus apte à réussir ses études et à assumer rapidement des responsabilités d'adulte. Mais «l'apprentissage affectif précieux» qu'il n'a pas connu sera difficile, voire impossible à construire :

*Lorsque tes parents te punissent à tort parce qu'ils sont de mauvaise humeur, tu n'as personne auprès de qui t'épancher, tu dois supporter seul cette injustice, et ce sentiment de solitude te suit toute ta vie. Quand je me plains d'être enfant unique (ce qui m'arrive à l'occasion), les gens me répondent : «Oh, tu sais, ce n'est pas un cadeau, d'avoir une sœur (ou un frère), on se disputait tout le temps.» Peu importe... Même si on ne s'entend pas, on apprend à avoir des échanges et c'est ça qui compte. C'est pour cela qu'il me semble que l'enfant unique a du mal à entretenir de bons rapports avec son entourage.*

La plupart des enfants uniques restent privés de cette expérience si enrichissante, ce qui a pour conséquence une capacité moindre à affronter la vie.

Vous trouvez toutes ces constatations décourageantes ? Gardez le moral ! S'il est vrai que rien ne remplace totalement l'agitation d'une famille nombreuse pour s'affirmer, cela ne signifie pas pour autant que ce manque vous poursuivra toute votre vie. L'élément déterminant pour faire évoluer les choses, c'est d'en prendre conscience. Nos entretiens ont démontré l'incidence du déficit d'entraînement à la pratique attaques/ripostes sur la personnalité de l'enfant unique. Gageons que les réflexions des uns et des autres vont vous permettre d'affiner l'analyse que vous portez sur votre expérience personnelle.

# 3.

# L'image de soi

*La première chose qui me frappe, dans mon expérience personnelle, c'est que je n'avais pas vraiment conscience d'être enfant unique. En moi, c'est l'adulte vivant seul qui a retrouvé cet enfant. À la trentaine, j'ai entrepris de m'interroger sur mon enfance, et, plus tard encore, vers quarante ans, j'ai appris lentement à construire des relations de qualité avec les autres. À cette époque, j'ai commencé à réfléchir à la vie de cet enfant que je croyais parfaitement normal, élevé comme tous les autres, puisque je n'avais aucun élément de comparaison. Et soudain, je me suis rendu compte que j'ai beaucoup souffert de la solitude. Je me revois assis sur un muret, devant l'école, ou jouant tout seul, à la maison, ma mère installée devant la cheminée. Ce sont des souvenirs extrêmement douloureux.*

Le contraste considérable entre l'image confiante projetée vers l'extérieur et la réalité intrinsèque de l'enfant unique, faite d'incertitudes, constitue une dimension très forte des entretiens que nous avons menés. La façade assurée dissimule un abîme de doutes. Par ailleurs, les personnes interrogées disent vivre des tensions intérieures permanentes. Malgré l'aspect de forte personnalité que montrent les enfants uniques, beaucoup d'entre eux perdent leur assurance lorsqu'il s'agit de faire preuve de compétence dans un domaine qu'ils ne maîtrisent pas, contrairement à leur entourage :

*D'une certaine manière, je ne savais jamais précisément dire si on me taquinait ou non. Tout le monde avait l'air de savoir, sauf moi.*

Ne sachant comment se débrouiller entre la réalité et le paraître, l'enfant unique adopte une attitude défensive et essaie de s'adapter, comme nous l'avons vu dans ***Tous les reproches*** au chapitre 1. L'une des personnes interrogées souligne sa faculté d'adaptation à toutes les situations, telle un caméléon :

*Je sais m'attirer les bonnes grâces des gens que je rencontre. Quand on est seul, soit on se bat pour obtenir le pouvoir, soit on joue la carte de l'amabilité, en s'adaptant comme un caméléon à la personnalité de l'autre. C'est pour moi une gymnastique courante que de me mettre au diapason de gens inconnus. Ceux qui ont des frères et sœurs ont la possibilité, s'ils le souhaitent, de s'affirmer en tant que groupe : «Nous, on est les Dupont, on fait ceci, on pense comme ça.» Ils appartiennent à une communauté, à un environnement bien précis. Moi, je peux aller n'importe où et m'intégrer sur-le-champ, ce qui ne me déplaît pas d'ailleurs. Cependant, cette faculté d'adaptation soulève une question cruciale : qui suis-je réellement ? Si vous êtes l'un des enfants Dupont, la réponse est facile : vous êtes un Dupont. Nous, les enfants uniques, nous sommes des caméléons à la recherche d'une identité.*

Aux chapitres 7 et 8, nous examinerons les difficultés qu'éprouvent les conjoints et les amis d'enfants uniques lorsqu'ils se rendent compte que dans l'intimité, la personne est moins solide sur le plan affectif que son apparence ne le laissait supposer. Dans le présent chapitre, nous allons aborder la manière dont les enfants uniques se voient eux-mêmes. Bon nombre de personnes interrogées estiment avoir eu, dans leur jeunesse, une fausse image d'elles-mêmes, ce qui les a perturbées. Sans nul doute, les enfants uniques peuvent apprendre, en vieillissant, à mieux s'évaluer. Mais cette image faussée dès la petite enfance a un impact considérable sur les choix faits au sortir de l'adolescence.

En l'absence de fratrie pouvant l'aider à se forger une image réaliste de lui-même, l'enfant unique a quelquefois une vision assez illusoire de ses relations avec son environnement, ce qui affecte son comportement :

*Je me laissais toujours pousser par mes amis à faire ceci ou cela, le cas échéant, à monter en première ligne. Je n'ai jamais été serein. Je ne savais pas vraiment comment mon entourage me percevait.*

*Mon entourage me poussait toujours à présenter ma candidature à des postes de direction. Je ne me sentais pas à la hauteur. J'avais toujours l'impression qu'il pouvait y avoir un meilleur profil que le mien. Aujourd'hui, j'ai davantage d'expérience et les personnes incompétentes occupant des postes à responsabilité m'horripilent. Je me rends compte que je disposais de capacités pour ces fonctions, mais j'ai loupé le coche. Je crois que si j'avais eu un frère ou une sœur, voire un ami proche à qui en parler, j'aurais pu évaluer correctement mes aptitudes.*

L'image que nous avons de nous-mêmes est celle que nous envoie notre entourage, et surtout notre famille proche. Privés de fratrie, les enfants uniques présentent certains points communs concernant leur propre image et se distinguent radicalement des membres de familles nombreuses. Quelles sont ces caractéristiques ?

## Un éveil tardif

Il est rare que les enfants uniques débutent dans la vie avec une faible conscience d'eux-mêmes. Beaucoup ne remarquent pas avant l'âge adulte que leur psychologie est différente de celle de leurs camarades :

*Ce n'est que récemment que je me suis penché sur mon passé pour me demander si ma personnalité actuelle était liée à mon statut d'enfant unique.*

Par ses difficultés à se fondre dans un groupe d'écoliers, l'enfant unique constate simplement l'existence d'un problème, sans pour autant faire de lien avec son environnement familial et sans parvenir à modifier sa perception de lui-même :

*Ce qui est étrange, c'est que je n'ai pas l'impression d'avoir eu une quelconque image de moi : je me contentais d'être, tout bonnement. Plus tard, lorsque j'ai fait connaissance avec d'autres personnes et que j'ai eu des éléments de comparaison, j'ai commencé à développer une certaine perception de moi-même.*

*Je ne suis pas convaincu que l'on ait conscience d'être enfant unique avant un certain âge. On vit sa vie, un point c'est tout. C'est lorsqu'on commence à travailler ou à fréquenter une autre famille qu'on se dit, en rentrant chez soi : «Je me sens seul, terriblement seul.»*

Plusieurs personnes ont mentionné que leur statut leur était apparu relativement tard :

*Tout le problème de l'enfant unique, c'est qu'il ne sait pas s'il ressemble aux autres. Moi, je me sens très différent des gens que je fréquente. Et l'importance de ce sentiment ne m'a frappé que tard dans la vie, ce qui est assez étonnant. Il m'a fallu des années avant de mettre le doigt sur ce qui clochait.*

C'est presque en état de choc que certains de nos interlocuteurs ont évoqué des souvenirs d'enfance qui les hantent encore, des incidents apparemment mineurs, des désarrois dans des situations pouvant sembler parfaitement anodines à d'autres :

*D'une certaine manière, je n'arrivais pas à réagir suffisamment vite. Je ne parvenais pas à me défendre sur-le-champ, ni à avoir des réparties qui font mouche. Un jour ma mère et moi, on roulait à vélo sur un chemin de campagne. La nuit commençait à tomber et nous n'avions pas allumé nos lumières. Un homme, lui aussi à vélo et sans phares, nous a croisés. Il a crié : «Alors ! On a perdu ses lumières ?» À ma grande surprise, ma mère a répondu du tac au tac : «Et les vôtres, elles sont où, dans votre poche ?» Sa rapidité m'a sidéré. Moi, je n'aurais jamais su répliquer ainsi... Ma première réaction aurait été de mettre pied à terre !*

L'enfant unique ne sait pas s'il est différent, ce qui le tourmente. Quand nous leur avons demandé de comparer leur situation à celle d'autres enfants, les personnes interrogées ont fréquemment répondu qu'elles en étaient bien incapables, ne disposant d'aucun élément de comparaison.

## Se voir à travers les yeux de ses parents

Le chapitre 1 démontre que les enfants uniques se sentent aimés par leurs parents au-delà de toute mesure :

*J'avais le sentiment que mes parents étaient tout particulièrement attachés à moi parce que j'étais leur seul enfant. Ma mère me disait qu'elle m'adorait par-dessus tout, et de toute évidence c'était vrai, j'étais son trésor.*

L'image que nous avons de nous-mêmes se construit généralement à travers le «miroir» familial. Privé de fratrie venant enrichir ce reflet, l'enfant unique est tributaire de ses seuls parents pour se forger son image :

*La seule perception que j'avais de moi-même, c'était le portrait que brossaient mes parents. Selon les circonstances et leur humeur, j'étais soit un gentil garçon, soit un méchant garçon, soit un petit garçon intelligent qui pouvait mieux faire, etc. La panoplie des images façonnées par mes parents était si large qu'elle ne laissait aucune place pour une appréciation personnelle de ce que j'étais. Quand on grandit entouré de deux ou trois frères et sœurs, l'image que l'on reçoit en retour est certainement plus juste.*

*L'image que j'avais de moi était celle que je lisais dans les yeux de mes parents. J'ai pris mon père comme modèle car il symbolisait la réussite. Il me disait souvent : «Dis que tu es le meilleur et tout le monde le croira.» Comme je tenais vraiment à lui faire plaisir, j'ai passé toute ma jeunesse à essayer d'atteindre les objectifs qu'il m'avait fixés.*

Lorsque l'image renvoyée par leurs parents est celle de la réussite («Oh que tu es intelligent !»), les enfants uniques acquièrent confiance et foi en eux. Toutefois, il y a un revers à la médaille : dans ***Toutes les attentes,*** au chapitre 1, nous avons vu qu'en s'efforçant de se conformer aux souhaits de ses parents, l'enfant peut ressentir un profond sentiment de culpabilité. Si vous croyez être ce que vos parents affirment, le fait de ne pas répondre à leurs attentes peut aussi susciter un sentiment d'échec :

*Au début de mes études d'infirmière, j'ai raté un examen d'anatomie. Mon père a vivement réagi : «C'est de ta faute. Si tu avais travaillé plus, tu l'aurais eu.» Pas un mot de consolation du genre : «Je suis vraiment désolé pour toi que ça n'ait pas marché.» Pour lui, j'avais échoué, point final.*

Lorsque l'enfant unique, si cher à ses parents, ne se comporte pas comme ils l'auraient souhaité, il ne peut être comparé à un frère ou une sœur. En revanche, la comparaison peut s'exercer par rapport à eux-mêmes :

*Je ne sais pas trop quelle était mon image, mais je crois que j'avais presque peur des autres. J'étais maladivement timide, et c'est tout juste si on ne me le reprochait pas. Je craignais tout le temps de dire quelque chose de déplacé, de commettre un impair. Je ne supportais pas les critiques. On ne m'a jamais dit que je pouvais réussir. C'était plutôt le contraire. Ma grand-mère me comparait toujours à ma mère : «Pourquoi n'es-tu pas comme elle ? Tout le monde l'appelait le Petit Ange. Toi, tu ne risques pas qu'on t'appelle comme ça !»*

Comme l'a dit un conjoint, l'enfant unique estime devoir faire honneur à ses parents :

*Quand des parents ont plusieurs enfants, j'imagine qu'ils prennent du recul et s'intéressent légitimement à la manière dont chacun évolue. Moi, ils ont voulu organiser ma vie dans les moindres détails. En tant qu'enfant unique, j'avais tout le temps l'impression de passer un examen. C'est une responsabilité considérable.*

Ainsi, l'enfant unique se conforme, sa vie durant, à l'image renvoyée par sa famille :

*Mes parents ne supportaient pas l'idée que je puisse faire la moindre erreur pouvant rejaillir sur eux.*

Commentaire de l'épouse :

*Mon mari a repris le flambeau : il est très à cheval sur l'apparence de nos fils.*

Lorsque l'enfant unique commence à nouer des relations hors de la sphère familiale, celles-ci peuvent être influencées par l'image venue des parents :

*À l'école, j'avais l'impression d'être un paria. Au départ, j'ai fréquenté une école publique, à Paris dans le XIX$^{e}$. Ma mère me répétait que les autres enfants n'étaient pas «comme nous». Elle m'a inculqué l'idée que j'étais différent. C'était un quartier assez difficile et moi, j'étais habillé bon chic bon genre, avec des petites socquettes blanches. Je crois que j'étais parfaitement grotesque. Quand j'y pense, j'ai honte.*

La majorité des parents s'efforcent d'encourager leur progéniture et de lui apprendre la confiance. Comme nous l'avons vu au chapitre 1, dans ***Toute l'attention***, ce soutien peut représenter un avantage de taille pour l'enfant unique, donnant notamment aux filles, privées de la concurrence d'un frère, une confiance particulière :

*Je crois être assez émancipée. À la maison, je passe peu de temps dans la cuisine. En raison du milieu culturel dont sont issus mes parents, les choses auraient été très différentes si j'avais eu un frère. J'aurais eu des activités ménagères avec ma mère. Mais comme j'étais fille unique, j'allais discuter dans le bureau, avec mon père. Tout cela, c'est lié au fait que je n'avais pas de frère.*

*Très tôt j'ai développé une grande habileté manuelle. Je suis un as du bricolage. Mon père m'a appris mille et une choses dans le domaine pratique, comme changer une prise. Si j'avais eu un frère, je n'aurais pas bénéficié d'un tel enseignement.*

Cette attention parentale permet aux filles de se concevoir comme des individus ayant des capacités, ce qui est indéniablement une image plus juste que celle inculquée à certaines fillettes qui ont des frères.

Beaucoup de filles uniques ont abandonné très tôt leur image de petite fille modèle :

*J'étais un vrai garçon manqué. Plus tard, quand je suis allée à l'école, je n'avais pas de frères et sœurs plus âgés pour m'aider. J'ai dû apprendre à me débrouiller toute seule, ce qui explique certainement que je suis devenue quelqu'un d'autoritaire. Je suis consciente de ce travers qui, toutefois, présente des avantages : j'offre une grande capacité d'autonomie. Prendre les choses en main ne me pose aucun problème. En tant qu'enfant unique, je l'ai toujours fait.*

*J'étais un garçon manqué. Peut-être souffrais-je d'un dédoublement de personnalité. J'aimais les jeux brutaux mais aussi mes poupées. Je me souviens avoir traversé une longue phase où je voulais être un garçon. J'en ai même pleuré. J'avais une prédilection pour les parties de cow-boys/Indiens.*

*Quand j'étais petite, on me traitait comme les garçons du voisinage et je ne bénéficiais d'aucun traitement de faveur. Et le fait est que j'avais un comportement de garçon. Je ne me suis jamais laissé faire.*

Il est probable que l'attitude des parents a un impact plus grand sur un enfant seul. Par exemple, ce dernier peut adopter le modèle de mère forte qu'il a connu dans sa famille :

*Mon assurance me vient de ma mère, une femme dominatrice vis-à-vis de mon père. Il se comportait selon ses volontés à elle. Mon attitude est probablement liée à ce schéma parental. J'avais des idées préconçues sur le rôle de la femme dans le couple : j'en ai conservé certaines, j'en ai abandonné d'autres. Comme mon père cirait toutes les chaussures de la famille, je croyais que tous les maris faisaient cela. Pierre m'a vite détrompée !*

Dans certains cas, la famille ou l'école encourage une indépendance précoce :

*Je crois que le fait d'avoir été enfant unique a son importance. Je suis plus sûre de moi parce que j'ai dû me débrouiller très tôt toute seule.*

Pour les filles, le statut d'enfant unique comporte des avantages spécifiques. Toutes les attentes étant focalisées sur elles, elles profitent de l'attention exclusive de leurs parents. S'il y avait eu un fils, certaines attentes propres aux garçons se seraient sûrement reportées sur lui. Mais en l'absence d'un enfant mâle, les parents ne transmettent pas à leur fille d'idées stéréotypées. Il n'est pas question de soumission ni de confinement dans des rôles traditionnellement féminins. De ce fait, les filles uniques cultivent leurs points forts et croient en leurs capacités :

*C'est à l'université que j'ai appris à lier connaissance avec les autres, à me faire des amis et à fréquenter des hommes. En somme, des choses que l'on est censé apprendre bien avant 18 ans… C'était la première fois que je côtoyais des garçons, que j'étudiais avec eux. Je n'avais jamais appris certaines règles de comportement que les femmes adoptent généralement vis-à-vis des hommes. Quand on a passé 18 ans, il est trop tard pour faire marche arrière. Ainsi, j'avais vraiment l'esprit de compétition, je n'hésitais pas à me mesurer aux hommes et à m'affirmer.*

*On ne m'a jamais appris à faire preuve d'un respect particulier vis-à-vis des hommes. J'ai suivi une formation d'infirmière psychiatrique dans un milieu où les femmes ont autant leur mot à dire que les hommes. Nous nous comportions d'égal à égal avec les médecins et les psychologues. À l'époque, je n'avais pas conscience que cela correspondait à l'éducation que j'avais reçue. Tout a changé lorsque j'ai occupé mon premier poste dans un autre hôpital. Du jour au lendemain, j'étais censée me soumettre à une hiérarchie masculine, exécuter les ordres et jouer la carte de l'humilité vis-à-vis des médecins. J'étais déroutée. Lors de ma formation en hôpital psychiatrique, j'avais assimilé une culture qui correspondait en tous points à ma manière de voir la vie. Mais il a bien fallu me rendre à l'évidence : les choses étaient bien différentes dans ce milieu qui m'apparaissait comme machiste. J'étais d'ailleurs la seule femme à penser que mon point de vue avait autant de valeur que celui d'un homme. J'avais la critique facile, y compris envers les médecins. Mes collègues étaient horrifiés par mon attitude !*

## Quand l'évaluation pose problème

*On n'imagine jamais son père et sa mère dans le rôle de parents de quelqu'un d'autre. Il est donc impossible de juger leur comportement et de relativiser les choses.*

*C'est dur, quand on n'a pas de frères et de sœurs à qui confier un problème, ou à qui demander un avis. Par exemple, si je dois acheter une robe pour une grande occasion, je vais faire trente-six boutiques et beaucoup hésiter avant de faire mon choix.*

*On perçoit sa propre image par effet de miroir, par reflet de ce que nous renvoient les autres. Or les enfants uniques n'ont pas de compagnons ou d'autres proches susceptibles de jouer ce rôle. Ils sont soumis au miroir unique des parents.*

*Quand mon père est tombé malade, je sais que ça peut paraître naïf, mais j'ai souffert de l'absence d'un frère ou d'une sœur sur lesquels j'aurais pu m'appuyer. Je n'avais personne vers qui me tourner, pour être conforté. Mon mari me soutient beaucoup mais on ne parle pas avec un conjoint comme avec un frère ou une sœur.*

L'enfant unique ne disposant d'aucun moyen pour évaluer le reflet que lui renvoient ses parents, celui-ci lui paraît automatiquement juste. En effet, comment pourrait-il, en l'absence d'un allié, contester le regard parental ? Voilà un troisième point commun aux enfants uniques : les occasions de s'évaluer et de se juger sont peu fréquentes.

*Je crois que le problème, c'est que je n'avais personne pour me dire si j'avais tort ou raison. Pour avoir grandi seul, je n'ai jamais pensé me remettre en question avant l'adolescence. Il y avait moi et le reste du monde. Je n'avais aucune perception de moi-même. Si j'avais eu conscience de la manière dont je me comportais, j'aurais sûrement nuancé ma façon d'être.*

Dans une fratrie, on peut observer l'attitude de ses parents vis-à-vis d'un frère ou d'une sœur :

*Que l'on s'entende ou pas avec ses frères et sœurs, on est tous logés à la même enseigne par les parents. Cela nous fait comprendre que la vie nous réserve tantôt de bonnes choses, tantôt de moins bonnes.*

L'enfant unique ne peut faire ce constat tant qu'il vit dans la cellule familiale :

*Quand j'avais 14 ou 15 ans, je me souviens parfaitement être allé à une boum avec une fille qui s'appelait Annabelle. Elle vivait dans la même résidence que nous et je la trouvais plutôt sympa, sauf que je ne savais pas m'y prendre avec elle. Pour cette fameuse boum, je ne savais pas comment m'habiller. J'en suis encore tout remué quand j'y pense. J'avais perdu tous mes moyens et c'est ma mère qui a décidé de ma tenue : un costume sombre, une chemise en nylon rose, une cravate et une pochette avec d'ignobles fleurs. Pour couronner le tout, les chaussures de danse vernies de mon père. Et ma grand-mère, installée au salon, qui disait : «Ce jeune homme est fort élégant. Vas-y, mon petit, et amuse-toi.» Cet accoutrement est ridicule, pensais-je. Je suis parti avec ma cavalière. Inutile de dire qu'elle m'a ignoré toute la soirée et que je ne l'ai jamais revue. Je me suis senti terriblement blessé et seul, j'avais l'impression d'être tombé dans un guet-apens. J'en garde encore les cicatrices.*

Ces expériences peuvent se révéler bien plus douloureuses que l'apprentissage effectué dans la cellule familiale. Les enfants de familles nombreuses apprennent dans un environnement sécurisant, les parents faisant office d'arbitres. Dans une famille à un enfant unique, l'apprentissage se déroule dans un contexte aléatoire, hors de la cellule familiale. Souvent, il ne se fait pas, ou très tard, voire trop tard. Et sans arbitre.

Si on pense que les parents ne se trompent jamais, on ne peut juger du bien-fondé de leurs actes. Or, l'image que l'enfant unique a de lui-même étant étroitement liée à celle renvoyée par ses parents, il ne prend que tardivement conscience de leur faillibilité :

*Quand on est le seul enfant, la meilleure attitude consiste à observer comment vivent les autres, parce qu'à la maison, rien ne permet de savoir si un comportement est bon ou pas, ni ce qu'on est en droit d'attendre de la vie.*

Comme nous l'avons indiqué plus haut, les parents d'enfants uniques exercent sur leur progéniture une influence marquée bien qu'implicite :

*La plupart des choses qu'apprend un enfant unique, ce sont ses parents qui les lui enseignent. Il les porte avec lui toute sa vie. Pour moi, devenir adulte, c'est être capable de remettre tout cela en cause. Ma mère souffrait d'un complexe d'infériorité, et ce n'est que récemment que j'ai compris que mon propre complexe d'infériorité me venait d'elle.*

Cette influence peut aussi se manifester ouvertement :

*Quand nous nous sommes mariés, nous vivions près de chez mes parents et j'avais l'impression que mon mari m'empêchait de mener ma vie à ma guise. Lorsque nous avons déménagé, j'ai progressivement construit ma propre personnalité. C'est à la faveur de cet éloignement du milieu parental que j'ai pris conscience que seule ma mère faisait obstacle à mon épanouissement.*

Privé de frères et sœurs lui permettant d'affiner son jugement, l'enfant unique a une perception de ses parents et de lui-même souvent inexacte et sur-valorisée. C'est dans le milieu familial que se construit le caractère, et, au sein de sa famille, l'enfant unique observe et juge uniquement des relations entre adultes. Etant seul, il n'est jamais témoin d'une interaction entre ses parents et un autre enfant et peut avoir à souffrir de ce déficit. Nous étudierons ce point plus en détail au chapitre 6, qui résume toute la première partie.

Quand vous êtes enfant unique, ce sont les autres qui vous définissent. De sorte que l'approbation de l'entourage revêt une importance considérable :

*Toute ma vie, j'ai été sous l'emprise des autres.*

## AH BON, JE NE SUIS PAS LE CENTRE DU MONDE ?

Tous les bébés croient être au centre du monde. Ceux qui ont des frères et sœurs déchantent rapidement. En revanche, l'enfant unique persiste dans cette idée, y compris dans ses contacts avec le monde extérieur, pourtant beaucoup moins tendre que le cocon familial. Comprendre soudain que le monde ne tourne pas autour de lui est vécu comme un choc :

*Le fait d'être enfant unique affecte sans conteste la manière dont on se définit soi-même. Je pense qu'il est vrai que nous nous considérons comme le centre de l'univers. C'est un sentiment totale-*

*ment irrationnel, viscéral, qui est lié à l'importance extrême que nous accorde la famille. Tout tourne autour de nous.*

L'enfant unique est exceptionnel :

Rien ne pouvant rivaliser avec l'attention sans réserves que lui ont vouée deux adultes durant son enfance, l'enfant peut passer le restant de sa vie avec cette image illusoire et ancrée très tôt en lui : il est le centre de l'univers. Les personnes interrogées nous ont révélé avoir mis beaucoup de temps à intégrer une vision réaliste du monde et à y trouver leur place. De plus, elles pâtissent de décisions prises avant ce changement.

Elles ont parfois perdu beaucoup de temps et d'énergie pour tenter de préserver cette position privilégiée et fantasmatique, ce que décrit la partie ***Toute l'attention*** du chapitre 1. L'expérience de l'enfant unique peut par exemple influer sur le choix du conjoint. Se considérant comme une personnalité hors du commun, l'enfant unique cherche un compagnon à sa mesure, mais qui soit capable de valoriser son côté exceptionnel. Il peut par exemple épouser un «martyr», ce qui lui donnera la possibilité d'endosser le rôle du sauveur. Si l'enfant unique estime que son conjoint ne lui renvoie pas une image d'être d'exception, et pire, s'il se lasse du rôle de faire-valoir, les choses peuvent tourner mal :

*De toute ma vie, je n'ai jamais eu de compagnon normal.*

*Je me rends compte que j'ai toujours recherché la compagnie de gens bizarres.*

*Les enfants uniques se considèrent comme des gens à part. J'ai eu des liaisons avec plusieurs d'entre eux et il y avait toujours une raison particulière pour qu'ils m'aient choisie. Les problèmes surgissaient assez vite, lorsqu'ils se rendaient compte que je n'avais rien d'extraordinaire, comme ils l'avaient cru au départ.*

Le réveil est difficile : lorsque vous constatez que le reste du monde ne vous trouve rien d'exceptionnel, votre foi en vous-même s'en trouve ébranlée, et vous réagissez de façon épidermique. Comme nous l'avons vu au chapitre 2 (*PETITES BAGARRES ENTRE FRÈRES ET SŒURS*), l'enfant unique n'a pas l'habitude des critiques et il n'est pas apte à juger de leur bien-fondé, comme le font quotidiennement les membres d'une famille nombreuse.

Au fond, l'enfant unique n'est peut-être pas plus sensible à la critique que d'autres… mais il en est fermement convaincu :

*Je déteste qu'on me critique, ou qu'on vérifie mon travail. Je le fais très bien tout seul*

*Je n'aime pas la critique… Pour moi, cela revient à dire qu'on ne m'aime pas. J'ai la sensation d'être rejeté en bloc et je vis cela comme un échec. À chaque fois je tombe de mon piédestal.*

Mal préparé à subir une évaluation, l'enfant unique est prompt à assumer tous les torts :

*Je n'arrive tout bonnement pas à accepter les critiques personnelles. En fait, il y a encore cinq ans, je me mettais dans tous mes états à la moindre remarque. Ça me démoralisait totalement parce que je ressentais chaque mot comme une condamnation totale. Sur ce point, j'ai fait des progrès avec l'aide de mon mari, mais il m'arrive encore de tomber dans ce genre de travers.*

*Quand on me reproche quelque chose, je me défends mais je me laisse facilement décontenancer, surtout si le propos est méchant. J'ai tellement besoin d'être aimé que je fais tout pour être apprécié, sans aucune retenue. C'est pour cela que les critiques me blessent tant.*

Peu sûrs de leur image, les enfants uniques sont enclins à tenir compte exagérément de l'opinion des autres :

*Je manque totalement d'assurance. Lorsque j'entends des gens rire ou parler, je me dis aussitôt qu'ils se moquent de moi. C'est faux, bien sûr, mais j'ai toujours l'impression qu'on trame quelque chose dans mon dos.*

*Je me crois tout le temps persécutée !*

Nous voilà à mille lieues de l'insouciance joyeuse des petits derniers qui se moquent éperdument de ce que l'on pense d'eux.

## La crise d'adolescence

Pour la plupart des jeunes, c'est à l'adolescence qu'on teste l'image de soi, qu'on se mesure aux parents et, généralement, qu'on se rebelle, ce qui n'est apparemment pas le cas des enfants uniques : il est frappant de constater combien les crises d'adolescence font défaut dans les témoignages que nous avons recueillis.

Comme l'explique un conseiller conjugal, pour se rebeller et trouver sa propre personnalité, le jeune a besoin de parents forts. A contrario, il n'y a pas de crise d'adolescence dans les cas suivants : couple parental instable, maladie du père ou de la mère, parents trop accommodants ou ayant tout investi dans leur enfant.

Lorsque beaucoup d'attentes pèsent sur vous, vous croyez de votre devoir de réussir et de bien vous comporter. Les enfants uniques ne traversent jamais de phase où ils sont insupportables. Avant 18 ou 19 ans, ils ont tellement eu la bride sur le cou qu'il leur était impossible de se démarquer. Toujours soucieux de ne pas décevoir, ils n'ont pas vécu cette étape pourtant salutaire.

Plusieurs personnes interrogées se reconnaissent dans la notion «d'enfant dans lequel on a trop investi». Parallèlement, ils estiment être devenus de petits adultes avant l'heure, avec un poids de responsabilités trop lourd pour leur âge :

*Une crise d'adolescence, dites-vous ? J'ignore totalement ce que c'est. Les enfants uniques n'y ont pas droit. Trop de responsabilités à porter. Vos parents n'ont que vous, ce qui rend impossible toute idée de révolte. Alors, on trouve d'autres biais.*

Lorsque des velléités d'indépendance se font jour, sous diverses formes, les parents savent les contrôler ou les étouffer dans l'œuf :

*J'ai traversé une phase où je trouvais malin d'être grossier avec ma mère. Elle m'a secoué les épaules en me disant que je commençais à devenir insupportable. J'ai lâché prise tellement j'étais mortifié. Je n'ai plus jamais poussé le bouchon trop loin.*

*«Ne discute pas avec ta mère» : cette phrase résonne encore à mes oreilles. Je m'aperçois aujourd'hui que mon père confondait échanges de points de vue et attitudes provocatrices. Il tenait tant à ce que je sois considéré comme un enfant bien élevé qu'il ne m'a jamais autorisé à remettre quoi que ce soit en question. C'était une façon de me contrôler. Quant à m'opposer ouvertement à eux, l'idée ne m'a jamais effleuré. Seules entorses à ma bonne conduite : je boudais dans mon coin, j'étais souvent maussade. Depuis, je suis resté sage en apparence, mais je me renfrogne pour un rien. Comme comportement social, on fait mieux…*

Certes, les parents d'un seul enfant parviennent facilement à réprimer toute divergence d'opinion, mais il faut également noter, à travers les témoignages dont nous disposons, que l'enfant unique n'essaie même pas de se rebeller. Et ceci en raison de *l'image parfaite* dont il a été imprégné tout petit :

*Je n'ai jamais rué dans les brancards. J'étais même aux antipodes de la rébellion. Plus conformiste que moi, ça n'existait pas.*

*Jamais je n'aurais osé faire de vagues à la maison. Je ne voulais fâcher personne, surtout pas. Quant aux quelques petits amis que j'ai eus... Mon père m'attendait sur le perron quand je rentrais le soir.*

Conscientes ou pas, les révoltes couvent sûrement, attendant leur heure et l'occasion de s'exprimer. Ainsi, chez l'enfant unique, la crise d'adolescence peut consister... à ne rien faire. Elle passe inaperçue. Toutefois l'enfant unique peut avoir recours à des subterfuges : l'agression passive vis-à-vis de son entourage, par exemple. Il peut également mettre en œuvre des signaux plus subtils et surtout plus graves :

*J'étais anorexique, ce qui n'a pas été diagnostiqué à l'époque, contre toute évidence. Les repas se passaient très mal. Mes parents me forçaient à manger, ce qui ne faisait qu'empirer les choses. À la maison, l'atmosphère était épouvantable. Finalement, je me suis ressaisie. Aujourd'hui, il me paraît clair que je me suis rebellée par le biais de l'anorexie.*

*Je n'ai pas fait de crise d'adolescence, mais j'ai choisi pour meilleure amie l'une des filles les moins fréquentables de l'école. Cela dit, je suis restée dans le droit chemin. On dit que les contraires s'attirent...*

*Je me suis débrouillée pour me rebiffer d'une façon qui ne soit pas répréhensible. Notamment en sortant avec des garçons beaucoup plus âgés que moi. Je me suis rebellée en faisant des choses hors norme mais sans jamais me mettre en défaut.*

Pour beaucoup, un petit ami ou une petite amie «peu convenable» constitue un moyen puissant d'affirmer son identité :

*Après avoir été une petite fille modèle, j'ai trouvé le moyen de faire ma crise en tombant éperdument amoureuse d'un homme que mes parents jugeaient totalement infréquentable. Objectivement, avec un casier judiciaire, il l'était. Si mes parents ne s'en étaient pas mêlés, j'aurais probablement quitté ce garçon. Mais les choses ont pris une tout autre tournure : j'ai été mise sous tutelle judiciaire pour être éloignée de lui. Résultat, nous avons fugué ensemble.*

Chez plusieurs personnes, la crise d'adolescence s'est traduite par une forte envie de quitter la maison, parfois anormalement tôt, comme nous l'avons vu au chapitre 1, *ÊTRE TOUT POUR SES PARENTS:*

*Vers l'âge de 13 ans, j'ai commencé à étouffer à la maison, je me sentais prête à partir. Ce que j'ai fait à 16 ans. Je suis allée vivre avec mon petit ami sans que cela entraîne de rupture avec mes parents.*

*Ma mère n'a jamais su que je fumais. C'était ma petite révolte à moi. À 18 ans, l'envie m'a pris de déserter le toit familial. Moins je voyais ma mère, mieux je me portais. Mais je n'aurais jamais osé me rebeller ouvertement, c'est pourquoi je me suis pliée aux souhaits de mes parents.*

*L'école a organisé un séjour en Angleterre, dans une famille d'accueil. Pour moi, ce départ constituait une étape normale, mais pour ma mère, ce fut déchirant. Ma plus longue absence depuis toujours. Je sais qu'il fallait que je franchisse ce pas. D'une certaine manière, cela revenait à préparer le terrain pour un départ définitif. Je devais louvoyer, par gentillesse envers eux. Mais l'heure était venue de couper le cordon.*

Dans d'autres cas, la part de rébellion dans le désir de départ est plus manifeste :

*J'avais tellement hâte de quitter la maison. Quand j'ai fait mes bagages, ma mère n'a rien dit, mais je sentais bien qu'elle pensait : «Après tout ce que nous avons fait pour toi…»*

D'autres personnes se sont interrogées sur l'absence de rébellion durant leur adolescence et sur les conséquences que cela a impliquées :

*Mes rapports avec mes parents ne sont pas bons. Je n'ai pas le souvenir d'avoir traversé la fameuse crise d'adolescence mais ce que je sais, par contre, c'est que je n'ai toujours pas coupé le cordon. J'envie beaucoup ceux de mes amis qui ont des relations harmonieuses avec leurs familles.*

La crise d'adolescence est plus aisée quand on a des frères et sœurs, soit parce que les enfants détiennent davantage de pouvoir au sein de la famille, soit parce que l'attention des parents est dispersée. Certaines personnes estiment que l'absence de fratrie s'est fait sentir à ce moment :

*Dans mon cas, je pense que le fait d'avoir été enfant unique n'a pas arrangé les choses, mais je n'ai pas d'élément de comparaison pour affirmer cela avec certitude. C'est incontestablement l'un des problèmes de l'enfant unique. Il me semble que si j'avais eu un frère ou une sœur, il n'aurait peut-être pas eu davantage de volonté que moi, mais ensemble, nous aurions pu faire bloc, ce qui est impossible quand on est seul.*

Dénominateur commun de tous ces témoignages : l'enfant unique ne pouvait pas prendre le risque d'une rébellion *normale*. Raison pour laquelle il a cherché d'autres biais pour vivre tant bien que mal son adolescence. Mais l'image qu'il véhiculait jusqu'alors a changé, soit en douceur, soit de manière soudaine, voire spectaculaire de sorte qu'on peut véritablement parler de transformations.

## Les transformations

Ainsi, un certain nombre d'enfants uniques ont progressivement modifié l'image qu'ils avaient d'eux-mêmes pour parvenir, à l'âge adulte, à une perception de soi plus réaliste (quel que soit le degré de ce réalisme). Pour d'autres, le processus consistant à concilier l'image avec la réalité a été marqué par une volonté de changement plus délibérée :

*Je n'ai pas traversé de crise d'adolescence pour la bonne raison que je n'ai jamais été adolescent. C'est bien des années plus tard, il y a environ quinze ans, que je me suis mis en quête de mon identité. J'ai vécu une adolescence à retardement, avec répercussions dans des tas de domaines. Je me suis notamment pris de passion pour la musique et pour l'œnologie. J'ai troqué ma Renault 4 contre une voiture de sport, et j'ai quasiment contraint ma femme à s'acheter une Alfa Roméo de collection. Une foule de choses sont remontées à la surface ! J'ai également subi l'influence de membres de mon entourage, comme l'un de nos voisins totalement excentrique, qui ne m'intéressait absolument pas quelques mois plus tôt. C'est lui qui m'a fait découvrir les courses automobiles. Un loisir que désormais nous partageons.*

L'une des personnes interrogées a parlé de «métamorphose» :

*À 29 ans, j'ai vécu des choses assez étranges. J'ai fait la connaissance d'une femme, au bureau, et l'inévitable s'est produit à*

*Noël. On dirait que ces choses-là arrivent toujours au moment des fêtes de fin d'année, vous avez remarqué ? J'avais un peu trop bu, elle aussi. Après s'être assise sur mes genoux, elle m'a carrément demandé : «Ça vous tenterait, une petite aventure extraconjugale ?» La proposition était on ne peut plus directe. Cette liaison, qui a duré deux ans, a totalement bouleversé mon existence. Tous mes beaux principes ont volé en éclat. Au début de cette histoire, j'étais complètement déstabilisé et assailli de pensées obsédantes : «Si l'envie te prenait de quitter ta famille, en serais-tu capable ?» En vérité c'était stupide, la chose était hors de question, cette liaison ne reposant que sur un attrait sexuel réciproque. Mais alors pourquoi tous ces doutes ? J'étais peut-être en train de prendre conscience que mes choix de vie n'étaient pas les bons…*

*Je suis alors entré dans un processus qui allait changer radicalement mon existence, un peu comme la métamorphose d'une chenille en papillon. Je me souviens avoir dit à ma femme : «Je ne pense pas rester à l'aciérie. J'ai besoin de tester mes aptitudes dans un autre domaine : le secteur commercial.» Je venais d'obtenir une promotion qui faisait de moi un cadre de tout premier ordre dans une entreprise de deux mille personnes. Huit jours plus tard, j'ai dit à mon patron : «Merci beaucoup pour la promotion, mais je vous présente ma démission.» Il n'en croyait pas ses oreilles. J'avais alors trente ans, et j'ai entrepris de tout changer dans ma vie. À commencer par mon look. J'ai rasé ma barbe, ce qui m'allait beaucoup mieux. J'ai couru les magasins pour acheter des vêtements très originaux. Jusque-là, mon apparence vestimentaire me laissait indifférent. C'est ma femme qui choisissait pour moi. J'ai donc fréquenté les boutiques branchées pour renouveler ma garde-robe. C'était une façon de faire peau neuve. Est-ce que ce nouveau style convenait à ma personnalité ? Pas sûr… En tout cas le changement était diablement spectaculaire. Elle était loin, l'élégance classique de mes anciens costumes.*

*Dans le même temps, j'ai fait la connaissance d'une autre fille. Je commençais à vivre dangereusement, l'adrénaline montait. Pensez : j'avais trois femmes dans ma vie, chacune ignorant l'existence des deux autres. C'est terrible, je faisais de la corde raide mais cela me rendait euphorique. Tout à coup, je détenais un pouvoir et je multipliais des expériences inconnues du temps de mon adolescence.*

*Sur le plan professionnel, je ne suis pas certain de bien comprendre mes motivations au changement. Certes, ma décision était en partie rationnelle, dans la mesure où je ne me voyais pas rester dans la même société* ad vitam æternam. *Ce genre de boîte fortement hiérarchisée était incompatible avec mes propres mutations. Je suis finalement venu m'installer ici, ce qui a achevé le processus de métamorphose : j'avais un look nouveau, un nouvel emploi, une nouvelle compagne et un nouveau domicile. Je n'ai gardé aucun ami de ma précédente existence : tous ont poussé la loyauté vis-à-vis de mon ex-femme jusqu'à couper les ponts avec moi.*

Ces enfants uniques et leur entourage savaient intuitivement qu'à terme il y aurait des changements inéluctables. Tôt ou tard, il faudrait que le conflit entre des forces opposées (répondre aux attentes des parents et affirmer sa propre identité) se résolve. Une épouse s'est exprimée en ces termes :

*On ne peut pas rester éternellement l'enfant parfait. Certains partent au bout du mode, se droguent, affichent leur homosexualité, etc. Chacun porte en lui une certaine forme de révolte, et si celle-ci parvient à se manifester tôt dans la vie, c'est tant mieux. Pour l'enfant unique, toute la problématique consiste à se défaire des projecteurs braqués sur lui par ses parents. Dans le cas de Charles, il est clair que l'épisode de Sciences politiques devait se produire.*

Le point de vue de Charles rejoint en grande partie celui de son épouse :

*J'ai terriblement souffert lors de mes études à Sciences politiques. Les autres étudiants ne m'acceptaient pas parce que j'étais trop sage, trop bien élevé, trop respectueux des règlements. Je venais aux cours en faux-col et en cravate, je rendais mes devoirs dans les délais, j'étais terriblement conventionnel. Je recherchais délibérément la compagnie d'étudiants semblables à moi. Mais la plupart d'entre eux étaient issus d'un milieu social plus élevé. C'est alors que ma révolte a éclaté de manière brutale. J'ai accumulé les dettes, je me suis mis à boire comme un trou et j'ai mené une vie à la* Emma Bovary. *Inutile de vous dire que j'étais dans un sale pétrin. Mon père me sermonnait et jouait sur la corde sensible : ma mère allait mourir à cause de mes frasques. Pour lui j'étais devenu une sorte de monstre. De son côté, ma mère m'envoyait des lettres pour m'exhorter à redevenir celui qu'ils avaient toujours connu. On peut dire que j'ai vraiment fait n'importe quoi. Ni eux, ni moi ne comprenions ce changement radical.*

Notons ici un fait extrêmement révélateur. Inversement aux rébellions adolescentes qui s'expriment en présence des parents, les *transformations* de l'enfant unique ont lieu hors de l'orbite familiale. Libéré des attentes et de la mainmise parentales, il peut se enfin se révolter, ce qui n'était pas possible auparavant :

*J'étais extrêmement conformiste. Ce n'est que dans ma vie d'adulte que je suis devenue anticonformiste.*

*Lorsque je suis entré à l'université, j'ai pris la décision de tirer un trait sur mon ancienne vie. Bizarrement, c'est dans un parking que j'ai réfléchi et décidé d'entamer une nouvelle existence. J'ai tout préparé, méthodiquement. Désormais, on ne m'appellerait plus Eddy mais Edouard. Et plus question d'aller à l'église, ce qui était synonyme de rupture avec mes parents. Pour moi, l'université a marqué un grand tournant.*

La finalité de ces changements n'est pas tant de contrecarrer les projets des parents que d'ouvrir la porte à d'autres alternatives :

*À la fin de ma scolarité, un changement important s'est produit. La santé de mon père étant défaillante, mes parents ont décidé de partir vivre dans le Midi. Quant à moi, je devais rester à Paris pour mes études. Livré à moi-même, sans stabilité familiale, j'ai découvert les motos, les boîtes de nuit, l'alcool et surtout les femmes. J'étais hébergé par mon oncle… et ma tante dont je suis devenu l'amant ! Débarrassé du cadre familial rigide que j'avais toujours connu, je m'amusais comme un fou. Des copains, une moto et une vie sexuelle débridée, c'était terriblement excitant, bien sûr. Sauf que mes études sont passées à la trappe. J'ai quitté l'école pour travailler tout en continuant à faire la fête. Puis l'argent a commencé à manquer, et ma tante craignait que mon oncle ne découvre le pot aux roses. En fait, je suis sûr qu'il savait, parce que nous prenions vraiment des risques. Il nous arrivait de faire l'amour dans la maison pendant qu'il jardinait. Finalement, je suis retourné vivre chez mes parents, et j'ai littéralement entamé une nouvelle vie. J'avais le sentiment de les avoir trahis et j'ai décidé de rentrer dans le rang, d'étudier et de devenir un modèle de sagesse, ce que j'ai fait. Pendant cinq ans, j'ai travaillé d'arrache-pied le jour et planché la nuit pour réussir mes examens. Je n'avais quasiment pas d'amis.*

*C'est comme si je devais compenser toutes ces années gâchées et redevenir quelqu'un de bien. J'éprouvais le besoin de faire mes preuves vis-à-vis de mes parents.*

La transformation peut être accompagnée par un tiers :

*À 20 ans, j'ai rencontré une fille qui a vraiment transformé ma vie. Je pense souvent à elle et je me dis qu'à bien des égards, elle m'a sauvé. C'est à travers elle que j'ai découvert ma véritable personnalité et que j'ai compris que mon destin était entre mes mains — si tant est qu'on puisse maîtriser son destin ! Son influence a été très positive. Ma mère la détestait cordialement. Excentrique et remarquablement intelligente, elle avait, à 17 ans, un caractère déjà bien trempé. À son contact, toutes mes angoisses se sont envolées. L'être terriblement conventionnel que j'étais en apparence a cessé d'exister. Et j'ai pris conscience que toutes mes pensées secrètes étaient ce qu'il y avait de plus juste en moi.*

Parfois totalement inattendues, ces transformations s'avèrent très douloureuses pour le conjoint :

*Stéphane m'a épousée à 23 ans, ce qui était peut-être un moyen de fuir ses parents. Toute sa vie, il avait subi des pressions pour s'engager dans une voie qui n'était pas la sienne. Il a notamment fait le même métier que son père, dans le transport maritime. Tous deux travaillaient dans la même société. Jusque-là, pas de remise en question. Quelques années plus tard, la bombe a éclaté. Stéphane voulait tous nous quitter pour aller vivre dans une cabane en Irlande. Nous étions abasourdis quand il nous a annoncé : «C'est ma vie, et j'entends désormais la vivre comme je le veux.» Il avait le sentiment qu'il s'était toujours efforcé de faire plaisir à sa famille et il en avait assez. Il a décidé de vivre totalement seul. S'il pouvait, il se passerait même de téléphone.*

Certes, l'enfant unique a une image trouble de lui-même. Il ne prend que tardivement conscience de sa véritable personnalité et le plus souvent à la faveur d'une transformation brutale. Mais si vous êtes enfant unique, n'oubliez pas ceci : vous avez été adulé et vous représentiez le centre du monde pour vos parents, ce qui constitue un capital affectif considérable que vous apprendrez à exploiter. Il vous reste encore du chemin à parcourir, mais vous disposez d'atouts infiniment précieux.

# 4.

# La maturité sociale

*Il me semble que nous, les enfants uniques, avons davantage que d'autres l'aptitude à vivre en société. Mais du côté affectif, nous sommes bien immatures ! À 35 ans, j'ai l'impression de tout juste commencer à sortir de l'adolescence. Sur le plan émotionnel, nous restons très jeunes. Pour le reste, nous sommes vieux. Cela, je viens à peine de le comprendre.*

*Pour être honnête, le fait d'être enfant unique a marqué toute ma vie. Quand j'étais jeune, à l'époque où se construit la personnalité, tout tournait autour de moi. Ce contexte a lourdement pesé. Je me suis senti adulte bien avant l'âge, avec un sens aigu des responsabilités. Sur le plan professionnel, j'ai tout fait pour réussir. Bien qu'ayant grandi très vite, en réaction à mes parents, je suis resté longtemps enfant en dépit de la manière raisonnable dont je me comportais. Il y avait en moi ce désir de rester tout petit.*

Personne n'est parfait, que ce soit sur le plan social, professionnel ou affectif. Nous avons tous nos faiblesses et nous manquons parfois d'assurance vis-à-vis des autres. Toutefois, la plupart des individus parviennent à un compromis. Par exemple, ceux qui ne sont pas à l'aise en public savent gérer harmonieusement les relations à deux. Mais si beaucoup d'entre nous réussissent à équilibrer les différentes facettes de leur personnalité, une minorité n'y parvient pas. De notre point de vue, il semblerait que cette minorité englobe principalement les enfants uniques, pourtant si équilibrés en apparence.

Évoluant dans un environnement d'adultes, l'enfant unique parvient rapidement à maîtriser la vie en groupe. Mais avoir affaire à un seul interlocuteur peut le mettre mal à l'aise. Quant aux relations personnelles et intimes, elles tournent souvent au désastre. De l'extérieur, les enfants uniques sont perçus comme tout à fait équilibrés, parfois à juste titre. C'est à l'intérieur que le bât blesse.

*Je manque vraiment de maturité sur le plan affectif, mais Dieu merci, j'ai un mari qui s'en accommode. Vue de l'extérieur, je suis sûre que je donne l'impression d'être adulte. Ce n'est hélas que superficiel.*

Selon les psychologues, le nombre d'enfants uniques venant consulter est supérieur à la moyenne, peut-être parce qu'ils n'ont pas la maturité affective que leur apparence laisse supposer. Nos entretiens ont démontré que beaucoup d'enfants uniques sont sûrs d'eux et doués d'une grande aisance sociale. Inversement, ils éprouvent des difficultés à régir leurs émotions. Ils ressentent comme une menace tout ce qui est relation à deux, et notamment la vie de couple. Selon nous, il y a décalage entre leur maturité sociale et leur immaturité affective. Ou bien, pour dire les choses de façon plus tranchée, on peut les définir par le paradoxe suivant : leur *compétence publique* s'oppose à leur *incompétence privée.* Un enfant unique l'a exprimé à sa manière, faisant état d'«un contrôle extérieur cachant une agitation intérieure.»

L'enfant unique type se montre plus à l'aise que la moyenne dans sa vie professionnelle, pratique et sociale, mais relativement inexpérimenté, voire désemparé, face à toute demande affective :

*À l'intérieur du groupe, tout en manquant d'assurance, j'ai toujours eu suffisamment confiance en moi pour me mettre en avant, dès mon plus jeune âge. À l'école, lorsqu'il fallait raconter une histoire, je me portais toujours volontaire. Je me levais devant tous les autres (avec lesquels je n'aurais joué pour rien au monde), et j'improvisais un récit au pied levé devant tous mes camarades. Je l'ai fait je ne sais combien de fois, et cela me rendait vraiment heureux. Au lycée, où mes rapports avec les adolescents de ma classe continuaient à poser problème (même de plus en plus), il suffisait qu'on me dise : «Il y a un concours d'éloquence» ou : «Tiens, on cherche un président ou un secrétaire pour telle ou telle association» pour que je réponde présent, tout en sachant que j'allais vivre un enfer de peur de ne pas être à la hauteur. Au contraire, si on m'avait proposé de faire un discours à la récréation, j'aurais répondu : «Non merci, sans façons, quelqu'un d'autre fera mieux l'affaire.» Je n'ai jamais compris ce paradoxe que je porte en moi.*

Ce comportement, qui constitue bien un paradoxe, révèle également un déséquilibre que nous avons évoqué brièvement au chapitre 2 : *PETITES BAGARRES ENTRE FRÈRES ET SŒURS*, consacré aux effets de l'absence de concurrence et de chahut au sein de la fratrie. La privation de ces interactions entre frères et sœurs constitue, nous semble-t-il, l'une des principales raisons de ce déséquilibre. Ce chapitre se propose d'en examiner les autres caractéristiques. Contrairement aux expériences que vit, tôt dans son enfance, le premier enfant d'une famille nombreuse, les habitudes de l'enfant unique ne sont jamais bouleversées par l'arrivée d'un frère ou d'une sœur, lesquels impliquent concurrence mais aussi alliances contre le monde des adultes et des parents.

## LE PROCESSUS

L'influence des parents et la compagnie des adultes :

Comment ce déséquilibre se crée-t-il ? Réponse : l'enfant unique reçoit une avalanche d'enseignements parentaux, tout en étant privé de la possibilité de s'exprimer et d'être compris sur le plan affectif, n'ayant que peu de relations avec ceux de son âge :

*En l'absence de frères et sœurs, on n'a personne pouvant émettre un avis contraire, personne sur qui tester ses idées. Vos parents ne vous disent jamais : «Prends exemple sur Jean ou Sylvie.» On est privé d'un système de comparaisons qui, j'en suis convaincu, joue un rôle considérable. De plus, vous ne pouvez bénéficier des relations amicales de vos frères et sœurs. Vous vivez dans un environnement étriqué, qui se cantonne à une mère, un père et vous, avec éventuellement des grands-parents. L'emprise s'exerce à tous niveaux :*

*«Tu peux aller à la surprise-partie, mais papa viendra te chercher à six heures.» Chez nous, il n'y avait pas de désordre propre aux familles nombreuses, pas de cris stridents, pas de fêtes ni de bagarre pour avoir la meilleure place sur le canapé. Pour la plupart des gens, un joyeux chahut à la maison constitue la norme. Ma vision d'enfant unique était bien différente. Quand j'ai pris conscience qu'ailleurs, les choses pouvaient se passer autrement, cela a été un choc, dans des tas de domaines. Je ne savais plus comment me comporter.*

Durant ses premières années, l'enfant unique passe une grande partie de son temps en compagnie d'adultes, sans bagarres entre frères et sœurs, ce qui le fait mûrir très vite :

*Ma mère était une véritable amie. Je ne pense pas qu'elle ait beaucoup joué avec moi, mais elle a grandement contribué à mon éveil. Comme je savais lire avant d'entrer à l'école, ma scolarité n'a pas été une corvée. Je me disais : «Chouette, voilà une occasion d'apprendre de nouvelles choses.»*

*Mon père passait des heures à jouer avec moi. Quand il était à la maison, j'étais le centre de sa vie. Il m'a initiée à l'astronomie (je ne connais pas beaucoup de filles qui aient ce violon d'Ingres). Il savait communiquer sa passion.*

*Comme ma mère avait mauvaise conscience de n'avoir qu'un seul enfant, elle essayait de compenser en se comportant avec moi comme une amie.*

L'enfant unique n'a qu'une alternative : la compagnie des adultes ou la solitude. Et même lorsqu'il joue avec des camarades, les adultes ne sont jamais bien loin :

*Ma mère était adorable, elle respectait mon cercle d'amis. Mais les choses se passaient très différemment selon que j'aille chez eux ou qu'ils viennent chez nous. Lorsque j'étais invité chez un copain ayant des frères et sœurs, on nous envoyait nous amuser dans une pièce à part. Mais lorsque mes amis venaient à la maison, ma mère nous tenait à l'œil. De même, quand mes parents recevaient des connaissances, je trouvais tout naturel de rester avec eux.*

Nos relations les plus étroites, c'est avec notre famille que nous les entretenons. La famille exerce sur l'individu une plus grande influence que le milieu extérieur. Pour un enfant unique, l'essentiel de ce qu'il vit est lié à l'univers des adultes, riche en enseignements. Il acquiert ainsi un vocabulaire de grande personne et un comportement d'adulte :

*J'avais toujours l'impression qu'étant en permanence entouré d'adultes, je ne pouvais pas avoir une vie d'enfant. Mes parents étant membres d'une association, il y avait toujours beaucoup de monde chez nous. Je me souviens de jeux de société auxquels il m'arrivait de participer. J'écoutais, des heures durant, des conversations d'adultes. Quand j'en avais assez, j'allais jouer tout seul dans ma chambre. À l'époque, la télévision n'existait pas.*

Grâce à ce contact, l'enfant est à même de s'intégrer à la compagnie des adultes, de réagir comme eux et d'adopter un comportement qui le rend acceptable aux yeux des grandes personnes :

*Je crois que d'une certaine manière, les parents d'un seul enfant ne le traitent pas en enfant. C'est simplement une troisième personne dans la maison. Il n'y a pas les parents d'un côté, et les enfants de l'autre. J'ai toujours été impliquée dans ce que faisaient mes parents.*

*De manière générale, il me semble qu'à bien des égards, nous sommes plus mûrs que ceux qui vivent dans une famille nombreuse avec son lot de bagarres et de partages. Quand on observe des enfants uniques, on a souvent l'impression de voir des adultes en miniature. Lorsqu'il s'agit de soi, on n'en est pas conscient, mis à part le sentiment de responsabilité qui donne l'impression d'être adulte.*

Il y a parfois confusion dans la répartition des rôles entre les adultes et l'enfant :

*On me demandait de jouer plusieurs rôles. Lorsque des amis venaient à la maison, je devais me comporter en enfant ordinaire. Les choses étaient différentes avec les adultes. Pour moi, c'était compliqué de passer d'un statut à un autre. De plus, je vivais un véritable cauchemar quand mes compagnons de jeu avaient des manières de petits voyous.*

L'enfant unique commence alors à préférer la compagnie des adultes :

*Lorsque j'étais petite, j'étais toujours entourée d'adultes si bien que je n'avais pas forcément envie de fréquenter des enfants de mon âge. Je n'avais pas besoin de compagnie, ce que mes parents comprenaient mal. Ils me poussaient toujours à jouer avec d'autres enfants.*

*Plusieurs fois, des camarades sont venus passer des vacances avec nous. Je n'en garde pas un excellent souvenir. Avec un copain, vous êtes prisonnier d'un personnage, vous êtes consigné dans un rôle d'«enfant». Quand on est seul, on est traité avec davantage de respect.*

Résultat : les enfants uniques paraissent plus adultes que leurs camarades du même âge. Habitués à la compagnie des grands, ils sont nombreux à éprouver des difficultés dans leurs rapports avec des pairs, que ce soit dans leur jeunesse ou plus tard. Certains font alors des choix extrêmes en préférant la compagnie de personnes carrément plus jeunes ou carrément plus âgées :

*Aujourd'hui, j'ai du mal à nouer de nouveaux contacts, n'en ayant pas eu l'habitude lorsque j'étais enfant. Je m'entends généralement mieux avec des gens plus jeunes ou plus vieux que moi, ces derniers me rappelant mes professeurs avec lesquels j'étais très à l'aise et dont j'étais apprécié en tant que bon élève.*

Plus tard, cette préférence pour la compagnie de personnes d'une autre génération peut intervenir lors du choix du conjoint (voir chapitre 12).

L'attitude des adultes, qui ont affaire à un individu se comportant comme une grande personne, conforte l'enfant unique dans sa façon d'être. Les parents réagissent à cette image. Ils oublient le petit enfant en lui confiant plus dc responsabilités :

*Très tôt, je me suis sentie à l'aise avec les grandes personnes. Il me semblait que leurs réactions étaient plus faciles à prévoir. Elles vous accordent leur attention sans qu'il soit besoin de la demander, elles vous font des compliments. Je me souviens de ma mère débordant de fierté lorsque ses amies, admiratives, parlaient de moi comme d'un adulte. «Quelle grande fille !» disaient-elles.*

*Sur le plan social, j'étais — et je suis toujours — très mûr. Très tôt, j'ai accompagné ma mère dans ses activités. Elle avait créé une association dont j'étais la mascotte. Elle pouvait m'amener partout, je savais me tenir en toute occasion.*

Pour l'enfant unique, la compagnie d'adultes est confortable car elle ne l'implique pas sur le plan affectif comme le feraient des amis. Le processus suivant risque alors de s'enclencher : manquant d'expérience et de contacts sociaux avec des individus du même âge, l'enfant unique a du mal à participer aux jeux et reste en retrait. Ou bien encore, il recherche les marginaux. N'ayant pas connu l'arène familiale où s'effectue l'apprentissage, il se sent de plus en plus incompétent et peu sûr de lui, chose qui n'est pas forcément visible de l'extérieur. Une étude réalisée sur les enfants uniques a démontré qu'à l'école, ces derniers se distinguent très peu des autres élèves, du point de vue des résultats. Il ressort de nos entretiens que cette assurance sociale se construit probablement au détriment du développement affectif. Néanmoins, comme nous l'expliquons au chapitre 5, *TOUJOURS SEUL*, ces enfants passent parfois maîtres dans l'art d'éviter les situations où leurs faiblesses risqueraient de les mettre en difficulté.

Dans les familles comptant plusieurs enfants, le jeu favorise l'apprentissage de chacun. L'interaction est double : elle s'exerce entre les enfants et vis-à-vis des parents. L'enfant unique, quant à lui, ne bénéficie pas de cette expérience. La «grande fille» mentionnée plus haut fait certainement le bonheur de sa mère et des amies de celle-ci, mais elle ne maîtrise pas la relation d'égal à égal. Elle n'a pas l'occasion de s'évaluer, ni d'être en retour jaugée par les autres. Dans ces conditions, il lui sera bien difficile de tester ses émotions dans un environnement sûr, exempt de menaces.

L'école donne l'occasion de nouveaux contacts sociaux. Ceux-ci n'interviennent toutefois qu'après cinq ou six ans de «programmation» adulte. Dans le cas d'enfants uniques n'ayant pas fréquenté la maternelle, les relations avec leurs semblables avant l'entrée à l'école étaient rares :

*Mes parents étaient relativement âgés. Leur cercle d'amis, relativement restreint, se composait presque exclusivement d'adultes aussi vieux, voire plus vieux qu'eux. Ainsi, jusqu'à mon entrée à l'école, je n'ai quasiment pas fréquenté d'enfants.*

À son arrivée à l'école, l'enfant unique ressemble parfois déjà à un petit adulte :

*Pour avoir toujours vécu avec des adultes, à cinq ans déjà, j'étais conformiste. Cette attitude était d'autant plus marquée que j'avais toujours entretenu avec mon entourage des relations sereines et posées.*

Comme nous l'avons observé plus tôt, l'immaturité affective de l'enfant unique se traduit dans ses rapports avec ses camarades :

*Durant ma jeunesse, je n'ai pas le souvenir de relations agréables avec les autres enfants. J'étais seule, non seulement parce qu'il n'y avait que moi à la maison, mais aussi parce que j'étais incapable de m'intégrer à un groupe de mon âge. N'ayant jamais été à la maternelle ni gardée en collectivité, ma première confrontation aux autres date de mon arrivée à l'école, à six ans.*

*J'avais du mal avec les enfants de mon âge : je n'avais aucune envie de participer au chahut sur l'aire de jeu mais, très tôt, j'ai su me faire un ou deux bons amis de la même trempe que moi. Je me sentais différent des autres et d'ailleurs, on me qualifiait d'un peu «étrange», ce que j'ai vécu douloureusement, notamment au collège.*

À son entrée au collège, l'enfant unique peut manquer d'assurance vis-à-vis de ses camarades dont d'ailleurs il a tendance à se méfier. Il cherche alors à se faire des amis en dehors du groupe et il n'est pas rare que son choix se porte sur un autre enfant unique. Lors des jeux collectifs, il garde ses distances en recourant à des stratagèmes de protection :

*À l'école, j'étais traité de fayot parce que je proposais souvent mes services aux professeurs (distribution des livres, nettoyage du tableau…). D'ailleurs, les enseignants m'aimaient bien. En réalité, je cherchais un moyen pour éviter le contact avec les autres enfants, parce que je ne savais pas trop comment me comporter avec eux. Avec les profs, c'était plus facile, je savais ce qu'ils attendaient de moi*

Résultat : l'enfant unique préfère la compagnie des adultes à celle de ses camarades :

*À l'école, j'ai toujours entretenu de meilleurs rapports avec les enseignants qu'avec les enfants.*

*Les amis de mes parents me trouvaient certainement précoce, ce qui ne me plaisait pas du tout. En réalité, j'étais tout simplement très adulte pour mon âge.*

## Des parents plus âgés

En grande majorité, les enfants uniques ont des parents plus âgés que la moyenne. À cela, nous donnons deux raisons. Tout d'abord, durant la Seconde Guerre mondiale, les hommes et les femmes susceptibles de fonder une famille n'ont pu le faire que tardivement, ce qui explique le grand nombre d'enfants uniques pour cette génération. Ensuite, des problèmes de stérilité d'un des deux parents expliquent l'absence d'une nouvelle grossesse. Dans un cas comme dans l'autre, ces parents relativement âgés ont peut-être entretenu des rapports moins ludiques avec leur petit, le climat familial s'articulant essentiellement autour des adultes.

Les remarquables dispositions sociales dont fait preuve l'enfant unique peuvent aussi être liées au fait que des parents âgés sont moins enclins à bêtifier avec lui. Plus que jamais on lui confère un statut d'adulte :

*Pour ma part, j'ai toujours été traitée comme une grande personne. Un enfant unique n'a jamais le droit de faire preuve d'insouciance.*

Il ressort de nos entretiens que si les expériences de l'enfance lui ont apporté une apparente maturité sociale, l'apprentissage émotionnel n'a pas suivi. Ce qui se traduit par une immaturité affective :

*À 18 ans, j'avais très nettement le sentiment d'être «supérieur» à mes camarades. Pour le moins, j'étais en avance sur eux, en particulier dans mes rapports sociaux. Mais rétrospectivement, je dirais que j'étais en retard sur le plan émotionnel, sans aucun doute.*

## Le schéma

### Mûr socialement…

Devenir adulte plus rapidement confère une foule d'avantages… dans le monde des adultes. La réussite de bien des enfants uniques sur le plan professionnel et social est évidente. Ils président à merveille les réunions, savent prendre la tête d'un groupe, ils font preuve d'assurance en public et possèdent l'art de s'exprimer devant un auditoire :

*Sur le plan social, j'ai toujours été mûre. Au bureau, tout le monde pense que je suis plus vieille que mon âge.*

*Charles est l'une des rares personnes que je connaisse que vous pouvez installer à côté d'un balayeur ou d'un baron, de quelqu'un de 12 ans ou de 60 ans : il bavardera à bâtons rompus avec eux, d'égal à égal.*

*Je connais plusieurs enfants uniques. Ce qui me sidère, c'est leur faculté à voyager, à partir seuls au bout du monde. Moi aussi, j'en serais capable, sauf que je n'en ai aucune envie. Eux, ça leur plaît. Je crois que c'est une composante vraiment typique de leur caractère. Tenez, au bureau, il y a une fille qui vient de partir pour six semaines en Australie, toute seule.*

*Dans mon enfance, je servais les boissons quand mes parents recevaient, j'ai participé dès l'âge de 11 ou 12 ans aux conversations des adultes. De plus, on m'habillait à la façon des grandes personnes et j'ai rapidement été accepté dans leur environnement. Résultat : aujourd'hui, à 37 ans, je suis l'un des plus jeunes membres de la direction de mon entreprise, et je suis en mesure de mener ma barque avec une assurance inébranlable.*

Les enfants uniques reconnaissent la valeur de ces acquis dont ils savent gré à leurs parents. Toutefois, des expériences affectives douloureuses leur ont fait prendre conscience que toute médaille a son revers :

*Je tutoie plusieurs ministres et, pas plus tard qu'hier soir, j'étais invité à un dîner avec des P.-D.G. de grandes entreprises. J'ai discuté avec eux avec autant de naturel que je vous parle actuellement. Je crois que cette facilité est à mettre au crédit de mon éducation. C'est à elle que je dois d'avoir la prestance d'un consultant mûr, affichant une grande confiance en soi, quelqu'un de fondamentalement heureux, malgré ses doutes intérieurs. Toutefois, j'ai une propension à être facilement blessé, à ne pas supporter la critique, à me considérer comme le centre de l'univers (je ne suis pas égocentrique mais je m'apitoie volontiers sur mon sort, côté affectif). Tous ces défauts et ces qualités proviennent de la vie que j'ai menée, de mon statut d'enfant unique.*

Cette confiance affichée et ces atouts permettent à l'enfant unique de cacher son agitation intérieure :

*J'ai une certaine expérience me permettant de camoufler le fait que j'ai en permanence cent cinquante sujets d'angoisse et que je m'inquiète 24 heures sur 24.*

La maturité et le sens des responsabilités de l'enfant unique, dès son plus jeune âge, frappent son entourage :

*J'ai toujours été assez mûre, adulte et responsable. Quand il y avait un goûter d'anniversaire, par exemple, les mères disaient à leur enfant : «Si tu as un problème, dis-le à Véronique.»*

Une certaine maturité physique peut aller de pair avec la maturité sociale. Parmi les rares statistiques effectuées sur les enfants uniques, il en est une, datant de plus de vingt ans, qui fait apparaître que les filles uniques sont réglées plus tôt que celles qui ont des frères et sœurs. Ce phénomène reste un mystère. Peut-être la maturité sociale de ces enfants joue-t-elle un rôle sur le plan hormonal… Parallèlement, l'abaissement de l'âge des premières règles dans le monde occidental semble lié au progrès social. La proximité entre une fille unique et sa mère, de même que le temps passé avec celle-ci pourraient également induire une précocité féminine.

L'un des grands atouts de l'enfant unique réside dans son aptitude précoce à comprendre le comportement social des adultes. Autre avantage : son assurance lui permet d'assumer des responsabilités, voire de diriger. Ce sont là autant de facteurs qui l'aident souvent à démarrer sa carrière professionnelle sur les chapeaux de roue.

## … tout en étant immature sur le plan émotionnel

Quel est le revers de la médaille ? Où se situe le déséquilibre ? L'enfance n'a qu'un temps : si vous consacrez toute votre énergie à devenir adulte avant l'heure, vous ne pouvez pas développer suffisamment votre côté émotionnel. En s'efforçant si tôt de devenir de «bons» petits adultes, certaines personnes ont eu le sentiment de voir leur enfance leur filer entre les doigts :

*Quand je repense à cette période de ma vie, je ne suis pas certaine d'avoir eu une enfance. C'est terrible de dire une chose pareille. À voir mes propres fils, je me dis que j'ai raté cette étape-là. Tout n'est pas dû au fait que j'étais fille unique. C'est aussi lié au contexte social dans lequel j'ai grandi, et à la personnalité de mes parents… Subtil mélange que tout cela ! Parfois, je me dis que mon enfance, c'est pour plus tard. À moins que je ne commence à la vivre demain matin… Cela ne m'empêche pas d'être sereine. Aujourd'hui, je me sens mieux qu'avant, plus insouciante, un tantinet frivole, alors que j'ai longtemps été très collet monté. Mais mon mari me trouve encore trop sérieuse… «Peut mieux faire», me dit-il.*

Cette jeune femme constate fort justement : «C'est aussi lié à la personnalité de mes parents.» Pour l'enfant unique, le modèle parental a certainement une influence bien plus importante que dans une famille à enfants multiples :

*Je ne suis pas sûr d'avoir jamais été adolescent. En tout cas, pas dans l'esprit. Quand on regarde des photos de moi, on voit que je suis passé directement de l'enfance à l'âge adulte. Mais je n'avais pas l'air d'un adulte très à l'aise dans sa peau.*

*À 18 ans, j'étais vieux. J'étais plus vieux qu'aujourd'hui, indiscutablement. Je n'avais rien de futile et je n'aurais jamais envisagé de faire quoi que ce soit de tel. Aujourd'hui, j'apprends la légèreté. C'est maintenant que je commence à vivre mon adolescence : pas en me rebellant, mais en m'amusant, en faisant toutes ces choses inconnues autrefois.*

*D'une certaine manière, il en a toujours été ainsi. J'ai toujours été à la recherche de cette adolescence que je n'ai pas vécue.*

Conséquence : chez l'enfant unique, l'assurance en société et la façade adulte sont aussi trompeuses l'une que l'autre :

*Que ce soit à la maison ou au bureau, il m'arrive d'être terriblement puérile.*

*Pour mon âge, je manque singulièrement de maturité. Le nombre de fois où j'ai des réactions infantiles…*

*Je retombe fréquemment dans un comportement de petite fille. Très souvent, je réagis comme si j'avais 5 ans. Il faut que cela remonte à la surface.*

Ayant sauté des étapes importantes dans leur développement affectif, nos témoins nourrissent des attentes plutôt confuses. Leur entourage les perçoit comme étant adultes, sensés et maîtres des événements, car c'est l'impression qu'ils donnent. Pourtant, leur vie émotionnelle est tout autre. D'une certaine manière, ils n'ont pas en eux les ressources nécessaires pour gérer une relation de couple ou d'amitié, contrairement à la façon dont ils mènent leur barque professionnelle et sociale. Les témoignages de ces enfants uniques ayant traversé une mauvaise passe sont éloquents :

*Après une dépression nerveuse suivie d'une psychothérapie, je dois avouer que je n'ai toujours pas atteint la maturité émotionnelle en dépit de l'apparence profondément adulte que je donne. Je me souviens avoir entendu dire à propos d'un acteur qui avait perdu les pédales : c'est un adulte à la recherche de son adolescence. Ça, c'est tout à fait moi.*

*La sensibilité qu'on m'attribue souvent n'est en fait que de la puérilité. Si on pouvait braquer un projecteur sur ma personnalité, on verrait que mes sentiments sont à la traîne. Je suis un attardé de l'enfance... À votre avis, pourquoi suis-je encore célibataire ? Et tout le temps en train de mettre les voiles ? Aucune fille ne m'a jamais quitté, c'est moi qui ai mis fin à toutes mes histoires d'amour. Je ne dis pas cela pour me vanter, au contraire, c'est plutôt désolant. Je suis un as de la fuite.*

Un enseignant habitué au contact des enfants uniques résume cette situation :

«Ils ont vécu une relation extrêmement étroite avec deux adultes : leurs parents. En surface, ils ont l'air plus mûrs que les autres. Leur vocabulaire est plus riche, ils s'expriment en termes choisis, mais au fond d'eux-mêmes, ils sont en butte à une très grande détresse.»

Ce constat qui s'applique aux enfants uniques en début de scolarité reste vrai à l'adolescence. Un autre professeur explique :

«En apparence, ils semblent mûrs. Beaucoup d'entre eux sont remarquablement cultivés. Mais en réalité, ayant été privés de relations avec des frères et sœurs ou d'autres enfants de leur âge avec lesquels ils auraient pu discuter et s'aguerrir, ils présentent de grandes carences affectives.»

Un psychologue scolaire déclare :

«Les enfants uniques cachent assez bien leur immaturité affective. Intéressez-vous à eux, et vous verrez qu'ils vous regardent avec beaucoup de suspicion. Ils dissimulent parfaitement leurs émotions. Il est rare de voir un enfant unique pleurer.»

Les témoignages allant dans ce sens sont légion :

*Je passe pour quelqu'un qui assume, sauf qu'à l'intérieur, il en va tout autrement... Je ne montre pas mes sentiments, ce que j'attribue à un manque d'assurance. Mais je parviens à afficher une façade sereine.*

Cette maturité — ou, comme le dit le conjoint d'un enfant unique, «cette tranquillité et cette sérénité apparentes» — ne repose en fait sur rien dans la mesure où l'enfant unique offre une façade trompeuse. Mais son immaturité affective ne l'empêche pas d'être exigeant avec son entourage :

*Lorsque je me suis mariée pour la première fois, mon époux a dû être terriblement déconcerté. J'avais un tel aplomb en public, ne perdant jamais l'occasion de donner mon avis alors que sur le plan émotionnel, c'était un désastre. J'étais maladivement jalouse, incapable d'exprimer mes besoins. Et bien sûr, je ne pouvais apporter aucun soutien à mon mari, ni comprendre ses désirs. Je suis convaincue qu'il ne m'aurait jamais épousée s'il avait connu l'ampleur de mon handicap. Mais comment aurait-il pu s'en douter ? Je donnais une si forte impression d'assurance. Moi-même, je n'en ai pris conscience que bien plus tard, lors d'une psychothérapie.*

*Sous des dehors de grande maturité, ma vie émotionnelle est un enfer. Possessive en amitié, jalouse en amour, je revendique l'exclusivité. Peut-être parce qu'enfant, ma mère ne me quittait jamais d'une semelle.*

*Mon ex-mari est très dépendant des autres sur le plan affectif. Il a besoin d'une présence permanente. C'est probablement dû à un désarroi émotionnel. Lorsque nous nous sommes séparés, il a aussitôt trouvé une autre compagne, et s'il se séparait d'elle, je suis certaine qu'il la remplacerait sur-le-champ.*

Dans le monde des adultes, ce décalage entre la maturité sociale apparente et l'immaturité émotionnelle explique la difficulté des enfants uniques à trouver leur équilibre. Ces contradictions revêtent diverses formes que nous examinerons dans les cinq dernières parties du présent chapitre.

## Engagement ou liberté ?

D'un côté, l'enfant unique cherche la relation la plus étroite possible, avec son conjoint et ses amis. De l'autre, il souhaite préserver son espace et son indépendance. Comme il estime de surcroît ne pas avoir droit à l'erreur (ce qu'on lui inculque très tôt), il n'est pas si étonnant qu'il hésite à prendre des engagements à long terme !

*J'aimerais avoir quelqu'un qui soit là quand je rentre le soir… Enfin, seulement les soirs où j'en ai envie.*

*L'idée de m'engager pour toujours me fait froid dans le dos. D'abord, je n'ai aucune envie d'avoir un enfant. Pour moi, la simple perspective d'accoucher est un véritable cauchemar. Ensuite, je n'aime pas l'idée d'être liée à quelqu'un. Une fois engagée dans une histoire, j'ai du mal à rompre. Je n'arrive pas à dire : «Bien, nous avons passé de bons moments ensemble, mais les meilleures choses ont une fin.»*

Toutefois :

*Je me sens double. D'un côté je désire vraiment m'engager pour connaître ce que je n'ai jamais connu, à savoir une personne ou une famille partageant ma vie. Et de l'autre, j'ai peur de me lancer.*

Notons qu'il ne sont pas nombreux à faire le rapprochement entre cette attitude et leur statut d'enfant unique :

*Je n'avais jamais pensé que ma vie privée est peut-être liée à mon enfance. Cela ne m'a jamais traversé l'esprit. Je pensais simplement être quelqu'un d'indépendant qui se ménage une porte de sortie.*

Une épouse évoque les difficultés de l'enfant unique à s'engager en ces termes :

*Mon mari a toujours la crainte d'être redevable. Il a beau être quelqu'un d'aimant et qui sait donner, il a du mal à accepter ce qui vient des autres. En fait, il ne sait pas recevoir. Pour que le don lui paraisse acceptable, il faut qu'il ait la possibilité de faire un geste en retour.*

De même, l'enfant unique a peur de recevoir plus d'amour qu'il n'en donne. Il faut que les choses soient parfaitement équilibrées à ses yeux. S'il ne peut rendre aussitôt ce qu'on lui a offert, il se sent menacé. Il a beaucoup de difficultés à concevoir qu'on puisse aimer différemment de lui. Il ne parvient pas à relativiser ainsi : «Bien, ce n'est pas comme ça que je fonctionne, mais pourquoi pas ?» et à prendre les choses comme elles viennent. Il a besoin d'avoir la certitude d'une parfaite équité, sinon il entre dans un cycle de comparaisons, et c'est la panique.

Pour l'enfant unique sur lequel se sont portés toutes les attentes, toutes les responsabilités et tous les reproches, l'échec n'est que difficilement envisageable. Or qui ne s'engage pas ne risque pas l'échec. N'ayant pas vu de frères et de sœurs commettre des impairs, il ignore qu'on peut se faire sermonner et, malgré tout, survivre aux conséquences de ce sermon. Il ne sait pas non plus que l'on traverse ces épreuves non seulement en restant intact, mais en continuant d'être aimé par ses proches :

*Pourquoi suis-je encore célibataire alors que j'approche de la quarantaine ? Parce que les enfants uniques n'acceptent pas de compromis. L'âme sœur existe-t-elle ? Je l'ai peut-être croisée sans vouloir la reconnaître. C'est ce que je commence à me demander. Et maintenant, et l'avenir ? Comment franchir le pas ? Pour moi, tout est lié à l'effet «enfant unique» qui rejaillit sur ma vision des femmes, du mariage et des enfants.*

## Faire des choix

Les enfants uniques choisissent précautionneusement les voies dans lesquelles ils s'engagent, afin d'être sûrs de réussir. Si l'issue est incertaine, ils hésitent.

Dans la vie quotidienne, la plupart des décisions impliquant un choix vont de pair avec un engagement, aussi minime soit-il, ce qui peut poser problème à l'enfant unique. En l'absence de frères et sœurs dont il aurait pu prendre en considération les avis et les besoins, il n'a eu de choix à faire qu'en fonction de lui-même et de ses parents. Et ce, dans tous les domaines (études, loisirs, vacances, possibilités financières, etc.) :

*Certes, on n'est jamais totalement maître de son destin, mais j'aime avoir le choix et la liberté. Ces deux notions sont essentielles dans ma vie.*

Cela explique-t-il que l'enfant unique ait tant de mal à effectuer un choix excluant les autres possibilités ? Dans notre étude, nous avons constaté qu'à l'âge adulte, plusieurs sujets voulaient garder toutes les portes ouvertes et éviter ainsi de s'engager :

*J'adore avoir le choix. Par exemple, j'ai des papiers me permettant de vivre en Europe et aux États-Unis, mais que je sois d'un côté ou de l'autre de l'Atlantique, il y a des choses que je ne supporte pas. Si bien que je n'arrive pas à me décider. Où vais-je m'installer définitivement ? Il m'arrive de m'amuser comme un fou à New York et de penser : «Dire qu'il y a une fête à Paris ce week-end et que je vais la rater...» Je voudrais être partout à la fois. Je déteste avoir l'impression de rater quelque chose.*

Choisir une option signifie renoncer à toutes les autres. La maturité émotionnelle réside en partie dans le fait de comprendre que l'on ne peut tout avoir, ce que l'on apprend lorsqu'on est contraint de partager avec ses frères et sœurs. Or, privés de cette expérience, les enfants uniques souffrent dès qu'ils doivent renoncer à quelque chose en effectuant un choix. Ils veulent être partout à la fois, et tout avoir.

Le cas du restaurant est typique. Pour l'enfant unique, choisir entre les menus et la carte tient du casse-tête :

*Quand nous sortons dîner, Simon passe une heure avant de se décider pour un poisson ou une viande. Ensuite, quel poisson ou quelle viande. C'est une décision importante, il ne veut pas se tromper. Quand les assiettes arrivent, l'heure est grave : le plat sera-t-il à la hauteur de ses attentes ? Toujours dubitatif, il louche alors vers les autres tables, les autres assiettes et donc les autres choix. C'est infernal. Et si je me décide pour le même plat que lui, il décrète : «Non, prends autre chose.» La vérité, c'est que rien n'est jamais à la hauteur de ses attentes. Il s'angoisse à l'idée que quelqu'un pourrait faire mieux que lui. Avec Simon, c'est toujours moi qui choisis le meilleur plat — à ses yeux. C'est toujours comme ça.*

*Les enfants uniques n'ont pas de solution de remplacement. Faire un choix implique prendre la bonne décision. Moi, au restaurant, je n'ai jamais eu la possibilité de dire à mon frère : «Fais-moi goûter un peu de cette sauce.» Choisir, c'était difficile, parce qu'il fallait que je mange ce que j'avais choisi. Je ne pouvais pas dire : «Ce n'est pas bon, je veux autre chose.»*

*J'ai vraiment du mal avec les menus. J'aimerais goûter un peu de tout. C'est pour cela que j'adore les restaurants chinois.*

Ils veulent tout et n'aiment pas renoncer. Voilà pourquoi il leur est si difficile de se décider. C'est une caractéristique commune à bien des enfants uniques. Si elle reste relativement anodine lorsqu'il s'agit de choisir un plat sur un menu, les choses se compliquent lorsque l'enfant unique doit s'engager dans une relation affective.

## Hyper-intensité des sentiments ou hyper-indépendance ?

Les personnes interrogées et leurs conjoints ont attiré notre attention sur une autre particularité des enfants uniques : l'absence de sens de la mesure dans leurs relations. Éprouvant souvent des difficultés à évaluer le bien-fondé de leurs actes, ils ont généralement du mal à prendre des décisions sensées dans leur vie privée. Plusieurs personnes ont estimé que ce trait de caractère les a conduit à s'engager tête baissée dans des relations qui ne les menaient nulle part, surtout au cours des premières années de leur vie :

*Vous n'imaginez pas à quel point j'ai perdu les pédales lors de ma première histoire d'amour. Aujourd'hui, je me rends compte que l'élue de mon cœur a dû être complètement désemparée par mon comportement. Tout simplement parce que je ne disposais pas de l'exemple d'un frère ou d'une sœur. Il n'y avait personne pour se moquer gentiment de moi, ce qui m'aurait ramené les pieds sur terre.*

*Ma première petite amie, Dorothée ... Je suis tombé éperdument amoureux d'elle... J'avais perdu tout sens de la mesure. J'étais comme fou. Bien sûr, ça l'a fait fuir.*

*Je crois que c'est un problème pour les enfants uniques : ils n'ont aucun critère de comparaison, rien qui leur permette de trouver un juste milieu.*

Cette tendance à vivre leurs relations sentimentales avec trop d'intensité peut durer toute leur vie, ce qui est en contradiction avec un autre trait caractéristique des enfants uniques : leur besoin d'indépendance. Leur soif d'espace personnel, à la fois sur le plan matériel et affectif, a été exprimée à maintes reprises. Or, la coexistence de ces deux exigences est source de confusion, tant pour le principal intéressé que pour son partenaire. Cela induit chez l'enfant unique une tendance à la mainmise sur tout :

*J'aime que les choses soient sous contrôle, mais sous mon contrôle à moi.*

*J'ai besoin de tenir les rênes. Sans être nécessairement investi d'une responsabilité officielle, il faut que je maîtrise ce qui se passe. Si mes plans sont bouleversés, alors là rien ne va plus... J'aime planifier et savoir à l'avance comment les choses vont se passer. Je ne supporte pas que l'on me rende visite à l'improviste. Je suis sociable, à condition que les événements se déroulent sur mon terrain. Au fond, je m'en doute, il s'agit ni plus ni moins que de maîtriser mes propres émotions.*

Ce besoin de contrôle ou de maîtrise revêt une importance considérable pour beaucoup d'enfants uniques. Durant toute leur enfance, ils se sont sentis impuissants vis-à-vis de leurs parents qui, eux, détenaient le contrôle. L'enfant était face à deux adultes. Ce schéma, qui lui a déplu, a laissé des traces. Ainsi, il n'est pas surprenant qu'il cherche à le reproduire, en inversant les rôles :

*Vouloir maîtriser les événements ? Oui, indéniablement. Je vais vous dire quelle est ma plus grande terreur dans la vie : un engagement de longue durée. Mon angoisse, c'est la Comédie-Française, parce que cela voudrait dire que ma vie serait toute tracée. Je n'aurais plus aucune autre possibilité. J'aime les engagements relativement courts, parce que j'en vois le bout. Avant de devenir comédien, je travaillais dans une société d'informatique. À l'époque, je croyais y passer ma vie et j'étais si stressé que j'ai dû consulter un médecin. J'aurais été incapable de dire ce qui n'allait pas, mais aujourd'hui, cela me paraît clair : je ne supportais pas que mon existence soit programmée. Tout ce qui est de l'ordre du définitif me panique. C'est pour cela que j'aime les théâtres où l'on peut choisir de partir ou de rester après une saison. Si on me proposait un contrat de cinq ans, je refuserais.*

Ce désir de contrôle est, à bien des égards, une force positive qui confère aux enfants uniques des talents d'organisateur et de leader. Toutefois, ce trait de caractère n'est pas toujours compatible avec une relation affective :

*C'est plus fort que moi, il faut toujours que je sache où sont les membres de ma famille. C'est certainement dû au fait que je suis très protectrice. Ça, c'est la manière positive de voir les choses. La manière négative, c'est tout simplement que je suis curieuse et que je veux régenter mon entourage. Quand je demande où est l'un de nos enfants et que mon mari me répond qu'il n'en sait rien, cela me met hors de moi. Je me dis : «On est quand même censé savoir où sont ses enfants, non ?» Par contre, je n'ai aucune envie que tout le monde sache où moi, je me trouve. Je n'accorde pas facilement aux autres un droit de regard sur ma vie.*

Ni avec la vie du foyer :

*Imaginez-vous qu'à 38 ans, quand nous avons accueilli Félix, notre chat, j'ai paniqué à l'idée de tout ce qui m'attendait : «Il faudra que je nettoie sa litière tous les jours, que je pense à sa nourriture, aux vaccins, etc.» La perspective d'une obligation me terrifie. Ne plus avoir toute ma liberté de faire ou de ne pas faire m'est insupportable. C'est un sentiment profondément ancré en moi.*

En outre, il s'exprime hors de la maison :

*Bien sûr que j'ai besoin d'être aux commandes. J'aime que les choses soient structurées. J'ai besoin d'avoir des projets précis, un planning pour les semaines à venir. Ce qui revient à une maîtrise maximum des événements. C'est pour cela que je déteste les avions et les ascenseurs. Après avoir consulté un psychologue, je sais maintenant que ce malaise est dû à un mécanisme de contrôle extrêmement rigide en moi. Je commence tout juste à me faire à l'idée qu'on ne peut pas tout maîtriser. Si on arrive à se défaire de ce besoin de contrôle, la vie devient plus facile. Aujourd'hui, je m'emploie à relâcher la mainmise que j'avais sur mes enfants. Il me faudra du temps pour y parvenir car ce besoin de contrôle est excessivement fort.*

Les enfants uniques veulent conduire le bal, être proches de leur entourage tout en s'impliquant — mais à leur manière à eux :

*J'aime beaucoup l'idée de la maison ouverte en permanence, mais je n'aime pas que les gens passent chez moi à l'improviste. Si on me prévient dix minutes à l'avance, c'est parfait. Le téléphone est fait pour ça.*

*J'ai besoin d'avoir du temps pour moi toute seule. J'aime organiser ma journée en décidant de mes activités sans l'avis de personne. Si quelqu'un, par exemple mon mari, choisit de contrecarrer mes projets, j'ai l'impression que la terre s'écroule.*

*Lorsque j'ai décidé de rendre visite à une amie pour le week-end de l'Ascension, mon époux s'est senti rejeté, alors qu'il avait lui-même décidé de passer deux journées tranquilles à la maison. S'il a réagi ainsi, c'est parce je ne l'avais pas consulté. Il ne se sentait pas impliqué dans la décision.*

Toutefois, ce désir de contrôle ne signifie pas pour autant que les enfants uniques soient dominateurs ni qu'ils cherchent à s'unir à des individus passifs :

*Il y a des gens qui veulent être dominés. Ils veulent que vous preniez leur vie en main, parce qu'ils vous voient comme quelqu'un d'efficace sur ce plan. Je déteste ces êtres pitoyables qui attendent de l'autre qu'il mette de l'ordre dans leur existence. Je recherche la compagnie de ceux avec lesquels on peut se comporter d'égal à égal.*

Les enfants uniques n'aiment pas subir. Ils veulent garder la maîtrise du contact, de sa fréquence et de sa nature. Les témoignages des conjoints démontrent que cette angoisse doublée de difficultés à prendre des engagements, peut les rendre insensibles aux sentiments d'autrui :

*Par exemple, avec Richard, il arrive que nous parlions d'un film et que nous projetions d'aller le voir, à l'occasion. Trois jours plus tard, il me téléphone pour me dire qu'il a vu ce film tout seul. Quand je m'en étonne, il me répond simplement : «Oh, j'avais deux heures devant moi.» Par contre, si je projette un week-end sans lui, il réagit mal : «Et moi, je fais quoi, du tricot ?»*

Les enfants uniques sont porteurs d'un autre trait de caractère révélateur d'un éventuel manque d'équilibre : ils ont du mal à déterminer s'ils veulent être dépendants ou indépendants dans leur couple.

## Dépendance ou indépendance ?

Dans leur jeunesse, les enfants uniques entretiennent des relations étroites avec les personnes dont ils dépendent. Certains d'entre eux ont bien tenté de prendre leur indépendance, mais cela s'est révélé difficile, le pouvoir étant alors détenu par les parents. Ainsi, l'enfant unique ne sait pas toujours s'il cherche une relation de dépendance ou d'indépendance. Précisons qu'il ignore souvent que les relations de qualité sont justement celles où les rapports dépendance/indépendance s'équilibrent.

Comme nous l'avons vu, ils ont aussi tendance à croire que le monde tourne autour d'eux, du moins pendant les premières années de leur vie. Parallèlement, ils ont besoin de vivre des rapports de qualité avec leur entourage qui, très tôt, leur a inculqué cette notion. Ils sont donc confrontés à un dilemme : d'un côté leur tendance naturelle à l'égocentrisme, de l'autre la peur d'être mal-aimés. Ils désirent que toute l'attention se focalise sur eux tout en en redoutant les conséquences. Leur côté adulte prête à croire qu'ils ont peu de besoins affectifs alors qu'ils cherchent à capter l'attention.

Un psychologue constate :

«Un problème fréquent des enfants uniques réside dans leur inaptitude à trouver le juste milieu dans les rapports dépendance/indépendance. Ils sont soit extrêmement dépendants de leur conjoint ou de leurs parents, soit si dominateurs qu'ils ne laissent aucune liberté à celui ou à celle qui partage leur vie.

Souvent, leurs parents ont exercé un contrôle très fort sur eux, notamment pour les études, synonyme de réussite future.»

Les enfants uniques souhaitent reproduire le schéma de dépendance qu'il ont connu avec leurs parents tout en regrettant la perte d'autonomie qu'il implique. Ils sont à la recherche d'une intimité dont, en même temps, ils redoutent les effets. Privés de chahut et de bagarres entre frères et sœurs, ces enfants adoptent souvent une attitude contradictoire entre dépendance et indépendance avec leur entourage, comportement qui persiste à l'âge adulte :

*Le problème avec mon premier mari, c'est que je ne savais jamais s'il allait réagir en enfant, en me demandant d'assumer toutes les responsabilités, ou s'il allait se conformer à son image publique, celle d'un adulte maîtrisant sa vie. Dans un premier temps, cela m'a plu, puis je m'en suis lassée. Je me disais : «Puisqu'il donne une image tellement responsable dehors, pourquoi dois-je subir en permanence ses perturbations affectives ?»*

Les principaux intéressés font écho au constat douloureux de cette ex-épouse d'enfant unique. La majorité d'entre eux estiment que ces crises ont été amplifiées par leur manque de maturité affective. «Et alors ? N'est-ce pas le cas de presque toutes les crises ?» vous demandez-vous certainement. Certes, mais elles sont pires pour l'enfant unique, car son entourage et lui-même estiment qu'il est en mesure de faire face. Le manque de maturité émotionnelle constitue un premier problème, sa juxtaposition à un bon équilibre social en est un second.

Se comporter en adulte constitue une préoccupation majeure des enfants uniques et des aînés. Attitude qui les suivra et les poussera à prendre des responsabilités toute leur vie. Aux États-Unis, la majorité des personnes consultant un psychologue sont soit des aînés, soit des enfants uniques. Bien qu'il n'existe pas, à l'heure actuelle, de statistiques comparables en France, il n'y a aucune raison de penser que la situation soit fondamentalement différente. Ainsi, la pression poussant l'enfant à faire preuve de maturité sur le plan social génère des problèmes à l'âge adulte. Toutefois, n'oublions pas que la maturité sociale précoce présente aussi ses avantages :

*L'un des aspects positifs de notre expérience réside dans notre assurance, dans notre confiance en nous et dans ce sentiment que nous pouvons assurer la stabilité de notre famille : tout cela est infiniment précieux et compense largement les aspects négatifs de ce que nous avons vécu.*

En fait, la plupart des enfants uniques qui se sont confiés à nous ont conscience que leur maturité sociale a été acquise au prix d'une immaturité affective, source de problèmes pour eux et pour leurs conjoints. Par contre, ils estiment que leur statut familial leur a donné une grande confiance en eux et les a aidés à progresser dans leur vie professionnelle.

# 5.
# Toujours seul

*J'ai toujours l'impression d'être en marge. Ce n'est pas dramatique, mais c'est dû à ce côté solitaire qu'ont tous les enfants uniques.*

*Je n'ai jamais vraiment fait partie d'un groupe. Je me suis toujours senti un peu isolé, à l'écart. Je n'étais pas rejeté, mais je restais sciemment en retrait. Il m'arrive d'avoir envie de m'intégrer à une communauté, mais en général, je garde ma réserve. C'est peut-être là, au bord, que je me considère comme à ma place. Je redoute la proximité. Je veux disposer d'une latitude suffisante pour pouvoir me retirer quand bon me semble.*

S'il est vrai, comme nous l'avons dit, qu'en définitive, tout être humain est seul, les enfants uniques le sont un peu plus encore que les autres. De toutes les confidences que nous avons recueillies, c'est cette sensation d'isolement qui ressort le plus fréquemment et paraît profondément ancrée. Au fil de nos entretiens, nous avons appris à décoder le message véhiculé par la gestuelle de nos interlocuteurs — l'expression d'un regard, un soupir —, tandis qu'à travers leurs témoignages, ils nous révélaient que, dans un certain sens, la solitude est leur lot commun.

*Mon Dieu, oui. Toujours seul, même au milieu de la foule.*

*J'aurais aimé savoir plus tôt qu'il y avait d'autres enfants uniques qui ressentaient la même chose que moi.*

*En tant qu'enfant unique, on est toujours seul, d'une certaine façon. Par nature, la place d'un enfant unique est en marge de celle des autres. Même si ce n'est pas la situation idéale, c'est pour nous la plus confortable, car nous en avons l'habitude.*

*Ce qui me paraît le plus révélateur, c'est cette image d'enfant solitaire. Oui, nous, les enfants uniques, nous avons besoin d'être seuls.*

*La solitude est parfois pesante. Depuis mon plus jeune âge, j'ai consciemment envie d'avoir un frère ou une sœur.*

*Vous êtes le seul... vos parents n'ont personne d'autre, tout simplement. À mon sens, c'est là le gros avantage.*

Garder son jardin secret est peut-être inhérent à la condition humaine, mais il semble que ce besoin soit plus profond et irrépressible chez les enfants uniques :

*Je me suis toujours sentie seule, complètement seule. Quand je suis contrariée, j'ai tendance à tout garder pour moi. Je ne peux pas me laisser aller, même avec mon compagnon. Ce serait aller contre ma nature.*

*Je sais que je me suffis à moi-même. J'ai besoin de mon espace vital, ce que mon entourage a parfois du mal à concevoir. J'ai besoin de rester seul à la maison de temps en temps. Lorsque je n'ai pas mon compte de tranquillité, cela me perturbe. Certains de mes amis me reprochent d'être un ours. Même lorsque je pars en vacances en groupe, j'ai besoin de m'isoler. Je préserve toujours mon jardin secret. J'ai tendance à me montrer peu communicatif.*

## Qu'entendons-nous par «toujours seul» ?

Les enfants uniques ne sont ni des ermites ni de grands solitaires. «Seul» ne veut pas forcément dire «solitaire» :

*Il est vrai que je me sens seul, c'est incontestable — mais je ne suis pas un solitaire. Je crois qu'il faut bien faire la différence.*

*En tant qu'enfant unique, je connais bien la différence entre «seul» et «solitaire». Il y a un monde entre les deux. Si je me retrouvais cloîtré, je saurais en tirer le meilleur parti, quitte à jouer au foot avec les moutons de poussière... En tout cas, je ne resterais pas assis à ne rien faire.*

S'il est facile, au quotidien, d'assimiler «toujours seul» à «solitaire», les enfants uniques affirment plutôt se sentir *en marge* que solitaire. Où est la différence ? La solitude est un sentiment d'isolement qui persiste même en société. C'est l'impression de n'être jamais vraiment partie prenante de l'univers des autres, ainsi que l'exprime un enfant unique :

*C'est un espace, au fond de moi, dans lequel je me retranche et dont je ferme la porte. Je peux alors me passer de mon entourage et du reste du monde.*

Ce comportement n'a pas que des aspects négatifs. Certains de nos interlocuteurs se déclarent très attachés à leur isolement, ce qu'ils évoquent avec un soupir de satisfaction :

*Rentrer chez soi le soir sans y trouver âme qui vive. Personne à qui parler, à supporter... quel bonheur !*

*J'aime bien rester seule. Tout en vivant en couple, j'ai besoin d'avoir mon domaine réservé.*

*Je me souviens avoir été quelqu'un de très solitaire, ce qui ne m'empêche pas d'avoir noué des amitiés durables. Je suis même encore en contact avec d'anciens camarades d'école. C'est juste que j'aimais bien rester seul.*

La plupart des enfants uniques ont besoin de plages de solitude pour retrouver l'espace vital auquel ils sont habitués.

## QUAND L'ENFANT UNIQUE SE SENT-IL SEUL ?

Toujours. Toutefois, il semble que la solitude se fasse davantage sentir à certaines périodes de la vie.

### Pendant l'enfance, à la maison :

Le sentiment d'être «toujours seul» est relatif. C'est en observant la vie des autres que l'on définit la sienne. Tout enfant part du principe que sa situation familiale constitue la norme. Aussi le sentiment de solitude durant l'enfance est-il souvent décrit comme une marginalisation, surtout si les parents forment un couple harmonieux :

*Mes parents s'adoraient. Ils voyaient des amis, bien sûr, mais ils avaient tout de même tendance à se suffire à eux-mêmes et à vivre en vase clos. Je ne me suis jamais senti inclus dans leur univers. J'avais l'impression de vivre seul à côté d'un couple.*

Ou si la famille au sens large est très unie :

*Malgré une nombreuse famille du côté de ma mère et la proximité de mes deux grands-parents, j'ai toujours eu l'impression d'être un peu à l'écart.*

Satellite du couple formé par les parents, l'enfant unique se pose plus en observateur qu'en acteur :

*Je n'ai jamais aimé les fêtes foraines. Pour moi, toutes ces attractions n'étaient que des attrape-nigauds juste bons à vous soutirer quelques pièces. Cela me mettait mal à l'aise. Quand mes parents me proposaient un tour de manège, je pensais instinctivement : «Non, je ne donnerai pas un centime à cet horrible bonhomme, tous des escrocs !» Je n'avais que six ans, mais je n'étais pas dupe. En compagnie d'autres enfants, la synergie du groupe aurait pris le dessus et je me serais amusé, comme tout le monde. Je sais bien que mes parents essayaient sincèrement de me faire plaisir, mais je voyais aussi les forains empocher cyniquement une somme que je savais être importante pour eux. Si je n'avais pas été seul, jamais cette idée ne m'aurait traversé l'esprit. Les enfants uniques gambergent plus que les autres.*

Même si l'enfant ne peut avoir conscience du processus en cours, il semble que son sens de la solitude se répercute sur sa conception des choses dès la naissance. Celui-ci se développe, teinte sa personnalité, influence ses décisions, ses rapports aux autres, ses choix professionnels et son comportement en général.

Certains enfants uniques nous ont brossé un tableau saisissant de la sensation d'isolement qui a marqué toute leur enfance :

*Il y avait un moment où je me sentais toujours seul. Quand j'étais tout petit, je me souviens qu'une moitié de ma chambre était très sombre, tandis qu'un faisceau de lumière venant du palier éclairait l'autre. Je n'arrivais pas à m'endormir sans ce rayon de lumière. Quand je me réveillais, tourné vers la porte, j'étais toujours envahi d'un sentiment affreux en songeant qu'il n'y avait personne d'autre dans cette pièce.*

*J'habitais une maison mitoyenne, entourée de deux grandes familles. Je me souviens très bien de la jalousie que je ressentais lorsque j'entendais les enfants, le soir, alors que la nuit était tombée depuis longtemps, que les portes étaient fermées. Moi, je restais coincée entre mes parents. Je me sentais lésée, c'est certain...*

Nombre de nos interlocuteurs avaient l'habitude de jouer avec d'autres enfants pendant la semaine, mais ils se souviennent encore des dimanches solitaires.

*Je passais tous mes dimanches après-midi avec l'un ou l'autre de mes parents, voire les deux. Après un déjeuner copieux, mes parents étaient fatigués et se retiraient pour la sieste. «Surtout ne fais pas de bruit.» J'allais promener le chien. En fin d'après-midi, la famille venait nous rendre visite. Je revois le feu dans la cheminée, le café et les gâteaux... Beurk... Je m'ennuyais à mourir ! Pour moi, le pire était d'être privé de compagnon de jeu. J'en ai des frissons rien que d'y penser. En général, mes parents n'hésitaient pas à inviter mes camarades pour jouer à la maison, mais le dimanche — allez savoir pourquoi —, ce n'était pas le cas. J'avais la journée du dimanche en horreur !*

Pour l'un de nos interlocuteurs, toutefois, les dimanches représentaient une embellie par rapport à l'isolement et à l'ennui du reste de la semaine :

*L'ennui et la solitude me pesaient pendant les vacances et les week-ends. Mais le dimanche, mes parents prenaient la voiture et m'emmenaient faire une promenade en forêt. Au moins, j'avais cette perspective. Quelle monotonie, la vie de famille pour un enfant unique !*

Certains enfants uniques se souviennent d'instants particuliers qui, pour eux, symbolisent toute la solitude de leur enfance. D'autres témoignent d'une frustration encore plus profonde que l'isolement : l'absence d'alliés et de soutien.

*Jamais je n'ai eu d'allié au sein de la famille. Peu à peu, j'ai compris qu'il fallait que je me fasse une raison et que je me débrouille tout seul.*

Le sentiment de solitude peut provenir de l'absence constante de frères et sœurs ou d'autres camarades de jeu :

*Il n'y avait que moi, et c'était désolant. Quitte à ne pas m'entendre avec eux, j'aurais préféré avoir un frère ou une sœur. Tout sauf cette solitude.*

*J'en avais marre des gens qui me serinaient que j'avais de la chance, alors que je me sentais profondément lésé. Dans un sens, j'aurais voulu avoir des frères et sœurs. Avec eux, j'aurais toujours eu quelque chose à faire.*

Cependant, la proximité d'autres enfants n'adoucit pas forcément un sentiment profondément ancré :

*J'étais un enfant très solitaire. J'avais deux ou trois camarades que j'avais toujours le droit d'inviter à la maison. Mais même avec eux, je me sentais seul, à l'écart. Ce sentiment d'isolement ne m'a pas quitté. Je le traîne encore aujourd'hui.*

Toutefois, comme l'ont souligné plusieurs de nos interlocuteurs, l'enfant qui se sent profondément en marge n'est pas forcément malheureux :

*Quand j'allais au lit après avoir joué dans la rue, je restais une heure seul dans ma chambre avant de pouvoir m'endormir. Je fixais le mur de l'usine d'en face. Il y avait un carreau cassé qui est à jamais empreint dans ma mémoire. Je m'en souviens parfaitement et je l'ai même dessiné. Il matérialise toute ma solitude. J'aurais aimé avoir un frère près de moi pour lui demander : «Tu dors ?» Je ressens encore très fort l'atmosphère de ces instants.*

N'en déduisez pas que tous nos enfants uniques ont eu une jeunesse solitaire ! Nombreux sont ceux qui ont vécu une enfance heureuse et pour qui «unique» n'était pas forcément synonyme de «solitaire».

*Je n'ai pas l'impression d'avoir souffert de la solitude pendant mon enfance. J'aimais bien être seule. J'étais heureuse avec mes jouets. Je ne ressentais pas le besoin d'avoir de la compagnie en permanence.*

*Je ne ressentais pas la solitude, ni le manque de frères et sœurs... pas du tout. Je me suffisais à moi-même, sincèrement, et je n'étais pas malheureux.*

## À l'école

Le milieu scolaire suscite des réactions ambivalentes. Comme nous l'avons évoqué au chapitre 3, *L'IMAGE DE SOI*, la confrontation avec une ribambelle de camarades en opposition avec l'univers protégé du cocon familial, risque d'ébranler la confiance en soi de certains enfants uniques. Pour d'autres, qui recherchent de la compagnie et adorent être le centre d'attention, l'école se révèle être un lieu épanouissant.

En entrant à l'école, la plupart des enfants uniques apprennent à s'intégrer au groupe. Chez certains, toutefois, la compagnie de garçons et filles du même âge ne chasse en rien le sentiment d'isolement et le fait d'être en marge de la réalité ; elle peut même les aggraver :

*Je ne me liais pas facilement d'amitié. Je me sentais toujours en retrait. Les choses se sont un peu arrangées quand je suis entré dans le même lycée que mon cousin qui a six mois de plus que moi. Comme nous avions le même nom de famille, je pouvais toujours faire appel à lui en cas de problème. Je n'étais plus complètement seul.*

*Après le départ de Marion, ma meilleure amie, je me suis toujours sentie un peu à l'écart de mes autres copines d'école. Dans la dernière entreprise où j'ai travaillé, j'avais aussi le sentiment d'être en marge de mes collègues.*

*Du plus loin que je m'en souvienne, je me suis toujours tenu à distance du groupe. Comme j'habitais en périphérie du secteur couvert par notre école, j'étais le seul à parcourir un long chemin, ce qui ne faisait que renforcer mon isolement. Je ne pouvais pas inviter mes camarades après la classe, parce que j'habitais trop loin. Difficile de s'intégrer dans ces conditions.*

*Je n'ai jamais envié ni jalousé les autres. J'aurais juste aimé avoir un frère ou une sœur. Je souffrais parfois de solitude à l'école. La plupart de mes camarades y avaient plusieurs membres de leur famille, une petite sœur ou bien un grand frère dans une classe supérieure, ce qui doit être sécurisant. Moi, si je me trouvais mêlé à une bagarre, je ne pouvais pas appeler un proche à la rescousse. Il n'y avait personne pour me soutenir. J'ai ressenti ce manque pendant toute ma scolarité. J'avais l'impression que je ne pouvais pas me permettre de me quereller avec les autres.*

Seuls à l'école, les enfants uniques, tout comme les aînés, doivent se débrouiller sans soutien. Ils développent ainsi une certaine indépendance. Toutefois, contrairement aux aînés (sauf si la différence d'âge avec le cadet est très importante), les enfants uniques sont privés d'un exutoire pour s'exprimer à la maison, après les cours.

Un enfant unique ne peut pas se consoler auprès d'un frère ou d'une sœur quand il rentre à la maison.

*Je n'avais personne à qui confier tous les traumatismes vécus à l'école ou chez les scouts, alors je les racontais à mes parents, faute de mieux.*

Puisque c'est à travers leur père et leur mère que les enfants uniques vivent leurs difficultés, le schéma de dépendance vis-à-vis d'eux peut s'en trouver renforcé.

## À l'âge adulte

À travers certaines expériences, l'enfant unique perçoit sa solitude comme un état naturel, et ce sentiment s'inscrit profondément en lui :

*Pendant toute ma scolarité, je suis restée en marge. Cela m'arrive encore maintenant. J'avais une très bonne amie, par exemple, que j'avais rencontrée au cours de danse. J'étais bien intégrée dans sa famille et nous sommes restées très proches, même adultes. Elle est morte l'année dernière. Sa disparition m'a complètement anéantie, car elle était une sœur pour moi. Lors des funérailles, ses parents m'ont demandé de prendre place parmi eux. C'était très important pour moi. Je me sentais vraiment partie intégrante de cette famille. J'avais l'impression d'appartenir à un cercle, alors que, d'habitude, je m'en sens exclue.*

De cette impression de solitude allant de soi, découle la conviction instinctive, à l'âge adulte comme pendant l'enfance, que la place naturelle par rapport au groupe, c'est d'être en marge :

*J'ai l'impression d'être un fantôme et d'observer ce qui se passe autour de moi sans vraiment y participer. Même dans un groupe avec lequel je partage des intérêts, je me dis toujours que personne ne va m'adresser la parole.*

*Je suis un peu solitaire. Ce qui est étrange, c'est que les autres ont une vision fausse de moi. Ils considèrent que je fais partie du groupe, alors que ce n'est pas vrai. Je peux être à l'aise en groupe et même en constituer l'élément moteur, mais je n'ai pas le sentiment d'appartenir au cercle.*

Cette distance se retrouve parfois au sein même de la famille :

*Ma propre expérience m'a incité à ne pas m'immiscer outre mesure dans la vie de mes propres enfants, à ne pas «avoir besoin d'eux» ni à trop attendre d'eux. Mais, aujourd'hui, je me demande si je ne suis pas allé trop loin. Mon fils aîné est marié et j'ai deux petits-enfants. Je les aime tous, mais j'ai instauré une distance entre nous. Mon fils sait-il combien je l'aime et combien j'aime mes petits-enfants ?*

Bien qu'il se sente seul, l'enfant unique ne rejette pas pour autant toute contrainte. Il sait se montrer sociable, même si ses sentiments sont en décalage avec le comportement qu'il affiche vis-à-vis du monde extérieur :

*Rares sont ceux avec qui je suis parfaitement naturel. J'aime la solitude parce que pour moi, elle est synonyme d'authenticité. Cela ne veut pas dire que je sois incapable d'évoluer dans un groupe, simplement, je ne m'y sens pas vraiment à ma place. Je sais m'amuser et raconter des histoires, je pense savoir écouter les autres et les mettre à l'aise. Mais je préfère un dîner intime à une soirée où il y a cinquante personnes. Dans ce cas-là, je préfère rentrer chez moi. Je me ressens comme un élément faible au sein d'une foule. Raison pour laquelle j'évite les grandes fêtes. Pourquoi irais-je contre ma nature ?*

*Partout où je vais, je me sens toujours un peu étranger. Dans le métro, j'aime bien observer les expressions et les attitudes des voyageurs. Je trouve ça passionnant. Je sais qu'il est important de se montrer sociable, et je m'y prête de bonne grâce quand il le faut. Je sais jouer le jeu dans les soirées. Mais parfois, je n'ai qu'une envie : que toute cette agitation cesse enfin.*

En grandissant, les enfants uniques prennent conscience de la différence entre leur famille et celles de leurs amis :

*Depuis que j'ai quitté le toit familial, j'ai plus que jamais conscience d'être un enfant unique. La plupart des personnes que je côtoie ont des frères et sœurs. Leur vie sociale me semble plus riche.*

*Adolescente, je n'avais pas l'habitude de flirter. J'étais plutôt attirée par des hommes âgés. Quand je suis entrée à l'université, j'ai senti un clivage avec les étudiants de mon âge.*

Les enfants uniques reconnaissent que ce qu'ils concevaient comme allant de soi à une époque de leur vie ne constitue pas la norme pour les autres, et notamment qu'une famille nombreuse permet de partager les activités et les responsabilités :

*J'ai souvent l'impression de n'avoir personne à qui m'adresser en cas de problème. Quand je ne suis pas d'accord avec Patrick — pour une histoire d'argent, par exemple —, qui peut me dire qui a tort ou raison ?*

*Nous avons traversé des périodes difficiles, comme tous les couples, et je ne savais pas à qui parler, à part Isabelle, ma meilleure amie, mais elle n'a jamais habité près de chez nous. Personne n'était là pour me dire : «Je vais t'arranger ça !» Aucune épaule solide sur laquelle me pencher, pas même celle de mes parents. Je n'ai jamais pu me confier à eux. Il est très difficile de trouver quelqu'un à qui parler à cœur ouvert.*

*C'est un véritable handicap de ne pas avoir de frères et sœurs à qui se confier quand on a un problème ou simplement besoin d'un avis extérieur. Ne serait-ce que pour des détails de la vie de tous les jours, comme une robe à acheter. Jamais je n'ai eu l'impression d'avoir cette possibilité, sauf... pour choisir ma robe de mariée ! C'est une amie d'enfance, elle aussi enfant unique, qui m'a accompagnée.*

Lorsque les rôles s'inversent et que l'enfant unique commence à se sentir responsable de ses parents, il n'est pas rare que l'impression de solitude se renforce :

*On se retrouve tout seul pour prendre les décisions concernant ses parents. Qui d'autre aurait pu conseiller les miens lorsqu'ils ont décidé d'investir dans l'immobilier ? J'ai fait en sorte qu'ils s'installent près de chez moi, de façon à pouvoir intervenir rapidement si nécessaire. Mais j'aimerais bien pouvoir partager ce genre d'obligations.*

*Quand papa est tombé malade, il a fallu que je monte les voir. Je m'en sentais obligée. Ma mère avait besoin de moi, pour parler, pour prendre les des décisions. J'aimerais bien qu'elle ait autant d'esprit pratique que moi en période de crise.*

*J'aimerais beaucoup avoir un frère ou une sœur pour évoquer nos parents, et parler de la vie en général.*

Devenir responsable de ses parents représente un poids énorme. Ce problème fait l'objet du chapitre 10 (*L'ENFANT UNIQUE ET LA PRISE EN CHARGE DES PARENTS.*). En outre, le décès d'un parent ne fait qu'accentuer la sensation de solitude :

*Quand maman est morte, il y a trois ans, j'ai dû tout assumer seule. Papa vivait avec quelqu'un d'autre, à l'époque. J'aurais tant aimé avoir un frère ou une sœur pour me soutenir. Pendant ces moments-là, je me disais : «Seigneur, comment porter ce chagrin toute seule ?» J'ai fait face et j'en suis sortie plus forte.*

*Cela s'appelle se forger le caractère, mais j'en ai un peu assez de me forger le caractère.*

*Jamais je ne me suis senti aussi désemparé que devant la tombe de ma mère. Je pensais : «Maintenant, tu es seul au monde.»*

*Lorsque les parents meurent, la plupart des gens traversent cette épreuve entourés de leurs frères et sœurs. La voix du sang étant la plus forte, le fait d'être ensemble aide à supporter le deuil. Pour ma part, j'ai éprouvé une sensation de vide total.*

À la mort d'un parent, l'enfant unique ressent plus que jamais l'exiguïté de la cellule familiale, notamment s'il est célibataire :

*Lorsque vos parents disparaissent, vous vous retrouvez définitivement seul. Comme un tout petit enfant perdu entre ses quatre murs.*

*Ce deuil familial me laisse un sentiment de vide permanent. Comme si le monde s'était rétréci.*

*La famille vous donne des racines. La disparition de mes parents a fait de moi une pauvre racine sans attaches.*

*Je pense de plus en plus souvent à la mort. Si je survis à Albert, que se passera-t-il ? Il n'y aura plus personne pour se préoccuper de moi. Je dois prendre toutes mes dispositions dès maintenant, alors que je suis encore en pleine possession de mes moyens.*

Certains insistent sur la taille de la famille :

*Si vous êtes enfant unique, ou si vous vivez avec un enfant unique, vous n'aurez jamais de famille au sens large. Je ne dis pas qu'une tribu familiale constitue la panacée, mais c'est utile dans bien des circonstances.*

## L'absence de souvenirs communs

Au cours de nos entretiens, une femme a entendu son mari raconter en détail qu'il passait des heures à jouer tout seul. Elle nous a fait remarquer combien cela lui semblait bizarre. Tous ses souvenirs à elle étaient liés à ses sœurs et à sa famille. Les événements qu'elle se rappelait étaient également gravés dans la mémoire des siens. Elle pouvait les évoquer avec eux. Les souvenirs d'un enfant unique sont inévitablement centrés sur lui-même et seuls ses parents ont pu en être témoins :

*Je manque d'information sur moi-même, même pour les choses les plus simples. J'ai une cicatrice sur le torse, sans avoir aucun souvenir du jour où je me suis blessé.*

Tout cela ne fait qu'accentuer le sentiment de solitude :

*J'éprouve un profond sentiment de solitude, c'est certain. Enfant, je passais une grande partie de mon temps à jouer seule. Si bien que je devais faire appel à mon imagination pour renouveler mes jeux. J'ai beaucoup lu et je côtoyais probablement plus d'adultes que les enfants ayant grandi entourés de frères et sœurs. Par contre, je suis mieux armée que certains contre l'ennui car je sais m'occuper en toutes circonstances. L'inconvénient quand on passe une enfance solitaire, c'est la difficulté par la suite d'avoir des relations harmonieuses. On est bien en peine de trouver sa place dans le groupe.*

Voici un résumé éloquent d'une enfance sans frères et sœurs typique. Quelques mots clefs — *imagination, s'amuser seul, lire, univers des adultes* — révèlent la position de l'enfant unique face à la solitude.

«Alors je devais faire appel à mon imagination», explique ci-dessus notre interlocutrice. Nous retrouvons ce leitmotiv dans nombre de témoignages :

*Les enfants uniques sont doués d'une grande imagination. Je passais un temps fou à jouer dans l'univers secret que je m'étais inventé. Mes parents étant très pris par le commerce qu'ils tenaient, nous avions peu de temps pour les loisirs, de telle sorte que nous n'invitions jamais d'amis à la maison. Comble de tout, je n'ai pas de cousins. Pour toutes ces raisons, mes poupées ont tenu un rôle considérable dans ma vie. À 12 ans, je leur parlais encore. Je faisais aussi la conversation avec mon chien, un berger allemand à qui je racontais tous mes secrets lors de nos promenades en forêt. J'en ai des frissons, maintenant que j'y repense.*

La jeunesse solitaire de l'enfant unique le conduit à entretenir son isolement.

## FAIRE FACE PENDANT L'ENFANCE...

### Le statut d'enfant unique : admettre ou refuser ?

Ils ont beau compenser l'absence de frères et sœurs en déployant des trésors d'imagination, les enfants uniques éprouvent néanmoins un manque. Quand ils se sentent trop solitaires, ils réagissent tout naturellement en exprimant le souhait d'avoir un frère ou une sœur pour compagnon de jeu, tout en reconnaissant que ce changement apporterait son lot de difficultés :

*Je n'ai jamais beaucoup médité sur ma situation d'enfant unique. Mais je me souviens que je ne cessais de répéter que j'aurais voulu avoir quatre grands frères ! Ce désir a hanté mon enfance. Mais si je m'étais trouvé dans ce cas de figure, les choses n'auraient certainement pas été simples non plus.*

Ainsi, nombre de nos interlocuteurs se rappellent avoir voulu avoir des frères et sœurs. Certains allaient même très loin dans l'expression de leur désir :

*Je ne cessais de répéter à mes professeurs que ma mère allait avoir un bébé, ce qui, bien sûr, était entièrement faux. À chaque fois, ils la félicitaient pour l'heureux événement et ma mère, bien embarrassée, démentait. Comme c'était mon plus grand souhait, j'ai longtemps persisté à affirmer que la famille allait s'agrandir.*

Si les enfants uniques expriment souvent le désir d'avoir un frère ou une sœur, rares sont ceux qui protestent explicitement contre leur statut familial. Ils semblent accepter cet état de fait, résolus à s'adapter et à faire face :

*Avec le recul, je m'aperçois d'une chose dont je n'étais pas consciente à l'époque : j'étais au cœur de l'action. Ce qui n'était pas le cas de mes camarades. Pour eux, une enfance heureuse était synonyme de frères et sœurs. Ma conception du bonheur était tout autre puisqu'elle revenait à être le point de mire dans un univers d'adultes. Nous vivions dans des mondes différents.*

S'il a des compagnons de jeux et que ceux-ci offrent un terrain propice, l'enfant unique peut leur donner une valeur de substitut.

## Les amis de substitution

*Je n'avais pas une foule de camarades de jeu, mais il y avait une autre enfant unique dans notre impasse, et nous passions pas mal de temps ensemble. Nous faisions semblant d'être jumelles, nous promenions nos poupées toutes les deux. J'ai toujours voulu avoir une sœur. Avec elle, j'avais trouvé une solution de remplacement.*

*J'ai longtemps eu une très bonne copine pendant mon enfance. Nous nous considérions comme des sœurs. Nous étions inséparables, même pendant les vacances au bord de la mer.*

Lorsqu'un enfant fait d'un camarade un frère ou une sœur, son but n'est pas uniquement la recherche d'une compagnie :

*J'imagine que frères et sœurs s'allient contre l'autorité parentale, pour faire contrepoids. J'aurais aimé avoir un allié pour tenir tête à mes parents. En tant qu'enfant unique, impossible de s'imposer ainsi. Mais je me rappelle qu'avec Catherine, au lycée, nous nous comportions comme des sœurs. Nous nous tenions toujours les coudes lorsqu'il fallait affronter ses parents ou les miens.*

Avec le recul, certains de nos interlocuteurs admettent que leur premier amour a joué le rôle de substitut :

*Mon premier petit copain sérieux, en première, était aussi enfant unique. Nous passions une grande partie de notre temps ensemble, un peu comme frère et sœur. Nous nous retrouvions pour faire un tas de choses que nous aurions fait en famille si tel avait été le cas.*

*Pourquoi se contenter d'un frère ? Une famille nombreuse, c'est encore mieux ! J'adorais aller chez Christine, me plonger dans son univers familial. J'ai souvent eu des petites amies issues de grandes familles auxquelles j'aimais m'intégrer.*

*Mon premier copain avait trois frères et des parents adorables, très larges d'esprit. Si je suis restée longtemps avec lui, c'était en partie pour eux.*

Tous les enfants uniques se débrouillent pour s'occuper, même en l'absence de camarades. C'est en faisant appel à leur imagination que la plupart d'entre eux remplacent le compagnon manquant. L'une des formes de compensation les plus fréquentes consiste à créer un ou des amis imaginaires.

## Les amis imaginaires

Tous les enfants ont des amis imaginaires, bien sûr, mais les enfants uniques semblent avoir recours à ce stratagème plus longtemps et plus sérieusement que les autres. L'une de nos interlocutrices, par exemple, s'en souvient avec une étonnante précision :

*Aude, mon amie imaginaire, n'a disparu que lorsque j'ai eu neuf ans, mais avant, elle avait bel et bien une existence propre. C'était une jolie petite fille vêtue d'une robe à carreaux rouges et blancs. Elle était toujours là. Je lui parlais tout le temps. Elle avait sa place à table et nous l'emmenions en promenade en voiture, en bus ou en taxi (mes parents étaient au courant). Quand on rentrait et qu'on refermait la porte de la salle à manger, je devenais hystérique : Aude était restée dehors pour se laver les mains, mais elle voulait goûter, elle aussi. Un jour j'ai hurlé : «Maman, ouvre la porte !» — «Mais Aude est avec nous !» m'a-t-elle répondu. — «Oui, mais pas la vache.» — «Écoute, cela fait quatre ans que nous avons Aude, on ne va pas prendre une vache en plus !» J'ai laissé tomber la vache mais j'ai gardé Aude.*

Plus simplement, les amis imaginaires jouent le rôle de compagnons :

*J'avais une ribambelle d'amis imaginaires, garçons et filles. Ce n'était pas tant pour jouer que pour parler, surtout quand je m'étais fait gronder. Auprès d'eux, je trouvais consolation et réconfort.*

*J'ai eu un frère aîné imaginaire pendant six ou sept ans. Il ressemblait au grand frère de mon voisin. J'ai passé des années à dialoguer avec lui, seul à seul. Je n'en avais jamais parlé à personne avant aujourd'hui.*

Les compagnons imaginaires servent parfois d'exutoires à des sentiments ne pouvant s'exprimer autrement :

*Mon ami s'appelait Oscar. Je prétendais que tout ce qui m'arrivait était de sa faute. J'avais créé un véritable univers autour de lui.*

Le compagnon imaginaire peut aussi être un animal :

*Je n'avais pas d'ami imaginaire, mais je m'étais inventé un animal, un singe baptisé Pépé. Il était mon partenaire de jeux.*

*À huit ans, j'avais un cheval imaginaire. J'allais à l'école avec lui. Avant d'entrer en classe, je l'attachais à la citerne, derrière l'église, pour être sûr qu'il ne me quitte pas.*

*Mes ours en peluche avaient chacun leur personnalité, si bien qu'ils en devenaient de véritables compagnons.*

## Les animaux de compagnie

Parmi nos interlocuteurs, beaucoup avaient acheté, adopté ou reçu en cadeau un compagnon à quatre pattes. Il est vrai que presque tous les enfants ont un animal, mais le rôle de celui-ci dans la vie d'un enfant unique semble particulièrement important :

*Quand j'avais six ans, on m'a acheté un chien que j'ai gardé jusqu'à sa mort. Je me promenais souvent seul avec lui, nous faisions le tour du domaine. Il remplissait ma vie.*

*Mon père m'a autorisé à avoir un lapin. Il est devenu une sorte de frère.*

*Nous habitions une ferme isolée. J'aimais la compagnie des chiens. Avec eux, je parlais et je chantais. Un jour, je me souviens que je déroulais mon répertoire à tue-tête au beau milieu de la campagne quand, tout à coup, j'ai vu quelqu'un pointer sa tête de derrière une haie. Je me suis senti très bête.*

*J'avais quelques amis à l'école primaire, mais ils restaient méfiants vis-à-vis des nouveaux venus. Il n'était pas toujours facile de venir à bout de leur réserve. J'avais un chien adorable, alors je faisais plein de choses avec lui. Il était mon refuge et m'a apporté beaucoup de joie.*

Ce schéma perdure souvent à l'âge adulte :

*Lorsque je me trouve dans un groupe d'enfants uniques, ou qui en compte au moins quelques-uns, il m'arrive souvent de rire et de partager une certaine complicité avec eux. Nous nous suffisons à nous-mêmes. J'ai remarqué que beaucoup d'entre nous ont des animaux familiers, maintenant, et que nous sommes nombreux à avoir eu des amis imaginaires.*

## S'amuser tout seul

Très tôt, les enfants uniques excellent dans l'art de s'amuser en faisant appel à leur imagination :

*Je ne me rappelle pas avoir souffert de la solitude. J'étais juste un peu frustré les jours de pluie parce que je ne pouvais pas sortir et jouer dehors. Je n'étais jamais à court d'idées pour m'occuper. Je lisais beaucoup. J'avais aussi mon petit coin de jardin, où je déterrais les plantes pour les repiquer. Je jouais seul pendant des heures. Je savais toujours quoi faire pour me distraire... j'étais heureux tout seul.*

*J'avais bien des copines, mais elles habitaient loin. Alors il fallait que je joue toute seule. En fait, cela ne m'a jamais dérangée.*

La lecture demeure l'un des passe-temps favoris des enfants uniques :

*J'avais tout le temps quelque chose à lire. Dans mon placard, il y avait des piles de livres qui s'écroulaient quand j'ouvrais les portes.* Le Club des Cinq, *des histoires d'aventures ou de gitans, ce genre de littérature.*

Le dessin constitue également une activité privilégiée :

*Mon truc, c'était le dessin. Je noircissais des piles de carnets. Je dessinais des histoires entières, façon bande dessinée, j'adorais ça.*

*Je n'étais pas très férue de lecture. J'étais plutôt portée sur le visuel. Je dessinais beaucoup.*

Certains se contentent de jouer :

*Quand je me retrouvais seul, j'inventais des jeux — bien obligé ! Mon imagination n'avait pas de limites.*

*J'inventais une foule de jeux, aussi.*

*Je jouais souvent à faire la classe toute seule. Je faisais la maîtresse, je distribuais les livres et je m'adressais à mes élèves, comme dans une vraie classe.*

Beaucoup de filles imaginent aussi des jeux d'aventures hasardeux :

*Enfant, je ne lisais presque pas. Je montais des campements et je jouais les aventurières. Comme dans les films de cape et d'épée.*

*Mon imagination m'entraînait sur les sentiers de l'aventure. Quand je regardais* Tarzan, *je devenais Jane. Je me construisais une cabane dans les arbres, je me balançais de branche en branche au bout d'une liane. Il ne m'en fallait pas plus pour me projeter dans la jungle. Quand j'allais au cinéma, je me mettais littéralement dans la peau d'un personnage. Un jour, ma mère m'a lu l'histoire de Moïse. J'ai pris une grande cuvette en plastique, je suis descendue au bord de la rivière, je me suis installée dedans et me suis laissé porter par le courant. Et vogue le navire ! C'est un très beau souvenir.*

*Je jouais aux cow-boys (mais pas aux Indiens). J'enfourchais ma monture et je partais au grand galop avec ma carriole.*

## À l'école

En réaction au sentiment de marginalité que les enfants uniques développent si souvent à l'école, ils adoptent leurs propres stratégies de défense, dont l'une consiste à entretenir quelques amitiés étroites :

*À l'école, j'avais tendance à me contenter d'un ou deux amis très proches. Je n'étais pas du genre à m'intégrer à un grand groupe. À la maternelle, j'avais surtout une grande copine, puis elle a redoublé et je me suis liée d'amitié avec une autre enfant unique qui habitait dans ma rue. Nous sommes restées très, très intimes jusqu'à son départ pour l'Australie, quand j'avais 16 ou 17 ans.*

*Au lycée, il n'y avait que des filles. Nous étions six, toujours ensemble. Tous les vendredis, nous nous retrouvions chez l'une ou l'autre. Dans mon souvenir, aucune n'avait de frère ou sœur dont elle se sentait proche — trois d'entre nous étaient même enfants uniques. Peut-être jouions-nous mutuellement le rôle de sœurs de substitution ?*

Même en l'absence d'amis proches, les enfants uniques parviennent à compenser leur solitude :

*J'avais bien quelques amis, mais j'avais aussi le don de m'isoler des autres. À l'école, la chambre noire était une pièce dont seulement quelques élèves avaient la clé. Je faisais en sorte d'être l'un des heureux élus. Ainsi, je disposais toujours d'un endroit où me retirer quand le besoin s'en faisait sentir.*

*Nous habitions à 15 kilomètres de la ville où j'allais au lycée. Le samedi, impossible de rester à la maison ! Je montais dans le bus pour retourner en ville. Il était vital pour moi de pouvoir retrouver mes camarades de classe — amis serait un bien grand mot —, ou tout simplement de flâner dans les rues où il se passe toujours quelque chose. Jamais je n'aurais commencé le week-end sans faire mon tour en ville. Je ne voulais pas rester dans ma campagne, à la maison, avec mes parents.*

Pour certains, l'école offre l'occasion de s'intégrer à un groupe et de rompre avec leur isolement :

*J'adorais aller en classe. J'étais copain avec tout le monde et je m'amusais comme un fou. Pour moi, l'école était synonyme de vie sociale. D'ailleurs, pendant les grandes vacances, je n'attendais qu'une chose : la rentrée.*

*Si j'aimais tellement l'école, c'est avant tout pour la compagnie des autres que j'y trouvais. Mais le système en lui-même me plaisait. À telle enseigne que je suis devenue déléguée de classe.*

## Faire face à l'âge adulte

Les enfants uniques se caractérisent par un très fort sentiment d'isolement contre lequel ils peuvent lutter par le biais de certaines stratégies. Mais comment y réagissent-ils à l'âge adulte ? Comment cette impression d'être toujours seul influence-t-elle leur comportement ? Deux réponses s'imposent le plus fréquemment. En premier lieu : le besoin d'espace. Et en deuxième lieu : la difficulté à s'engager auprès des autres.

### Besoin d'espace

Le besoin d'espace prédomine chez les enfants uniques. Nous l'avons évoqué à plusieurs reprises. Dans le chapitre 2, *Petites bagarres entre frères et sœurs*, nous avons abordé la nécessité d'un espace physique et affectif. Comme nous l'avons dit, l'enfant ne recherche pas forcément l'espace dont il a toujours disposé, ni l'isolement qu'il a connu. Mais de ces deux facteurs découle une notion de toute première importance pour lui : l'espace de vie.

L'espace vital étant une norme aux yeux des enfants uniques, il convient de le préserver, leur vie durant, afin de se ménager les plages d'isolement souhaitées. Sans être conscients de ce processus, ils s'arrangent tant bien que mal pour parvenir à leurs fins. Certains s'assurent d'un endroit où se retirer, tandis que d'autres choisissent un métier leur permettant de préserver espace et indépendance. Il y a ceux aussi qui coupent les ponts avec leur famille et partent en quête d'un univers conforme à leurs désirs. En outre, cette réaction peut s'assimiler à une défense instinctive contre toute forme d'engagement :

*Je me sens bien en ma propre compagnie et je supporte mal d'être privé de mon espace vital. Ma voiture, où je peux rester seul, symbolise cet espace. Elle a toujours été synonyme de liberté. Sans voiture, je serais perdu. Non pas parce que je ne pourrais plus me déplacer, mais parce qu'elle matérialise mon royaume à moi.*

*La plupart des gens détestent rouler sur l'autoroute, mais moi j'aime ça, pour les heures de solitude que cela représente.*

Lorsque vous croisez une voiture avec un seul conducteur sur l'autoroute, peut-être est-elle occupée par un enfant unique en mal d'espace ? Qui sait ?

Ce besoin d'espace consécutif à l'isolement est l'un des points forts du présent chapitre. S'il est si vif chez les enfants uniques, c'est aussi parce que leur éducation, ne les ayant jamais incités au partage, est allée dans ce sens.

## Des difficultés à s'engager

Dans le chapitre 4, *LA MATURITÉ SOCIALE*, nous avons établi un rapport entre les difficultés à s'engager et à faire des choix, deux attitudes liées au sentiment d'isolement :

*Je redoute terriblement l'engagement, comme si j'étais du sucre qu'on va dissoudre dans de l'eau. Cela provient du fait que je n'ai aucune expérience de la relation d'égal à égal. Les seules que j'aie jamais connues étaient des relations parents-enfant.*

Plusieurs conjoints d'enfants uniques, de même que les principaux intéressés, admettent que cette réticence à l'engagement constitue un sérieux obstacle relationnel. Si les enfants uniques déplorent leur isolement, ils n'ont de cesse de l'entretenir. C'est par peur de devoir renoncer à ce petit espace qu'ils se tiennent à l'écart des autres et évitent de s'engager. Selon nous, cette crainte semble avoir une double origine.

Tout d'abord, en fréquentant des familles nombreuses, l'enfant unique acquiert la certitude d'être inapte à l'intimité. Pour lui, s'engager envers autrui s'apparente à une perte d'indépendance. Il ignore qu'on peut associer intimité et indépendance. Ses parents exerçaient une telle influence et un tel pouvoir sur lui qu'il ne conçoit pas une relation entre deux personnes sans qu'il y ait un dominant et un dominé.

En outre, son sentiment d'isolement et les difficultés relationnelles induites par celui-ci ne font que renforcer la place de marginal qu'il s'est attribué. Par ailleurs, la peur de l'engagement n'est pas seulement liée à son expérience de la solitude. D'après nos témoignages, elle provient aussi de l'éducation qu'il a reçue, et en particulier de l'obligation de réussir, comme nous l'avons vu sous le titre ***Tous les reproches*** dans le chapitre 1. En toute logique, plus cette contrainte est forte, plus on est réticent à se lancer, comme s'il fallait être sûr de réussir pour s'engager. Hélas, la certitude est rarement de ce monde. Qui peut dire, au début d'une relation, qu'elle sera sans nuages ! Il faut savoir faire des compromis, prendre et donner, tenter sa chance et courir des risques. Or tout cela ne fait pas partie du bagage de l'enfant unique.

Nombre d'enfants uniques confirment notre analyse sur leur tendance à l'isolement. Mais bien des aspects de cette attitude restent à explorer, notamment les schémas comportementaux que nous allons maintenant aborder.

## Nourris de rêve et d'imagination

Nombre d'enfants uniques affirment entretenir leur solitude en nourrissant les rêves et l'imagination développés pendant l'enfance :

*Aujourd'hui encore, mon imaginaire reste très puissant et s'enclenche très facilement. J'échafaude des scénarios tout en vaquant à d'autres occupations. Cela me vient tout seul, c'est tout à fait spontané.*

*Depuis toujours, je ne cesse de rêver pendant la journée. Il s'agit souvent de scénarios dont je suis la vedette.*

Qui n'a pas besoin d'échapper aux réalités de temps à autre, par le biais des loisirs, des vacances ou d'un quelconque passe-temps ? Les enfants uniques sont peut-être plus enclins à préserver leur isolement et à éviter de s'engager dans la réalité en entretenant une imagination fertile :

*J'ai beaucoup d'imagination et je suis un grand rêveur. Je suis capable de créer un univers imaginaire et d'y vivre longtemps. Je peux, par exemple, me plonger dans un livre comme* Le Seigneur des Anneaux *et ne pas émerger pendant trois jours, tant que je n'ai pas terminé ma lecture. Dans ces moments-là, tout ce qui vient du monde des adultes me dérange.*

Comme nous l'avons suggéré dans le chapitre 2, *PETITES BAGARRES ENTRE FRÈRES ET SŒURS*, il peut exister un lien entre la prédisposition des enfants uniques à l'illusion et leur crédulité.

## Compensation

À l'âge adulte, les enfants uniques risquent de se trouver en proie à divers conflits intérieurs (voir le chapitre 4, *LA MATURITÉ SOCIALE*). Ils aspirent à une relation intime avec leur compagne ou leur compagnon, tout en tenant à conserver leur indépendance. De même, leur désir de garder leur spécificité se révèle parfois si profondément ancré qu'ils n'ont en réalité pas le choix, même si, consciemment, ils essayent de lutter.

À l'inverse, ils peuvent rechercher un mode de vie dont la solitude sera exclue avec certitude en choisissant un conjoint issu d'une famille nombreuse :

*Je me souviens de la joie que j'ai ressentie lorsque j'ai appris que Sylvie venait d'une famille nombreuse. Je pense que c'est en partie pour cette raison que je l'ai choisie.*

*J'ai déployé beaucoup d'efforts envers la famille de ma femme pour compenser le déficit qu'il y avait de mon côté. J'insiste toujours pour qu'ils soient invités à Noël, par exemple. Je me souviens que cela me rassurait, quand j'étais petit, d'entendre quelqu'un dire : «Tous les ans, on passe le réveillon chez mon frère.» Je veux pouvoir faire la même chose et je pense que je fais tout dans ce sens.*

Un conjoint explique :

*Les enfants uniques que je connais veulent tous avoir une famille nombreuse et être entourés d'enfants. Mon mari n'a pas de famille, à part celle qu'il a fondée. Pour ma part, j'ai une vingtaine de cousins germains. Je crois qu'il a besoin de cela.*

D'autres accueillent avec joie une grande famille, même s'ils ne l'ont pas vraiment recherchée :

*Dans le choix d'un compagnon, je n'ai jamais pris sa famille en compte. Pourtant, avec mon dernier petit ami, j'ai apprécié de m'intégrer à une famille nombreuse car j'ai été accueillie à bras ouverts. La famille de ma meilleure amie m'a aussi prise sous son aile.*

Avec le recul, certains avouent qu'ils y réfléchiraient à deux fois si c'était à refaire :

*J'ai épousé un enfant unique, mais, si c'était à refaire, je choisirais quelqu'un qui a des frères et sœurs. Je préférerais entrer dans une grande famille.*

Un couple d'enfants uniques n'ayant lui-même qu'un seul enfant admet qu'il s'agit d'une famille trop étroite pour l'épanouissement de ce dernier.

Attention : l'entrée dans une grande famille ne signifie pas forcément qu'on y trouve une compensation satisfaisante. Le sentiment d'isolement et de solitude perdure souvent, parfois exacerbé par le contraste avec la famille par alliance :

*La famille de ma femme s'est toujours montrée très accueillante avec moi, mais je me sens toujours un peu à l'écart, j'ai le sentiment d'être à part. Je suis l'objet de petites attentions, on m'offre des cadeaux, mais j'ai l'impression de ne pas y avoir droit — c'est cela, la différence.*

*Depuis le temps que nous vivons ensemble, je me sens encore un peu en marge de sa famille. Je n'ai pas le sentiment d'en faire partie. Je sais pourtant que je suis accepté mais, en mon for intérieur, ce n'est pas ce que je ressens. J'ai encore l'impression d'être à part. C'est comme avec les enfants, je les adore, je ferais tout pour eux, mais à leurs baptêmes, je me sentais en marge.*

Un autre aspect du comportement compensatoire de la solitude consiste à forcer un trait courant : écouter les conversations d'autrui. On dirait que son désir d'intégration au groupe est si fort que l'enfant unique ne peut s'empêcher de prêter l'oreille aux propos tenus en sa présence :

*Oui, j'écoute les conversations des autres. Comme tout le monde, non ?*

Certes, ils ne sont pas les seuls, mais nombre d'enfants uniques reconnaissent avoir manifestement pratiqué ce genre d'indiscrétion plus que d'autres :

*J'ai tant besoin de m'assurer que je participe à ce qui se passe autour de moi que j'écoute les conversations des autres, aux dépens de la mienne. Je n'arrive pas à me concentrer sur mon interlocuteur, au cas où quelque chose de plus intéressant ou de plus important se déroulerait à côté.*

*Quand j'ai commencé à travailler comme secrétaire, j'étais fascinée par les conversations des autres, à tel point qu'il fallait sans cesse me rappeler à l'ordre pour que j'avance dans mon travail.*

*Je suis toujours en train d'écouter les autres ! Parfois au point d'être impoli. Il m'arrive très souvent, quand quelqu'un m'adresse la parole, de prêter l'oreille à la conversation qui se déroule derrière mon dos, et mon regard devient flou. Les gens me disent même qu'ils voient mes oreilles bouger ! Au restaurant, je sens tout ce qui se passe autour de moi, je perçois toutes les vibrations des autres convives.*

Certains alimentent une imagination fertile en reprenant les propos des conversations des autres :

*Quand il y a beaucoup de monde dans une pièce, il m'arrive souvent d'écouter les conversations, çà et là, puis j'assemble les bribes et j'échafaude des histoires. Cela m'arrive souvent. Parfois je ne m'en rends même pas compte. Avec les quelques fragments que j'ai saisis, je brode et je refais la vie des gens. J'ai toujours écouté les conversations des autres.*

## Rester sur sa réserve

*Pour être honnête, je dois dire que je ne mise pas sur l'amitié entre filles. Quand j'ai un problème, je le garde en général pour moi. Par rapport à mes amis, j'essaye de rester autonome. Je m'efforce de trouver une solution et de m'en sortir toute seule.*

Une manière de préserver son isolement au milieu des autres consiste à garder ses sentiments secrets. À l'école, par exemple, cette réserve peut aussi être une stratégie d'autoprotection. Un enseignant que nous avons interrogé souligne la réticence des enfants uniques à se livrer. Ne pas exprimer ses sentiments peut participer d'un comportement délibéré ou instinctif.

*Je n'ai jamais eu à partager quoi que ce soit, ce qui est un problème. J'observe le même comportement chez ma fille (elle aussi enfant unique). Il faut apprendre à partager, même les émotions. Je m'inquiète pour elle, maintenant, alors que je ne m'en souciais pas lorsqu'elle était plus jeune.*

*En tant qu'enfant unique, Jean n'était pas un très bon père. Il ne sait pas ce que c'est que d'avoir un frère ou une sœur. Il a du mal à parler et à partager.*

Parfois, pensées et sentiments ne demandent qu'à s'exprimer, comme en témoigne une épouse d'enfant unique :

*Quand nous nous sommes rencontrés, il m'a surpris en me parlant sans relâche pendant trois semaines, parce qu'il ne s'était jamais ouvert à personne. Tout est sorti d'un seul coup parce qu'il n'avait jamais eu personne à qui se confier de toute sa vie.*

Savoir garder une partie de ses sentiments pour soi peut conférer une certaine force. Une épouse témoigne :

*Il a souffert d'un cancer pendant quatre ans. Il s'est immédiatement plongé dans tous les livres sur le sujet, convaincu du pouvoir de l'esprit sur la matière. Il a eu raison de la maladie grâce à son mental, tout seul. Il refusait de voir un psychiatre ou un psychologue. À sa place, j'aurais cherché un réconfort extérieur.*

*Je réfléchis beaucoup tout seul. Au travail, plutôt que de consulter un collègue, je préfère régler les problèmes seuls. Je prends peut-être les choses et la vie trop au sérieux. Mon attitude par rapport à la vie a quelque chose de grave, de difficile à définir.*

Les enfants uniques sont-ils trop sérieux ? Nous avons souvent eu l'impression qu'ils pensaient l'être.

*Je crois que les enfants uniques sont un peu plus sérieux que les autres. Ils sont sensibles aux sentiments d'autrui, prudents et attentifs face à des situations dont d'autres enfants ne se méfieraient pas et dans lesquelles ils se jetteraient les yeux fermés.*

Peut-être les enfants uniques donnent-ils seulement l'impression d'être responsables — à moins que toute leur enfance n'ait été placée sous le signe du sérieux et de la réflexion. Cependant, nous avons recueilli les confidences de plusieurs interlocuteurs revendiquant la frivolité à l'âge adulte.

Nous avons évoqué certaines réactions adoptées par les enfants uniques face à leur âme de solitaire. La perception exacte de cette solitude varie d'un individu à l'autre. L'un s'amusera comme un fou en société, tandis que l'autre s'attachera à préserver son espace vital. L'un comme l'autre, toutefois, se comporte ainsi parce qu'il a été privé de frères et sœurs pendant son enfance.

Certains enfants uniques réagissent à leur sens de la solitude et, peut-être, au besoin d'espace qui en découle, en préférant entreprendre certaines activités en solo, tout simplement. Il leur semblera alors parfaitement naturel d'agir ainsi, même si, comme nous l'avons appris au fil de nos recherches et de la rédaction de ce livre, d'autres considéreraient ces activités comme des moments à partager.

*Quand j'étais dans les affaires, je rencontrais des gens à longueur de journée. Le soir, j'étais ravi de me retrouver seul. Je n'avais envie de parler à personne. Dès qu'elle repère un dîneur solitaire dans un restaurant, ma femme, quant à elle, se demande s'il ne serait pas sympathique d'aller lui parler !*

*Je n'aime pas trop retrouver des amis dans les bars. J'ai autant de plaisir à sortir seul pour aller prendre une bière.*

*Nous bricolons beaucoup, à la maison. Ma femme se plaint que nous ne le faisons pas ensemble, mais j'ai toujours tendance à m'isoler. À mes yeux, par exemple, la plomberie est une tâche qui me revient.*

Cette impression d'être toujours seul constitue à la fois la poule et l'œuf, comme nous l'avons déjà expliqué : on se sent seul parce que l'on est enfant unique, mais on ressent le besoin d'être seul parce que l'on a pas l'habitude de partager. Les enfants uniques peuvent souffrir de reproduire ce schéma et avoir envie de changer de comportement. Or, en même temps, leur expérience tend à les empêcher de pouvoir le faire... Ce qui ne fait qu'accentuer leur frustration. La meilleure manière de gérer cette contradiction, pour l'enfant unique comme pour sa famille, demeure, d'une part, d'accepter ce trait de caractère et, d'autre part, de lui accorder l'espace physique et affectif nécessaire, dans une atmosphère affectueuse et compréhensive. Toutefois, ce besoin a beau être très fort et profondément enraciné, il n'est pas toujours irrémédiable. Il est possible d'apprendre à partager l'espace physique, mais cela est plus difficile pour l'espace affectif. L'impression que les enfants uniques ont leur univers à eux où nul ne peut pénétrer risque de décourager et de frustrer amis et conjoints.

Pour conclure sur une note positive, n'oublions pas que, pour gérer ce besoin de solitude, il convient avant tout dc le comprendre et de l'accepter. C'est ainsi que l'on acquiert également une certaine force :

*Ce n'est que tard dans la vie que je suis parvenu à la conclusion que je m'en tiendrais à mes idéaux, ne déplaise aux autres. À tort ou à raison, je ne peux pas faire autrement. J'ai décidé que la meilleure chose à faire était d'accepter le fait de me sentir toujours seul puisque je ne conçois pas d'autres solutions.*

Il n'en reste pas moins que cette situation présente aussi des avantages, que les intéressés ont à cœur de préserver :

*Il est vrai qu'on est toujours seul, même en société. Cette impression d'isolement permanent nous rend à la fois forts et vulnérables. J'ai des ressources dans lesquelles je peux puiser, une autonomie et une indépendance que les autres n'ont pas.*

# 6.
# Le triangle

Nous voici au terme de notre analyse concernant l'expérience de l'enfant unique et l'impact induit sur sa vie d'adulte. À partir de ces conclusions, nous allons tenter, dans notre deuxième partie, de l'aider à gérer son comportement dans certaines situations clés de l'existence. Pour ce faire, nous allons exploiter les aspects positifs de ce qu'il a vécu.

Quelles sont, au juste, les conclusions de notre analyse ?

Les enfants uniques qui se sont confiés à nous ont manifestement ressenti diverses pressions, à des degrés plus ou moins forts. Étant tout pour leurs parents, ils se trouvent chargés de fortes responsabilités, d'attentes et de reproches. Sur le plan affectif, ils souffrent de n'avoir pas connu les «petites bagarres entre frères et sœurs.» Sous des dehors mûrs et assurés, ils éprouvent des difficultés à définir leur propre image et ont tendance à se montrer immatures. La plupart ont le sentiment que, au bout du compte, l'enfant unique est toujours seul.

Nous avons suggéré des explications à ces caractéristiques au fur et à mesure qu'elles se présentaient. Nous allons maintenant clore notre première partie en les synthétisant. La première clé permettant de décrypter les sentiments décrits par les enfants uniques tient dans la nature des interactions au sein du triangle composé par la famille.

## INTERACTIONS FAMILIALES

Comparons les interactions entre les membres d'une famille d'un seul enfant et celles qui prévalent dans les familles comptant au moins deux enfants. Dans le premier cas, le schéma des interactions se présente ainsi :

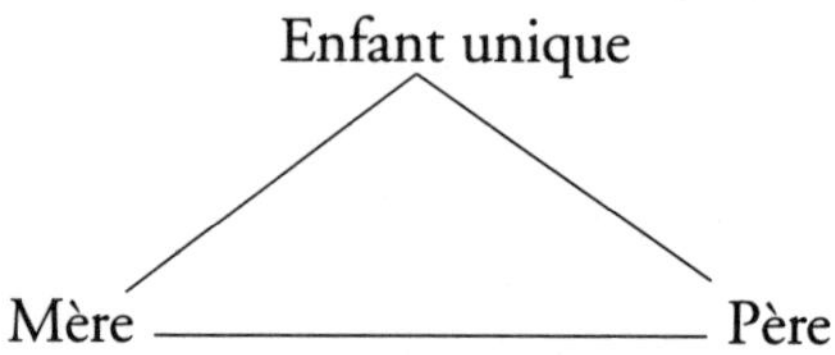


- Trois interactions seulement sont possibles et toutes font intervenir au moins un adulte.
- Les deux interactions auxquelles participe l'enfant unique impliquent un adulte.
- La seule relation que l'enfant ait l'occasion d'observer se joue entre deux adultes.

Dans une famille comptant plusieurs enfants, le schéma est le suivant :

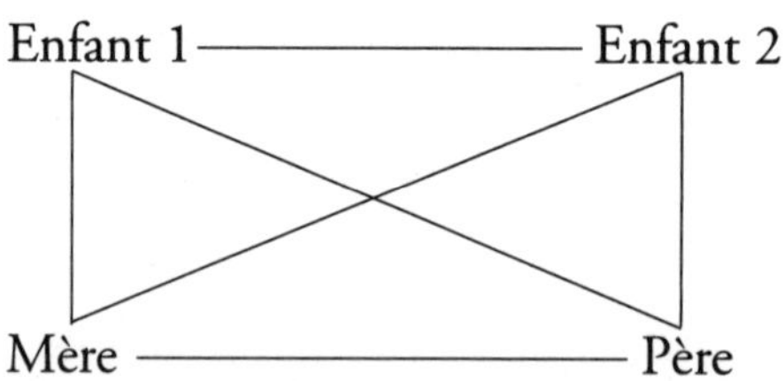


Le nombre d'interactions possibles double instantanément. En outre, l'élément «adulte» n'est plus omniprésent. L'interaction enfant vient contrebalancer l'interaction adulte. La venue d'un troisième ou quatrième bébé se soldera par la multiplication des interactions impliquant un enfant, aux dépens de celles qui existent entre les adultes.

Au sein d'une famille nombreuse se créent des interactions entre les enfants, que les autres membres de la fratrie peuvent observer et évaluer. L'enfant unique n'a pas cette possibilité. À chaque naissance s'accroît le nombre d'interactions entre les enfants, tandis que les interactions enfant-parent diminuent sensiblement.

L'enfant unique n'observe d'interactions enfant-parent que chez les voisins. Au sein de sa propre famille, il est privé de critères permettant d'évaluer ses propres relations avec ses parents. Toujours partie prenante, il n'a pas la possibilité de juger si elles sont justes ou non, positives ou négatives. En revanche, s'ils ont moins d'interactions à observer au sein de la famille, les enfants uniques y participent plus que ceux qui grandissent entourés de frères et sœurs. En conséquence, ils vivent des relations sensiblement plus intenses avec leurs parents :

*Je suis persuadée que l'intensité et l'intimité des liens qui caractérisent les familles d'enfant unique ont quelque chose de malsain. Je crois que tout dépend de la relation qui existe entre les parents. Quoi qu'il en soit, l'enfant occupe, en général, une place trop importante. Or jamais il ne sera aussi important hors de sa famille, ce qui engendre une foule de problèmes.*

*Le plus important, c'est l'intensité de l'expérience d'enfant unique.*

Cette intensité, soulignée par un grand nombre de nos interlocuteurs, provient de la nature et du nombre des interactions familiales. D'autre part, l'enfant unique demeure l'objet de toutes les initiatives et de toute l'attention parentale :

*Je regrette la possessivité excessive et la claustrophobie générée par cette relation à trois, sans parler de tous les non-dits que l'on peut parfois identifier et gérer, mais dont certains restent non élucidés. Aujourd'hui, avec le recul, je m'en rends compte, mais, enfant, je n'en étais pas conscient. J'étais littéralement au cœur de l'action.*

Le deuxième élément essentiel expliquant nombre de sentiments exprimés par les enfants uniques relève de la distribution des pouvoirs au sein de la famille.

## Qui détient le pouvoir ?

Dans la plupart des familles, le pouvoir, ou plus exactement le contrôle, est détenu par les adultes. En l'absence de coalition entre frères et sœurs, ou de la simple pression du nombre pour opposer une résistance aux parents, l'enfant unique éprouve souvent des difficultés à contrebalancer leur domination. Pour les parents, il s'avère plus facile d'imposer des valeurs d'adulte à un enfant unique qu'à une nombreuse progéniture. Ce contrôle vient s'ajouter à l'absence de remise en question de leurs principes, ce qui explique en partie que rares sont nos interlocuteurs qui se souviennent s'être rebellés à l'adolescence. Par ailleurs, comme nous l'avons déjà souligné, les parents peuvent, chacun de leur côté, utiliser l'enfant unique pour établir ou maintenir leur propre pouvoir au sein du triangle familial.

*J'étais un pion entre mes parents lorsqu'ils n'étaient pas d'accord. Je me rendais parfaitement compte que j'étais un enjeu dans leur relation.*

*Je crois que mes parents m'utilisaient chacun de leur côté. Je le sentais très fort par moments. De temps en temps, je suis sûr qu'ils ont tous deux essayé de se servir de moi comme bouclier. La situation n'était pas clairement définie — je basculais tantôt d'un côté, tantôt de l'autre.*

## La relation à trois : source de déséquilibre ?

Ce titre résume le troisième facteur essentiel régissant le triangle familial.

En présence de trois protagonistes, il existe fréquemment un lien dominant entre deux d'entre eux, le troisième restant à l'écart. Imaginons une mère utilisant son enfant comme pion dans sa relation avec son mari. Elle va peut-être créer un lien étroit avec son enfant, mais celui-ci risque de s'éloigner de son père. Si les parents sont relativement âgés et qu'ils ont développé une profonde intimité avant la naissance de l'enfant, c'est le lien qui les unit qui demeure parfois le plus fort :

*Ma mère était du genre à soutenir mon père envers et contre tout. Or il était vieux jeu et avait une très forte personnalité. Ils s'aimaient beaucoup, ils étaient très unis et je le sentais. Au sein de la famille, c'est le lien qui existait entre eux qui prédominait.*

Si l'enfant unique joue le rôle de l'allié de l'un des parents, ou s'il se pose en observateur d'une relation parentale très intime, les interactions du triangle risquent de renforcer son sentiment de marginalisation.

Ainsi, l'équilibre des interactions entre trois personnes se révèle très différent de celui qui s'instaure au sein d'une famille de plusieurs enfants. Le fait que l'enfant unique entretient plus de relations impliquant un adulte et n'observe pas de rapports enfant-adulte se solde par deux conséquences interdépendantes.

Premièrement, plus souvent exposé aux conversations et aux faits et gestes des adultes, dans lesquels il est fréquemment inclus, l'enfant unique acquiert une plus grande confiance en lui sur le plan social. Ayant constamment la possibilité d'observer les réactions des adultes, il apprend très tôt à identifier leur mode fonctionnement pour en adopter tout naturellement une grande partie. C'est ainsi qu'il devient souvent un «petit adulte». En accord avec nos interlocuteurs, nous sommes parvenus à la conclusion qu'il s'agissait là d'un atout. Fort des avantages évidents que lui confère sa confiance en lui, il est mieux armé pour commencer dans la vie.

Toutefois — et c'est là notre seconde conclusion —, il accuse un déficit sur le plan relationnel avec ses camarades du même âge, tant en fréquence qu'en intensité, ce qui ralentit son développement affectif. Çà et là, nous avons relevé des variations sur le thème du manque d'assurance vis-à-vis d'autres enfants, et ce dès les premiers jours d'école. Voici un témoignage éloquent à cet égard :

*Adolescente, je me sentais à l'aise en compagnie d'adultes, mais je n'avais rien, dans mon «capital-expérience», qui puisse m'aider dans mes contacts avec les autres adolescents, à une époque forcément très instable sur le plan des sentiments et de la confiance en soi.*

Or ce manque d'assurance dure au-delà de l'adolescence. La carence affective se répercute sur le conjoint et sur les relations nouées à l'âge adulte, même si son impact n'est pas forcément inéluctable. L'un des messages positifs ressortant de nos entretiens, c'est que beaucoup d'enfants uniques finissent par acquérir l'expérience dont ils manquaient.

*Quand j'étais en apprentissage, j'avais une copine qui m'a enseigné bien des choses. Je me montrais très possessive en amitié. Il y avait mes amis et les autres, sans demi-mesure. Je me souviens qu'elle me disait : «Tu peux aussi avoir d'autres amis.» C'était une période très enrichissante : j'ai appris à partager cette amie sans céder à la jalousie ou à la colère. Ça a été une grande prise de conscience. J'avais traversé l'enfance avec le sentiment de vivre à la périphérie de tout. Elle a été la première personne avec qui j'ai développé ce genre de relations, ce que les enfants de familles nombreuses apprennent probablement à gérer beaucoup plus tôt.*

*Maintenant, je suis presque devenu altruiste. L'individu que je suis aujourd'hui est complètement différent de celui que j'étais enfant et adolescent. Or la personne que je suis devait déjà exister à l'époque. Si seulement quelqu'un avait ouvert la porte ou tourné la clé...*

Certaines des différences qui opposent le vécu d'un enfant unique à celui des autres provient de l'absence d'expériences qui, au sein d'une fratrie, sont évidentes. L'enfant unique n'a pas connu les petites bagarres entre frères et sœurs et la maturité qu'elles confèrent. Il souffre de l'absence de concurrence qui permet d'apprendre à partager. Ses parents ont reporté l'ensemble de leurs attentes sur lui. Toutes ces carences sont au cœur de l'expérience de l'enfant unique. L'un d'eux explique :

*Au sein d'une famille nombreuse, les enfants apprennent à gérer les relations, à ne pas prendre les disputes trop à cœur. Cet apprentissage se déroule dans un environnement sécurisant, où les parents font office d'arbitres. Pour les enfants uniques, cet apprentissage se déroule «sans filet», hors du cercle familial.*

Il faut accepter ces absences, auxquelles vous ne pouvez rien. Ce que vous pouvez faire, en revanche, c'est apprendre à comprendre la manière dont elles vous affectent. Nous espérons vous avoir fait progresser sur cette voie et que vous êtes désormais prêt à aborder notre *GUIDE POUR UN MIEUX-ÊTRE.*

# Deuxième partie

# GUIDE POUR UN MIEUX-ÊTRE

Grâce à la matière première fournie par les enfants uniques qui nous ont confié leurs expériences, nous avons dressé un tableau complet de l'influence de l'absence de frères et sœurs sur leur existence. Avec force détails, nos interlocuteurs nous ont fait part de leurs difficultés et de la manière dont ils ont vécu leur spécificité. Nombre d'entre eux ont même tenté une analyse des atouts et des handicaps relatifs à leur statut. À cet égard, leurs propos révèlent une grande perspicacité. Ils ne sont pas rares à admettre que, si c'était à refaire, ils seraient désormais mieux armés pour faire face à la situation.

Notre deuxième partie s'adresse à *vous* (la troisième étant réservée à votre compagne ou compagnon). À partir de l'histoire et des suggestions de nos interlocuteurs, nous nous proposons de vous aider à exploiter au mieux votre statut d'enfant unique. Pour commencer, nous examinerons à la loupe vos relations avec le conjoint et les amis, avant d'aborder d'éventuelles difficultés professionnelles. Nous nous intéresserons également à l'un des grands problèmes de l'enfant unique : Comment s'occuper de parents âgés ? Dans le chapitre 11, *NOËL ET AUTRES FÊTES DE FAMILLE*, nous avons réuni les nombreux commentaires d'enfants uniques évoquant ces moments difficiles. Ils nous ont dépeint l'isolement qu'ils ressentaient lors des grandes occasions familiales, qui, en général, ne font que mettre leur solitude en exergue.

# 7.

# Les relations conjugales : comment les gérer ?

À partir des expériences de nos interlocuteurs, essayons de tirer quelques conclusions qui devraient vous aider à faire face à certains événements de l'existence dont, essentiellement, le mariage ou toute autre relation à deux. Comme nous l'avons vu, les enfants uniques risquent de se heurter à des problèmes spécifiques dans le domaine relationnel. Leur manque d'expérience du partage, de la concurrence et du chahut entre frères et sœurs, allié à d'éventuelles difficultés à s'engager, peut compromettre une vie de famille harmonieuse.

Il est difficile de trouver des statistiques révélant le taux de réussite relationnelle ou conjugale chez les enfants uniques. Toutefois, les conseillers conjugaux avec lesquels nous nous sommes entretenus laissent entendre que les enfants uniques constituent une grande partie de leur clientèle. À l'inverse, tandis que le taux d'adultères s'élève à 60 % pour l'ensemble de la population, il atteint tout juste 30 % chez les enfants uniques. Ces derniers connaîtraient-ils tant de problèmes au sein de leur couple qu'ils hésiteraient à se lancer dans une autre relation ?

Quoi qu'il en soit, ce comportement coïncide avec le stéréotype de l'enfant unique naturellement doué d'un grand sens des responsabilités, répugnant à prendre des risques et préférant, si possible, s'en tenir à sa routine familière.

Apparemment, une jeunesse d'enfant unique n'offre pas le parcours idéal pour se préparer au mariage. Les modèles que le fils (ou la fille) unique a acquis peuvent le mettre sur une fausse piste, comme le confirment les témoignages suivants. Devant l'impossibilité de traduire la complexité d'une relation durable à travers de brefs extraits, nous avons préféré nous plonger dans quatre études de cas approfondies.

## Christine et Michel

À 21 ans, Christine a épousé Michel, qui en avait 24. Fille unique, elle a grandi entourée de parents offrant l'image du couple idéal — du moins en apparence :

*Dans la rue, ils marchaient toujours la main dans la main. Moi, je croyais que tout couple qui se respecte devait se comporter ainsi. C'est plus tard, seulement, que j'ai compris que cette façade dissimulait un chaudron en ébullition, une foule de problèmes non résolus et un formidable bras de fer entre mes deux parents. Mais, à l'époque, je me berçais encore d'illusions. C'est ainsi que je me suis lancée dans le mariage sans la moindre notion réaliste de ce que sont les relations de couple, y compris dans le domaine sexuel. Ma mère m'en avait longuement parlé sous un certain angle. Elle m'avait expliqué que c'était lié à l'amour entre un homme et une femme, elle avait abordé certains aspects physiologiques, mais sans entrer dans les détails.*

*Ce que je voulais avant tout, c'était ne pas me tromper. Mon attitude pouvait se résumer ainsi : «Dis moi ce que je dois faire et je le ferai, comme ça tu m'aimeras.» Cela voulait dire aussi que je ne me donnais pas les moyens de juger son comportement à lui. J'étais tellement peu sûre de moi que je ne trouvais jamais rien à redire contre lui.*

Or l'attitude de Christine a engendré de graves problèmes, car Michel s'est révélé être un joueur invétéré. Pendant des années, Christine a fait la politique de l'autruche. Elle ne se résolvait pas à voir la situation en face. Lorsque son mari a commencé à s'endetter, elle l'a cautionné, empruntant à plusieurs reprises à ses parents sous des prétextes fallacieux. Le jour où elle a trouvé des cartes de casino dans ses poches, elle a continué à faire comme si de rien n'était. Bien sûr, ce n'est pas parce qu'elle faisait semblant d'ignorer le problème qu'il ne la minait pas. Déjà en proie à d'inextricables difficultés financières, elle souffrait énormément sur le plan psychologique. Pendant un temps, par exemple, elle s'est même trouvée dans l'obligation de cumuler deux emplois pour rembourser les dettes de son mari. Toutefois, elle n'a jamais abordé le problème avec Michel, ni à plus forte raison avec d'autres personnes.

*Si tant est que j'aie réfléchi, ce qui était rare, je suppose que je me suis dit que, quitte à avoir une rivale, je préférais encore que ce soit la table de jeu plutôt qu'une autre femme. En mon for intérieur, cependant, j'accumulais les rancœurs. Je lui en voulais surtout de ne rien partager avec moi. Et je n'avais aucune ressource pour gérer ce genre de situation. Je ne savais pas comment aborder le sujet. Je n'avais pas la moindre idée de l'impact que son passé, complètement différent du mien, pouvait avoir sur sa personnalité. Tout ce que je savais, c'était que j'étais en train de m'écarter de la voie perfectionniste que l'on m'avait tracée. D'une certaine manière, j'étais convaincue que tout était de ma faute et que, si je faisais suffisamment d'efforts, les choses allaient s'arranger.*

La détresse de Christine était telle que son médecin lui a recommandé de consulter un conseiller conjugal. Dans un premier temps, Michel a refusé de participer, mais Christine s'est obstinée et a tiré un grand bénéfice de ses entretiens avec son conseiller. Au fil des séances, elle a pris conscience des différences entre son vécu et celui de son époux, et de la manière dont celles-ci affectaient leur relation.

En réalité, le vice de Michel exprimait un besoin de préserver une certaine distance par rapport à ce qu'il percevait comme un contrôle que Christine exerçait sur lui. Il avait l'impression qu'elle essayait de lui imposer le perfectionnisme qu'elle-même avait hérité de ses parents. Or Christine ne connaissait aucun autre *modus vivendi* au sein du couple. Elle était tombée dans le piège de l'enfant unique qui s'efforce d'être parfait et attend trop des autres. Michel ne l'a pas supporté et a réagi en se mettant à jouer — ou plutôt en se jetant corps et âme dans une activité qu'il pratiquait déjà, mais que sa famille considérait comme normale.

Peu à peu, Christine a compris qu'elle avait toutes les raisons d'en vouloir à Michel de son comportement, et qu'elle devait admettre qu'il avait aussi une part de responsabilité dans leurs difficultés relationnelles. À mesure qu'elle s'affirmait et prenait de l'assurance, Michel commençait à se dire que consulter un conseiller conjugal devait avoir du bon. Lui aussi a vu un spécialiste. Puis ils ont entamé une série de séances de couple, chacun accompagné de son propre conseiller.

Au départ, ce mariage semblait bel et bien voué à l'échec. Toutefois, parents de deux enfants, Michel et Christine se sont dit que le jeu en valait la chandelle et se sont efforcés de recoller les morceaux. Michel a dû apprendre à gérer la compulsion de perfection qui régissait son épouse, tandis qu'elle se rendait compte que son attitude ne faisait que renforcer la détermination de son mari à affirmer son indépendance à travers le jeu. Progressivement, l'un et l'autre ont commencé à comprendre les réactions de l'autre. Ils ont appris à en parler au lieu de se laisser dominer par leurs impulsions. Leur couple en est sorti renforcé. Si la situation s'est améliorée, c'est aussi parce que, maintenant, Christine porte un regard plus réaliste sur le mariage de ses parents. En dépit de l'image qu'ils tenaient à afficher à tout prix, leur relation s'est révélée loin d'être parfaite. Comme toute relation, elle comportait son lot de d'imperfections, de tensions sous-jacentes et de luttes de pouvoir. Le drame de Christine, c'est que ces données n'avaient jamais été admises ni reconnues au grand jour. Évidemment, nous sommes nombreux à pouvoir en dire autant, mais le problème des enfants uniques demeure leur grande vulnérabilité. Au sein d'une famille nombreuse, il est plus facile de percevoir d'autres points de vue, de se forger d'autres critères pour juger une relation. L'enfant unique ne peut évaluer et jauger qu'en fonction du couple parental. Aussi reste-t-il beaucoup plus dépendant de cette relation pour développer ses propres schémas comportementaux.

Christine et Michel ont ressoudé leur mariage. Ils vivent désormais heureux ensemble. Notre deuxième couple, en revanche, a vécu une expérience bien différente.

## Arthur et Sabine

Enfant unique, Sabine a été élevée dans un milieu familial lui offrant tous les avantages matériels possibles et imaginables, mais dépourvu de toute démonstration d'affection :

*Non seulement il n'y avait pas d'amour, mais il n'y avait pas non plus beaucoup d'émotions, de quelque nature que ce soit. Il n'était pas de bon ton d'exprimer ses sentiments. On ne riait pas, à la maison. Quelque part, j'ai toujours eu l'intuition qu'il y avait d'autres manières de vivre. J'enviais un peu les familles de mes copains, les gens chez qui l'on criait et riait tout le temps. Je dis «un peu», parce que je me sentais tout de même légèrement supérieure quand je les entendais raconter leurs petites bagarres. On m'avait toujours expliqué que ce n'était pas bien de se disputer. Alors je suppose que j'avais l'impression d'être mieux que les autres, parce que je ne me chamaillais jamais avec personne. Quand j'ai rencontré la famille d'Arthur, je l'ai trouvée très attachante. Ils étaient cinq enfants et donnaient toujours l'impression d'être contents de se retrouver. Ils m'ont bien acceptée, aussi, ce que j'ai beaucoup apprécié. C'était la première fois que l'on m'acceptait pour ce que j'étais. J'ai vraiment cru pouvoir changer au simple contact de cette grande famille.*

Or Arthur et Sabine avaient compté sans l'influence que la vie de famille exerce sur le caractère de chacun. Arthur était non seulement issu d'une famille nombreuse, mais il avait un frère jumeau. Toute sa vie, il avait été habitué à partager en permanence et à se sentir responsable d'une autre personne. Pour lui, le mariage et la vie à deux étaient un soulagement, une accalmie par rapport à l'omniprésence de sa famille et de son jumeau. Pour Sabine, en revanche, le fait de devoir partager constamment son espace, son temps et ses pensées avec Arthur s'est avéré oppressant, presque impossible. Dès qu'elle tentait de se ménager un petit coin de solitude, Arthur se sentait exclu et rejeté. Alors elle culpabilisait, elle sentait qu'elle n'agissait pas comme elle aurait dû et avait l'impression de ne pas se montrer suffisamment aimante. Ils s'aimaient, mais ni l'un ni l'autre n'était vraiment armé pour donner à son partenaire ce dont il avait besoin en fonction de son passé : pour Arthur, l'intimité ; pour Sabine, l'espace. Ni l'un ni l'autre n'en avait vraiment conscience avant qu'un incident cristallise ce décalage entre leurs deux expériences :

*Nous étions chez un ami. L'un des invités venait de suivre un stage d'évaluation personnelle, du genre «Apprendre à mieux se connaître», ou quelque chose d'approchant. Toujours est-il qu'il nous a entraînés à dessiner, comme on le lui avait montré lors de son séminaire. Chacun d'entre nous devait réaliser quatre dessins représentant ce que l'on est, ce que l'on voudrait être, les obstacles qui nous en empêchent, ce que l'on peut faire pour les surmonter. C'était juste pour s'amuser, mais ensuite, quand nous avons examiné nos dessins et que notre ami en a tracé une analyse sommaire, j'ai vu l'énorme clivage qui existait entre ceux d'Arthur et les miens. Sur les siens apparaissaient toujours d'autres personnages, avec lesquels il se représentait en situation d'échange ou de communication. De mon côté, je m'étais dessinée seule dans les quatre situations. Auparavant, je ne pense pas que j'avais compris à quel point je me suffis à moi-même. Je n'ai besoin de personne, voilà tout ! Cela a été le signal de la fin de notre couple. Au lieu de me sentir coupable, je me sentais forte et puissante. Je regrettais de ne pas avoir autant besoin d'Arthur qu'il avait besoin de moi, mais je m'y suis résignée et je n'en avais plus honte.*

Cette histoire s'est plutôt bien terminée. Arthur et Sabine ont divorcé à l'amiable. Par la suite, Arthur s'est remarié avec la benjamine d'une famille de quatre enfants avec laquelle il a eu trois filles. Sabine a décidé d'exploiter à son profit la force intrinsèque qu'elle s'était découverte en entamant une brillante carrière. Elle est la marraine de la seconde fille d'Arthur.

Il est vrai que tous les mariages ne finissent pas à l'amiable. Au sein d'un couple, les deux parties n'apprennent pas forcément à se comprendre et à comprendre l'autre de façon simultanée. Certains commencent sur de bonnes bases, avant que l'un des deux ne découvre un aspect différent de sa vie ou de sa personnalité.

## Paul et Patricia

Tous deux enfants uniques, Paul et Patricia sont restés mariés douze ans. Voici leur histoire, racontée par Paul :

*J'ai rencontré Patricia le tout premier samedi soir de ma vie d'étudiant. Il s'est avéré qu'elle était enfant unique et qu'elle est devenue ma femme. À la fac, nous ne nous quittions pas d'une semelle, probablement parce que nous avions tous deux besoin d'un substitut de père ou de mère — que sais-je ! L'autre raison, c'est que, avec elle, je me sentais une âme de saint-bernard — du moins les six ou sept premiers mois, sans aucun doute. Patricia était la personne la moins sûre d'elle que j'aie jamais rencontrée. Quant à moi, la seule chose dont j'étais sûr, c'était incontestablement ses capacités. Je passais des heures à lui répéter qu'elle allait y arriver, qu'elle valait tous les camarades qui nous entouraient. «Si quelqu'un a des chances de réussir cet examen, c'est bien toi.» Je suis presque devenu son psychologue. Je ne pense pas que j'étais très mûr sur le plan affectif. Mais elle l'était tellement moins que moi qu'à ses côtés, j'avais l'impression d'être adulte.*

*Je dois avouer que notre relation était tout de même bizarre. Nous avons fait toutes nos études en couple. Nous formions un vrai binôme. Nous travaillions beaucoup. J'étais un étudiant très sérieux. Tous les soirs, je planchais sur mes bouquins, Patricia presque toujours assise en face de moi. Elle vivait chez moi autant que l'autorisait le règlement de la Cité U, mais toujours en tout bien tout honneur. Nous n'avions rien à cacher, rien du tout. Nous n'avons jamais connu l'intimité qui semblerait normale pour deux étudiants profitant de leur liberté toute nouvelle. L'amour (ou ce que nous considérions comme tel) est né à force de se côtoyer. Je ne dis pas qu'il n'y avait aucune attirance sexuelle entre nous, mais nous étions tous deux très mal informés. En vérité, nous n'avons jamais couché ensemble en trois ans d'études.*

*Pourtant, une chose était d'emblée évidente dans nos esprits : dans un certain sens, j'ai su dès le début qu'elle serait mon épouse. J'avais planifié ma demande en mariage dans les moindres détails, c'était un grand moment. Je suis quelqu'un de très organisé et je l'étais encore plus à l'époque qu'aujourd'hui. Je faisais des listes et des plannings pour tout. En l'occurrence, je crois que c'était l'idée qui me plaisait, plutôt que les sentiments qui me poussaient à agir. Avec le recul, je me demande si je l'ai jamais vraiment aimée. Je l'aimais probablement, d'une sorte d'amour filial, dans la mesure où elle représentait la compagne bien sous tous rapports. Tout a été fait dans les règles. J'ai même demandé sa main à son père. Ma mère était fière de moi et ravie de sa future bru. Toutes ses attentes étaient comblées. J'avais réussi mes études, sans jamais m'écarter du droit chemin. Je n'avais jamais lacéré les sièges du métro, jamais fumé une cigarette. Du premier coup, j'avais trouvé la femme idéale : une personne adorable doublée d'une femme active, sérieuse et cultivée. Maman me voyait casé pour la vie.*

*Nous avons loué deux appartements séparés. Nous n'habitions pas ensemble. Nous passions pratiquement tout notre temps chez l'un ou chez l'autre, mais, tous les soirs, à 11 heures, je la raccompagnais chez elle. Officiellement fiancés, nous avons décidé de nous marier dès que nous aurions acheté une maison. Nous avons monté un plan de financement complet. Nous avons choisi et acheté une maison, où j'ai emménagé tout seul dans un premier temps. Elle a gardé son appartement pendant encore quatre ou cinq mois. Puis nous nous sommes mariés et elle m'a rejoint.*

*Je me rappelle parfaitement le mariage, parce que, vous savez, il fallait que tout soit parfaitement orchestré. Je me souviens bien du discours que j'ai fait ce jour-là : «Je voudrais remercier nos parents pour l'éducation qu'ils nous ont donnée. Merci de nous avoir offert la chance de suivre des études. Aujourd'hui, Patricia et moi nous allons faire les premiers pas sur le chemin d'une vie de bonheur dans notre superbe maison, entourés, en ce beau jour qui consacre notre union, de notre famille et d'amis qui nous sont chers.» Tout était à l'avenant. C'était comme si je disais à mes parents : «Vous avez vu, n'ai-je pas fait de mon mieux ?»*

*Je menais une vie on ne peut plus agréable. Professionnellement, je réussissais au-delà de toutes mes espérances. J'allais de promotion en promotion. Je n'y croyais pas moi-même. Patricia ne se débrouillait pas mal non plus. Pourtant, elle avait encore d'affreuses crises de doute quant à ses capacités. Elle recommençait comme à l'université. Elle prétendait qu'elle n'y arriverait jamais, qu'elle n'était pas vraiment à la hauteur. Je la poussais à tenir bon et, finalement, elle a atteint le même niveau que moi, même si sa progression a été moins fulgurante. Mais vous savez, on a toujours tendance à se comparer.*

*Et puis, toujours en planifiant, nous avons commencé à nous demander si nous voulions des enfants. Là encore, nous y sommes parvenus sans trop de problèmes. Patricia a arrêté de travailler pour s'occuper du bébé. À la naissance de notre deuxième enfant, nous avons décidé de déménager. Nous avons acheté une maison pimpante avec quatre chambres. Et voilà, je me suis retrouvé à la trentaine avec trois superbes enfants, une belle maison et une vie professionnelle passionnante.*

*Puis certains événements ont commencé à modifier ma conception de la vie. Mon métier m'a beaucoup enrichi, dans la mesure où il m'a permis d'élargir considérablement mes horizons. J'ai parcouru toute l'Europe pour représenter mon entreprise. Puis j'ai intégré l'équipe de direction. J'avais plusieurs personnes sous mes ordres et je me suis aperçu que j'avais de bons contacts avec les autres. Je crois que j'ai développé des qualités humaines. Je ne sais plus si je l'ai fait à dessein, mais j'avais plutôt l'impression que ça me venait naturellement. C'était un peu une révélation, de découvrir que j'étais capable de travailler avec d'autres. Les choses ont évolué comme cela. Enfin, j'avais l'impression d'être une personne à part entière.*

*Évidemment, vous imaginez la suite. J'avais une collègue, avec laquelle je commençais à échanger des propos comme : «La vie est un peu terne» ou «C'est peut-être parce que j'étais surprotégé quand j'étais petit que j'ai l'impression de ne pas avoir vécu mon adolescence.» Je lui disais qu'il y a plein de choses que j'aurais adoré faire : tenter toutes sortes d'expériences, connaître des tas de filles, etc. Quant à elle, elle me tenait un tout autre discours : «Moi, je me suis bien amusée. Je n'étais pas la dernière à faire les quatre cents coups.» Je me disais qu'elle était vraiment intéressante. Bien sûr, elle avait des problèmes dans la vie, notamment dans son couple. Et ce qui devait arriver arriva, nous avons eu une aventure qui semble avoir marqué le point de départ d'une série de métamorphoses. J'ai changé de look, de comportement et même de travail : j'ai fini par démissionner. J'aspirais à prendre le large. Je pensais pouvoir satisfaire mon besoin de liberté sans perdre ma femme ni mes enfants. Cela n'a pas été le cas. Quand on s'engage dans une direction…*

Comme dit Paul : quand on s'engage dans une direction… Mais pourquoi s'y est-il engagé ? D'une part, certainement parce qu'il n'a jamais eu d'adolescence, ou du moins qu'il en est persuadé. Cette envie de changement et de diversité, ce soudain goût du risque reviennent dans de nombreux témoignages d'enfants uniques. Ce besoin d'affirmer sa propre identité en coupant le cordon ombilical est presque inhérent à la nature humaine. Toutefois, le conformisme qui s'impose aux enfants uniques à l'adolescence demeure, pour la plupart, plus fort que le désir de rébellion normal à cet âge-là. Plus tard dans la vie, ils éprouvent alors le besoin de se rattraper, et celui-ci se révèle d'autant plus irrésistible qu'ils étaient, dès leur plus jeune âge, «plus gentils» que les autres enfants. Paul était *gentil* non seulement avec ses parents, mais aussi avec Patricia. De son propre aveu, il a joué le rôle de psychologue et de protecteur. À un moment ou à un autre de sa vie, l'enfant unique doit se libérer de ses chaînes. Or s'il ne l'a pas déjà fait à l'adolescence ou par le biais de sa vie professionnelle, c'est souvent son couple qui en pâtit. De ce point de vue, cette rupture dans la vie de Paul était peut-être inévitable.

Patricia, la femme de Paul, était elle aussi enfant unique. Or, à notre connaissance, elle n'a jamais ressenti le besoin de tout bouleverser. Peut-être a-t-elle, pour sa part, bel et bien vécu une sorte d'adolescence, à travers ses périodes dépressives et les sautes d'humeur qui ont marqué ses premières années aux côtés de Paul. À moins qu'elle ne se soit tellement sentie obligée de réprimer sa personnalité pendant sa petite enfance, qu'elle ne soit jamais parvenue à se laisser aller.

Loin de nous l'intention d'insinuer qu'il n'est pas souhaitable, pour un enfant unique, d'épouser un autre enfant unique. D'ailleurs, plusieurs de nos interlocuteurs ont épousé d'autres enfants uniques. Dans ce cas, la compréhension mutuelle du besoin d'espace, de solitude, etc. de chacun constitue un rouage important de la relation. Il n'en reste pas moins que deux enfants uniques s'engageant dans une relation durable doivent être conscients de certaines difficultés spécifiques.

Tous deux doivent comprendre l'impact de leur enfance sur leur comportement d'adulte. Sont-ils en train de se conformer aux attentes de leurs parents ou agissent-ils vraiment en accord avec leur personnalité propre ? Sont-ils capables d'aborder le problème entre eux ? Paul et Patricia avaient développé une relation d'entraide mutuelle, du moins en apparence. En réalité, chacun vivait dans son cocon et ils ne partageaient pas vraiment leurs sentiments. Après tout, pourquoi pas ? Mais dès que l'un des conjoints amorce un tournant dans sa vie, l'autre reste à la traîne et le schéma de fonctionnement établi implique la destruction de la relation. Il existe sans aucun doute des unions très solides entre enfants uniques, mais l'un et l'autre doivent être préparés à admettre les faiblesses du conjoint. Ce n'est pas toujours facile, puisque cela suppose avant tout d'admettre les siennes !

L'histoire de Paul et Patricia s'est soldée par un divorce difficile et un interminable bras de fer juridique pour la garde des enfants. Aujourd'hui Paul est remarié avec la benjamine d'une famille de cinq enfants, avec qui, dit-il, il ne se sent pas obligé d'être parfait. De temps en temps, les enfants uniques ont besoin de quelqu'un pour remettre les pendules à l'heure.

## Babette et Renaud

Contrairement à Paul et Patricia, Babette et Renaud n'ont pas divorcé, même s'ils ont sans conteste connu des hauts et des bas en 24 ans de mariage. Renaud explique son point de vue :

*Si c'est à moi de faire quelque chose, je le fais sans broncher. Dans mon couple, certaines tâches me reviennent et je m'en acquitte sans discuter. C'est d'ailleurs ce qui a permis à mon mariage de tenir à certaines périodes houleuses et difficiles. J'avais l'impression qu'il était de mon devoir de rester, même si ce n'était pas forcément ce que je désirais. Je n'ai jamais réussi à dire : «Fous le camp !», même quand ma femme me menait une vie impossible. Ces derniers temps, je crois que notre relation a mûri. C'est seulement ces trois ou quatre dernières années que j'ai admis que j'avais besoin d'espace. Avant, je passais mon temps à lutter contre mes envies de liberté. J'en éprouvais un désir irrésistible, mais mon sens du devoir me dictait de les refouler. Désormais, je passe moins de temps avec ma femme et la situation s'est améliorée. Je me consacre à mes loisirs, à mes amis… Je prends l'air tout simplement.*

*Je pars souvent en Allemagne pour mon travail, par exemple. Avant, j'essayais toujours de tout régler dans la journée quand je devais m'absenter. Et si je devais rester plusieurs jours, ma femme m'accompagnait. Et puis je me suis aperçu que ces voyages précipités étaient vraiment trop stressants. Alors j'ai commencé à partir la veille au soir. Je dînais avec mes collègues, j'en profitais pour pratiquer l'allemand, etc. Comme par miracle, ma femme a commencé à sortir avec des amis et à y prendre goût, au lieu de se vexer, ainsi que je l'avais craint. Et puis elle m'a avoué que ces voyages d'affaires en Allemagne étaient pour elle une corvée et qu'elle avait toujours eu l'impression d'être un boulet. Maintenant, je garde mes déplacements pour moi, je lui en veux moins et nous nous entendons mieux. Lui en vouloir ? Oui. Ce n'est pas parce que j'avais l'impression que c'était mon devoir que j'appréciais de l'emmener !*

Contrairement à Christine et Michel, Babette et Renaud n'ont jamais consulté de conseiller conjugal. En réalité, ils n'ont même jamais abordé ouvertement leurs problèmes. Renaud se demande même si Babette en a pris conscience. En fait, quand nous l'avons aiguillée sur le sujet, il est apparu qu'elle avait bel et bien analysé la situation de son côté. Elle n'était que trop heureuse d'être dispensée de ces voyages d'affaires qui l'ennuyaient et où elle savait que sa présence n'était pas souhaitée. Pourtant, elle se dit qu'en «levant le lièvre» ils auraient mis leur couple en péril. Renaud a un tel sens compulsif du devoir que, s'ils en avaient discuté à cœur ouvert, il aurait endossé la responsabilité de toutes les fautes et se serait probablement senti obligé de lui proposer le divorce. Comme le dit Babette :

*Il est tellement persuadé qu'il n'a pas droit à l'erreur, qu'il ne pourrait pas supporter de faire face à l'échec s'il se trompait.*

Ce couple a résolu son problème par un simple changement d'attitude de l'un des conjoints. Le mode de fonctionnement de la relation, en revanche, s'en est trouvé considérablement modifié.

La discussion ou le recours à un conseiller conjugal ne constituent pas toujours le meilleur moyen de sauver son couple, que l'on soit enfant unique soi-même ou que l'on ait épousé un enfant unique. Toutefois, comprendre et accepter ses besoins, du moins dans une certaine mesure, ne peut pas nuire, et un conseiller conjugal peut vous y aider. Nous ne prétendons pas non plus que le conseil conjugal permet infailliblement de maintenir une relation à flots. Dans certains cas, il peut même contribuer à y mettre fin.

Si nous nous attardons sur la relation de couple marital, les enfants uniques doivent aussi apprendre à survivre au sein d'autres types de relations. Pour entretenir une relation harmonieuse à long terme, quelle qu'en soit la nature, il faut savoir comprendre les besoins de l'autre et s'y adapter.

## Martin et Frédéric

Enfant unique, Martin est issu d'une famille de classe moyenne. En terminale, il s'est attaché à un professeur. À cette relation affective profonde s'est bientôt ajoutée une dimension sexuelle. Martin ayant toujours eu des amis des deux sexes, ses parents n'ont jamais rien soupçonné. À l'université, il avait des rapports sexuels avec des femmes, même si ces relations ne se sont jamais révélées très épanouissantes. Après avoir obtenu son diplôme, il s'est installé à New York.

*Je me suis littéralement jeté dans l'univers gay. J'ai accumulé les aventures fugitives, mais toujours satisfaisantes. C'est là que j'ai compris que j'étais homosexuel. Toutes ces histoires de filles n'avaient d'autre but que d'essayer de me conformer à un personnage que je n'étais pas. Quand je suis rentré, j'ai décidé de tout dire à mes parents, sachant bien que mes révélations allaient les choquer et les décevoir cruellement. Après tout, en qualité d'enfant unique, l'énorme responsabilité de leur donner des petits-enfants reposait sur mes seules épaules. Cette histoire de perpétuation de la lignée venait encore aggraver le problème. D'ailleurs, c'est cette constatation qui s'est révélée le plus difficile à avaler pour mon père, lui-même enfant unique. Notre famille allait s'éteindre avec nous, point final. Sinon, ils ont plutôt bien réagi. En réalité, ma mère m'a avoué qu'elle avait déjà compris que j'étais homosexuel. Dans un sens, cela a été un soulagement de dire la vérité.*

Peu après, Martin a rencontré Frédéric. Martin travaillait pour une agence de publicité. Frédéric était coursier et livrait régulièrement des plis à l'agence.

*Je n'exagère rien en affirmant que nous avons eu le coup de foudre. Deux semaines plus tard, il s'installait chez moi. Quand j'ai appris qu'il venait des quartiers populaires et d'une famille nombreuse dont les membres n'arrêtaient pas de boire, de se disputer et de se téléphoner pour régler les problèmes de famille, cela n'a fait qu'ajouter à son pouvoir de séduction à mes yeux. J'ai toujours voulu avoir des frères et sœurs. Je trouvais très agréable que tous ces gens m'acceptent et m'intègrent parce que j'étais le compagnon de Frédéric. Lorsqu'ils me demandaient conseil au sujet d'un problème de famille quelconque, j'avais vraiment l'impression de faire partie de ce groupe soudé et touchant, chaleureux et sécurisant. De leur côté, ils me considéraient comme quelqu'un de sage, sensible et intelligent, une personne de bon conseil. En tout cas, c'est ce que je ressentais.*

Au sein du couple, le schéma établi plaçait Martin dans le personnage du responsable de la gestion, des finances, de l'organisation, etc. — un rôle sur mesure pour un enfant unique. Quant à Frédéric, à lui d'apporter une dose d'entrain, de légèreté et d'affection dans le couple — un rôle sur mesure pour le benjamin d'une famille nombreuse. En outre, les parents de Martin l'ont accueilli à bras ouverts. En réalité, Martin disait même que sa mère l'avait aussi bien accepté que s'il lui avait présenté la bru idéale.

Puis deux événements sont venus remettre en question le mode de fonctionnement de ce couple. Tout d'abord, Martin a perdu son travail. Son statut de chef de famille et d'élément raisonnable s'en est trouvé immédiatement ébranlé. Entre-temps, Frédéric était devenu responsable de la distribution dans sa société. Pendant sa période de recherche d'emploi, Martin était très disponible. Il passait plus de temps que jamais avec la famille de Frédéric. Il s'est notamment retrouvé impliqué dans l'histoire de Mathilde et Georges, la sœur et le beau-frère de son compagnon, qui venaient d'adopter un enfant. La stérilité de leur couple et leurs demandes d'adoption avaient été au centre d'interminables discussions de famille, dont la plupart concluaient, de toute façon, à leur inaptitude à s'occuper d'une quelconque progéniture. Il est vrai que Mathilde, qui avait tendance à s'emporter rapidement, se trouvait souvent en première ligne des disputes de famille.

Martin, qui les côtoyait de plus en plus, acquit la conviction qu'ils maltraitaient leur fils adoptif. Il en fit part à Frédéric. À la grande surprise de Martin, qui n'avait pas l'intention de partager ses soucis avec d'autres que son compagnon, le problème s'inscrivit tout à coup à l'ordre du jour de toutes les discussions de famille.

*Le téléphone s'est mis à sonner à longueur de journée. Tout le monde me harcelait de questions : Qu'est-ce que j'en pensais ? Que faire ? Comment aborder le problème ? Et ainsi de suite. J'avais l'impression d'être indispensable et qu'ils avaient besoin de moi, ce qui compensait, en quelque sorte, le fait d'avoir perdu la face professionnellement. Ils avaient tous l'air de suggérer que c'était à moi de prendre le taureau par les cornes. Évidemment, je ne me suis jamais demandé si j'étais la personne la mieux indiquée pour régler ce genre de problème. Après tout, j'étais un type intelligent, comme ils n'arrêtaient pas de dire. J'avais l'habitude d'assumer les responsabilités et d'être écouté. Dans un certain sens, j'avais l'impression de devoir prendre les choses en main.*

Et Martin de signaler le cas de Mathilde et Georges à la DDASS, persuadé que cette solution était la plus raisonnable et la plus responsable. Les vives réactions dans la famille de Frédéric n'ont pu que l'étonner. Tous se sont déclarés choqués par une telle trahison. Ils étaient furieux qu'il se soit cru autorisé à se mêler d'une affaire familiale :

*Je ne sais pas pourquoi, mais j'étais complètement à côté de la plaque. Quand ils n'en finissaient pas de dire à propos de Mathilde qu'il devenait urgent de signaler son cas aux services sociaux, j'ai cru qu'ils le pensaient vraiment. Je n'avais pas compris que c'était un aspect de leur culture familiale. Ce mois-ci, ils étaient anti-Mathilde et le mois prochain, un autre membre de la famille serait sur la sellette. J'ai essayé de m'immiscer dans leur cercle en appliquant les codes et les règles qui prévalaient chez moi. Ça ne peut pas marcher. Chaque famille a ses propres règles et l'on ne peut tout mélanger. Parce qu'ils m'avaient accepté, je me suis cru permis d'entreprendre une démarche qui me semblait adéquate et raisonnable, mais, à leurs yeux, mon initiative était résolument inadmissible.*

Le résultat de ce regrettable incident lui a valu d'être interdit de séjour par toute la famille. Quelques mois plus tard, Martin et Frédéric rompaient définitivement.

## Conclusion

Nous n'avons pas demandé à nos interlocuteurs de formuler des conseils conjugaux à l'adresse d'autres enfants uniques. Nous les avons seulement priés de nous faire partager leurs expériences. Les cinq cas cités dans ce chapitre ont été délibérément sélectionnés parce qu'ils illustraient des cas extrêmes. En général, les enfants uniques ne réagissent pas de façon aussi constructive que Christine et ne changent pas d'attitude aussi subitement que Paul. Rares sont ceux qui s'en tiennent à des décisions aussi claires et fermes que Sabine, qui a choisi de mettre fin à son mariage, ou Renaud, qui a décidé de s'accrocher. Toutefois, la plupart, comme Martin, ne doivent jamais oublier qu'ils sont victimes des limites imposées à l'enfant unique qu'ils étaient. Si nous avons analysé ces exemples, puisés parmi une foule d'entretiens, c'est parce qu'ils illustrent clairement les problèmes qui peuvent se présenter. Quels sont les conseils que nous pouvons tirer de ces expériences pour aider d'autres enfants uniques à gérer leur couple ?

1. Renoncez à vouloir être parfait. Nous avons tous nos défauts et nos problèmes. Ce n'est pas parce que vous n'êtes pas parfait que l'on ne vous aimera pas.
2. N'attendez pas trop de votre conjoint, compagne ou compagnon. Il ou elle n'est pas non plus parfait(e) et ne peut pas combler tous vos besoins. N'essayez pas de le (ou la) contrôler.
3. Essayez de mieux vous comprendre vous-même. Acceptez vos faiblesses et apprenez à les apprécier. Si vous ne le faites pas, comment les autres pourraient-ils le faire ?
4. Ne vous posez pas en sauveur. Vous ne pouvez pas tout arranger pour votre conjoint et vous n'êtes pas responsable de tous les échecs.
5. Ne soyez pas trop centré sur vous-même. Restez à l'écoute de votre conjoint. Il peut vous apprendre beaucoup.
6. N'essayez pas de renier votre passé d'enfant unique. C'est votre enfance qui vous a modelé. Vous pouvez apprendre à en gérer les conséquences, mais vous ne pouvez pas l'ignorer.

# 8.

# L'enfant unique et ses amis

*Si vous avez un enfant unique pour ami, vous pouvez être certain d'avoir un allié loyal et fidèle pour toujours.*

*Un ami enfant unique ? Surtout pas ! Ces gens-là n'ont aucun sens de la mesure. Ils n'en ont jamais assez.*

Ces témoignages extrêmes, qui proviennent tous deux de personnes sensées, intelligentes et ayant chacune eu des enfants uniques pour amis plus ou moins proches, résument parfaitement le dilemme. Dans un certain sens, elles ont toutes les deux raison. Dans ce chapitre, nous nous proposons de retracer les différents itinéraires d'apprentissage de l'amitié chez les enfants uniques et d'expliquer comment ils cultivent ce sentiment

## Les règles de l'engagement

Dans la première partie de ce livre, nous avons fait état des doutes de nos interlocuteurs dans leurs relations avec les autres. Les enfants uniques sont confrontés à des modes de comportement d'adulte, sans aucune compensation par le jeu avec des pairs au sein du cercle familial. Aussi ont-ils souvent l'impression de ne pas maîtriser ce que l'un d'eux appelle «les règles de l'engagement». Ils estiment ne pas avoir développé l'aptitude à se lier naturellement dès que l'occasion s'en présente. En contrepartie, ils passent un temps fou à jouer tout seuls et à laisser vagabonder leur imagination.

*Rien de plus normal que d'avoir des difficultés à partager quand vous n'avez pas été élevé dans cet esprit-là.*

*Je n'ai jamais su trouver ma place par rapport à mes camarades. Étant enfant unique, je n'ai jamais eu à partager. En toute logique, c'est donc une qualité que l'on met beaucoup plus longtemps à acquérir que la moyenne. À l'école, j'étais toujours la troisième roue du carrosse, si je puis dire. Toujours le troisième homme, ou tout seul, mais jamais je n'ai fait la paire avec un camarade. Je n'ai jamais eu de grand copain. Sans doute parce que je ne connaissais pas les limites d'une relation amicale et que je ne savais pas comment agir sans me montrer possessif.*

*Comme je passais un temps fou à jouer toute seule, je ne pense pas que j'étais bien préparée à gérer les rapports avec les camarades de mon âge. J'ai toujours eu des difficultés relationnelles. Je n'étais pas à l'aise quand il s'agissait de jouer avec les autres. Maintenant, je me dis que j'étais beaucoup trop exigeante en amitié. Je lisais un* Club des Cinq, *un* Clan des Sept *ou un* Fantômette *toutes les semaines. Évidemment, mes amitiés réelles faisaient pâle figure à côté de celles de la* Bibliothèque rosc *ou de la* Bibliothèque verte.

Contrairement aux apparences, les enfants uniques ne sont pas irrémédiablement condamnés à vivre sans relations d'amitié. Toutefois, nos constatations révèlent un comportement qui n'en fait pas des parangons de souplesse. Les principaux problèmes auxquels ils semblent se heurter demeurent les suivants : ils attendent trop des autres, prennent les choses trop au sérieux, se montrent trop possessifs, ont du mal à gérer les conflits et une tendance à considérer leurs amis comme des substituts de frères ou et sœurs.

Néanmoins, leur vécu leur apporte aussi certains avantages sur le plan relationnel. Parmi d'autres qualités, certaines reviennent régulièrement dans les témoignages d'amis et de conjoints d'enfants uniques : loyauté, responsabilité, fiabilité, aptitude à entretenir des réseaux d'amis. Il n'en reste pas moins que, selon nos interlocuteurs, il semble que nombre d'enfants uniques ne parviennent pas à adopter une attitude réaliste dans le domaine relationnel, ni une bonne compréhension de l'amitié avant la trentaine, voire plus tard :

*C'est entre trente et quarante ans que j'ai appris à entretenir des rapports sains avec mon entourage —, à développer des amitiés féminines, entre autres. Il m'a fallu toutes ces années pour arriver au point où, d'après moi, les personnes ayant grandi entourées de frères et sœurs parviennent bien plus tôt.*

Quel parcours l'enfant unique suit-il pour en arriver là ? Quels enseignements peut-on en tirer pour aider nos lecteurs à progresser sur la même voie ? Commençons par le commencement...

## LES SUBSTITUTS RELATIONNELS

Nombre d'enfants uniques n'ont pas eu la chance de pouvoir aller à la maternelle, notamment de l'après-guerre jusqu'aux années cinquante. Aussi ont-ils, en général, vécu leurs premières années privés de camarades. Même si, aujourd'hui, le contexte préscolaire a énormément évolué, certains enfants uniques manquent encore parfois de contacts précoces avec des individus de leur âge. Alors c'est l'imagination qui prend le relais, en engendrant un compagnon imaginaire, par exemple, comme nous l'avons vu dans le chapitre 5, *TOUJOURS SEUL*. Ces premières amitiés virtuelles peuvent être très profondes :

*Enfant, j'étais très, très seule. J'étais ce que l'on appelle une enfant très sensible — quel horrible qualificatif ! Cela voulait dire que je passais ma vie en compagnie de camarades imaginaires. Je passais des heures assise dans les escaliers, à laisser libre cours à mon imagination. J'échafaudais des scénarios délirants avec plusieurs acteurs et une bande son. Il y a même eu une période où ma mère était très inquiète de me voir ainsi égarée dans ce monde imaginaire. Elle avait peur que je ne perde pied avec la réalité. Je jouais la comédie en permanence, soit avec des personnages fictifs, soit en alignant des figurants — poupées et ours en peluche. Maman me raconte encore que j'étais capable de rester quatre heures à leur faire la conversation. Je partais en pique-nique avec eux, je leur faisais vivre des aventures extraordinaires. Je devais être vraiment pitoyable ! Ma fille aînée, elle aussi, s'est créé un ami imaginaire quand elle était petite, mais de façon tout à fait naturelle. Si je voyais un enfant s'occuper à cela régulièrement pendant des heures et des heures, j'avoue que je me ferais du souci.*

Certaines amitiés imaginaires peuvent durer des années :

*J'étais très seul, quand j'étais petit. J'avais deux amis imaginaires. J'en avais un en particulier, un garçon, qui m'a accompagné toute mon enfance.*

Si les enfants uniques se livrent à de telles pratiques, c'est parfois par manque de confiance vis-à-vis des autres :

*Oui, je m'inventais des amis. Il m'arrivait souvent de me plonger dans un monde fictif. Je me créais tout un univers d'évasion que je préférais à la réalité.*

Si l'enfant se forge ainsi des amis imaginaires, c'est pour combler un manque spécifique. L'aspect positif — ou gênant — de l'ami fictif, c'est qu'il est dépourvu de personnalité propre, il n'a aucune existence hormis celle que l'enfant lui prête. Cela révélerait-il un besoin de contrôler son entourage ?

*J'avais une copine imaginaire qui s'appelait Nina, mais j'avais aussi l'habitude de faire la conversation au jardin. Ce sont mes parents qui me l'ont rappelé, eux qui ont toujours été convaincus que je serais un jour enseignante. Je donnais des instructions aux parterres de fleurs. Debout face aux plates-bandes, je tenais de grands discours.*

Toutefois, le mécanisme de contrôle ne fonctionne pas toujours. Les amis imaginaires ne font pas tous d'excellents compagnons de jeu :

*J'ai eu des amis imaginaires pendant une courte période. Monsieur Dupuis, par exemple, qui vivait dans la cuisine. Je n'en tirais pas une grande satisfaction, si je me souviens bien. C'était une sorte d'emprise.*

Ne vous méprenez pas ! Nous savons pertinemment que, tôt ou tard, la plupart des enfants s'inventent des amis virtuels. Il n'en demeure pas moins que leur rôle se révèle en général plus important et leur présence plus longue chez les enfants uniques. C'est là l'un des aspects spécifiques de leur vécu. Même si les amitiés imaginaires peuvent représenter un exercice relationnel, les heures passées en leur compagnie le sont au détriment de l'apprentissage de la vie réelle dans laquelle on apprend à se comporter avec de vrais amis.

Cet aspect de la personnalité de l'enfant unique n'est pas non plus une généralité. Nombreux sont ceux qui ont la possibilité de s'intégrer à des groupes de leur âge — certains ont des cousins et cousines, par exemple, tandis que d'autres ont des parents qui s'emploient à organiser des rencontres fréquentes avec des camarades du même âge. Dans le cas contraire, les amis imaginaires acquièrent sans conteste une importance cruciale dans le développement comportemental de l'enfant unique. Or, si les longues parties de jeu avec l'ami imaginaire le sécurisent et lui apportent bien d'autres satisfactions, elles ne sont guère en mesure de l'armer pour bâtir des amitiés concrètes et comprendre les échanges qu'elles impliquent.

## Les camarades d'école

Un grand nombre de nos interlocuteurs se souviennent du décalage de leur comportement et des difficultés qu'ils ont éprouvées pour communiquer et se lier amitié avec d'autres enfants :

*À l'école, j'ai toujours aimé avoir une copine dont j'étais inséparable. Et quand je me brouillais avec elle, c'était un véritable drame.*

*Je ne me liais pas facilement d'amitié. J'étais toujours un peu à l'écart.*

En entrant à l'école, la plupart des enfants uniques ont l'impression d'être à la traîne sur le plan amical, du moins avec les enfants de leur âge. Comme nous l'avons vu, nombre d'entre eux se sentent plus à l'aise avec des camarades plus âgés, voire des adultes.

Pour certains enfants uniques, l'école constitue l'une des premières aventures hors du cercle parental. Les enfants ayant vécu leurs premières années au sein d'une fratrie ont déjà acquis une certaine expérience. Ils ont appris à se frotter à leurs frères et sœurs et ont assimilé leurs réactions. En revanche, les enfants uniques n'auront peut-être jamais l'occasion de faire leurs premiers pas sur le terrain des relations avec des petits du même âge avant leur entrée en maternelle. À cet égard, les témoignages que nous avons recueillis font état de réactions diverses à cette expérience inédite :

*Je n'étais pas très à l'aise avec les enfants de mon âge. Je n'avais pas envie de me mêler au chahut des cours de récréation et des aires de jeu. Dès le début, je me suis débrouillé pour me faire un ou deux bons copains qui me ressemblaient. Du coup, je faisais partie d'un petit groupe assez étrange dont les membres me servaient, pour ainsi dire, de protection contre les autres.*

*Dès la maternelle, je pense que j'ai eu des problèmes pour me faire des amis. J'avais toujours une copine attitrée, mais quand elle n'était pas là, je ne savais plus quoi faire. Je misais sur une seule personne et me retrouvais un peu perdue en son absence.*

*Je ne me liais pas facilement d'amitié. J'avais du mal à m'intégrer à un groupe. Sur ce plan, je n'ai pas beaucoup changé. Je reste sur la touche pendant un moment, jusqu'à ce que je repère une ou deux autres personnes qui sont comme moi, alors je tente un rapprochement.*

«Une ou deux autres personnes comme moi», voici une petite phrase très révélatrice. En effet, la stratégie adoptée par de nombreux enfants uniques semble consister à trouver un ou deux alliés :

*J'ai toujours eu besoin d'une meilleure amie. J'ai toujours été mieux disposée à l'égard des filles et très proche de l'une d'elles en particulier. J'ai toujours éprouvé le besoin d'entretenir une relation privilégiée avec une copine.*

Un autre enfant unique constitue l'allié tout désigné, les deux parties pouvant identifier d'instinct les besoins et les faiblesses de l'autre :

*Je n'y avais jamais réfléchi auparavant, mais je me rends compte que tous mes amis sont enfants uniques.*

Ce n'est pas parce qu'il choisit ses amis en marge du groupe que l'enfant unique ne souhaite pas s'intégrer. C'est juste qu'il ne sait pas comment s'y prendre :

*Vous connaissez ces jeux où il faut mimer un titre de film. Je faisais exprès de ne pas trouver, parce que j'étais terrorisée à l'idée de devoir mimer le film suivant. J'étais sûre d'avoir l'air bête. Je ne savais pas me comporter comme les autres, faire le clown et m'amuser. Alors je restais plantée là, avec un sourire figé, à faire semblant de ne rien comprendre. En même temps, évidemment, j'étais frustrée de rester à l'écart des autres.*

Il n'est pas rare qu'un enfant unique ne demande qu'à s'intégrer, parce qu'il se sent seul. Il a besoin de compagnie et tente résolument de parvenir à ses fins :

*Pendant mes premières années d'école, j'étais plutôt bon élève dans la mesure où je participais. En réalité, je n'étais pas très sérieux. Au lycée, c'était la même histoire. J'étais toujours actif, toujours en train d'échafauder des projets, mais je n'arrivais pas à me concentrer pendant les cours. Je crois que je voulais surtout que les autres m'acceptent.*

Un enseignant explique son point de vue :

«Pour les enfants uniques, l'école offre un milieu idéal pour nouer des contacts et bavarder avec des camarades du même âge. En réalité, c'est le seul endroit où ils peuvent le faire. Dans ma classe, en tout cas, c'est ainsi qu'ils se comportent. En plus, ils réagissent de manière beaucoup plus sensible aux disputes.»

*Pendant toutes les grandes vacances, j'attendais la rentrée des classes avec impatience.*

Cet enthousiasme peut tourner à l'obsession et générer parfois des comportements excessifs :

*J'achetais l'amitié de mes camarades. Je leur faisais des cadeaux pour m'assurer de leur affection. Une fois, j'ai même donné un objet auquel ma mère tenait beaucoup.*

*Je jouais beaucoup tout seul, et me faire des amis à l'école tournait à l'obsession. J'aurais fait n'importe quoi pour gagner l'amitié des autres, parce que j'étais seul. Mais je ne m'en suis pas rendu compte avant d'avoir la trentaine. C'est incroyable, non ? À la petite école, j'avais l'habitude de rentrer avec les autres après la classe. À huit ans, je «m'invitais» à goûter chez mes copains. À l'époque, je ne comprenais pas pourquoi je faisais ce genre de choses. En fait, j'aurais fait n'importe quoi pour avoir des amis de mon âge.*

## Un certain isolement

La plupart des enfants uniques ont beau avoir une irrésistible envie de s'intégrer, ils n'entrent pas dans l'arène sociale tout à fait avec les mêmes armes que les autres. L'expérience de l'enfant unique étant étroitement liée au monde des grandes personnes, il offre souvent à ses camarades l'image d'un «petit adulte», et ce tout au long de son enfance. De ce fait, beaucoup de nos interlocuteurs nous ont confié qu'ils se sentaient isolés du groupe.

*Tout petit, j'ai compris que je ne faisais pas «partie de la bande». Comme je lisais bien, les maîtres m'aimaient bien, mais pas les autres élèves.*

Pire encore, certains paient cher leur différence :

*Enfant, je n'avais pas de camarade de jeu, vraiment pas un seul. Mes parents habitaient dans une HLM, du côté de Roubaix. Papa était ouvrier et maman enseignait la dactylo, ce qui ne les empêchait pas d'avoir des ambitions de petits-bourgeois. Maman n'aimait pas me voir jouer dans la rue. Résultat, les gosses du coin se sont ligués contre moi, le coincé du quartier, et ont essayé de me casser la figure. Tout cela était un peu pénible.*

Il arrive qu'un enfant unique soit pris à partie ou mis au ban pour avoir mal interprété les «règles de l'engagement» :

*Les enfants uniques n'ont pas le temps d'apprendre à s'en tirer par la ruse.*

En général, un enfant qui ne sait pas trouver sa place dans le groupe s'expose à être mal aimé. C'est ainsi que, dès leur plus jeune âge, les enfants uniques apprennent à se protéger. Ils développent un instinct qui leur permet de détecter les situations potentiellement périlleuses. Il faut toujours qu'ils calculent les risques, observent avant de s'engager et s'assurent qu'il existe une porte de sortie avant de s'impliquer. Or cette attitude contraste vivement avec les réactions d'autres enfants.

Une institutrice d'école maternelle explique :

«L'enfant unique, c'est toujours celui qui reste à la traîne, qui a du mal à participer et qui ne s'intègre que petit à petit.»

Comme nous l'avons démontré au chapitre 1, dans le paragraphe ***Toutes les responsabilités,*** le souvenir des traitements subis peut faire de l'enfant unique, parvenu à l'âge adulte, un ardent défenseur des plus faibles contre les agresseurs. Mais l'attitude fortement protectrice de leurs parents les prive parfois de certaines occasions de jouer avec des camarades de leur âge. Certains de nos interlocuteurs ont été élevés à une époque où la plupart des petits citadins avaient le droit de jouer à l'extérieur, et y étaient même vivement encouragés. Toutefois, nous avons constaté qu'un grand nombre de nos enfants uniques n'en avaient pas la permission :

*Jamais je n'aurais eu le droit de jouer dehors avec les autres.*

Peut-être les parents étaient-ils particulièrement prompts à s'inquiéter ? À moins que leurs ambitions sociales ne leur aient interdit de laisser leur petit se frotter à des enfants moins bien élevés ?

Évidemment, d'autres se souviennent aussi ne pas s'être sentis à l'aise au milieu du chahut de la rue auquel ils préféraient la tranquillité du cocon familial :

*J'avais l'impression d'être plus en sécurité à la maison. J'étais toujours content de rentrer chez moi. Les vacances étaient un soulagement.*

Ayant l'habitude d'être le centre d'attention, certains avaient des difficultés à couper le cordon avec leur mère :

*Je détestais l'école. J'étais très attachée à ma mère. La séparation était terrible. Elle non plus ne le supportait pas très bien. Elle repoussait tant qu'elle pouvait l'instant du départ.*

*À la récréation, ma mère avait l'habitude de m'apporter des petits gâteaux à la porte de l'école. Si bien que j'avais toujours une bonne excuse pour traîner autour du portail, au lieu de jouer avec les autres. Quelle idée ! En plus, j'étais presque devenu obèse. Pas étonnant !*

Ayant acquis un comportement et des réactions d'adulte, les enfants uniques ont souvent un bon contact avec les enseignants.

*À 14 ans, je crois que je m'entendais mieux avec les adultes. Au lycée, j'étais celle qui avait les meilleures relations avec les profs. J'allais au théâtre avec mon prof d'anglais, par exemple. Les boums ne m'intéressaient pas. J'avais envie de sortir avec les garçons, mais je m'ennuyais en leur compagnie. J'ai toujours préféré les hommes plus âgés.*

Si les adultes apprécient la compagnie des enfants uniques, il n'en va pas forcément de même pour leurs camarades du même âge :

*Les adultes m'envoyaient jouer avec d'autres enfants, mais j'étais réticent. Ma propre compagnie me suffisait. Cela devait leur paraître bizarre.*

Modulons ce tableau peu encourageant en insistant sur le fait que nombre d'enfants uniques ont gardé des souvenirs heureux et positifs de leurs premières amitiés, dont certaines ont survécu au passage à l'âge adulte :

*L'amitié a toujours été une grande source de satisfaction dans ma vie. La première fois que j'ai trouvé quelqu'un avec qui jouer et rigoler, cela a été la révélation pour moi. J'ai énormément d'affection pour tous mes amis et je leur suis en particulier reconnaissante du soutien qu'ils m'apportent en cas de coup dur.*

## Tactiques et stratagèmes

À l'âge où ils entrent au lycée, les enfants uniques ont en général affiné leurs qualités de communication et appris à maîtriser les règles de l'engagement. Ils savent désormais quels sont les amis dont ils ont besoin pour compenser le déficit familial :

*Grâce à ce garçon, j'avais accès à une famille de substitution. J'étais tout le temps fourré chez lui. Je jouais au billard avec son père et ses frères. Sa mère était adorable. Elle accueillait toujours les gens à bras ouverts. Le bruit et le désordre ne semblaient pas la déranger. Ma mère à moi serait devenue folle. Ce n'est pas qu'elle était contre les visites, mais elle nous imposait trop de contraintes et j'avais du mal à m'y conformer : il y avait des heures à respecter, il ne fallait pas trop faire de bruit, pas emporter de café dans les chambres...*

*Pour m'évader, j'allais chez les Perrault. C'était une famille de quatre enfants, plus aisée que la mienne, et leur maison grouillait d'animation en permanence. Chez moi, il fallait toujours être sage et calme. Chez eux, on s'amusait bien. Apparemment, je donnais quand même encore l'impression d'être raisonnable et sensé, puisque madame Perrault me désignait toujours implicitement responsable de la maisonnée en son absence. Par la suite, elle m'a même laissé conduire sa voiture, ce que Christophe, son propre fils, n'a jamais été autorisé à faire.*

*Très tôt, j'ai éprouvé le besoin de nouer des contacts. Alors je me suis constitué un petit cercle d'amis. Je suis sorti avec une fille précocement et je suis encore en contact avec elle.*

De même, il ressort des témoignages des enfants uniques avec lesquels nous nous sommes entretenus qu'ils ont appris à se servir de leurs amis pour se protéger :

*Il y avait une fille qui s'appelait Béatrice. Elle était costaude, mais pas toujours très vive. Au réfectoire, elle me protégeait de celles qui m'embêtaient. En contrepartie, je l'aidais pour le calcul mental. Comme je me débrouillais bien en math et que j'avais toujours les bons résultats, notre échange de services a bien fonctionné jusqu'à ce que le pot aux roses soit découvert. Quand la prof s'en est aperçue, elle m'a demandé pourquoi je faisais ça et je me souviens très bien ne pas avoir pu lui répondre sincèrement. Elle n'aurait pas compris et m'aurait grondée. Alors je lui ai raconté que c'était parce que Béatrice me faisait pitié. Elle a été adorable. Elle m'a dit que j'étais très mignonne, mais que, cette fois-ci, je faisais fausse route. Les enfants uniques ne sont jamais à court de ressources, vous voyez ! Je lui ai fait promettre de ne pas punir Béatrice. À ses yeux, ce n'était qu'une preuve supplémentaire de mon bon cœur, alors que je ne faisais que protéger mes intérêts. Je savais que si Béa l'avait su, elle m'aurait dit de me débrouiller toute seule avec les autres. «Défends-toi toute seule !» Combien de fois me l'a-t-on répété ? Or je n'avais pas la moindre notion d'autodéfense. C'est quelque chose que je n'avais jamais appris.*

Comme nous l'avons vu dans le chapitre 2, *PETITES BAGARRES ENTRE FRÈRES ET SŒURS*, l'absence de chahut et de disputes au sein de la cellule familiale constitue sans conteste un handicap pour les enfants uniques. Les témoignages que nous avons réunis le démontrent : les enfants uniques ne savent pas se battre. Alors ils nouent des amitiés pour se protéger :

*Je n'ai jamais été très appréciée au lycée. Maintenant, je m'aperçois que c'était en partie dû à un besoin obsessionnel d'être parfaite et d'amener les autres à l'être aussi. J'étais une élève brillante, mais dépourvue de qualités sociales. Pendant la journée, je m'en tirais en général sans trop de heurts, mais le trajet en bus pour rentrer à la maison, à une dizaine de kilomètres, était toujours éprouvant. J'étais sans cesse la cible de moqueries et de remarques désagréables. La première année, je m'arrangeais pour rester plus tard sous prétexte de participer aux activités extrascolaires. Et puis, l'année suivante, je me suis fait une copine qui, elle aussi, prenait le bus. Je me mettais avec elle à l'avant, ce qui me permettait d'éviter le chahut de l'arrière. Nous sommes restées copines jusqu'en terminale. Je n'en étais pas consciente à l'époque, mais je crois que c'était une façon efficace d'éviter les problèmes avec les autres.*

## Instaurer l'équilibre

Malgré leurs premières expériences négatives, la majorité des enfants uniques avec lesquels nous nous sommes entretenus semblent avoir ajusté le tir par la suite, afin de développer des amitiés durables et profondes. Toutefois, ils admettent qu'ils ont toujours dû se garder de certains travers. Nombre d'entre eux reconnaissent avoir eu des difficultés à garder le sens de la mesure dans le contexte relationnel. Ils ont l'impression d'avoir pris les choses trop au sérieux ou d'avoir trop attendu de leurs amis.

*J'ai toujours eu des difficultés à partager mes amis. À l'école, j'avais deux bonnes copines, mais il fallait vraiment que je sois la meilleure amie, la priorité absolue, pour toutes les deux, et qu'elles me restent loyales envers et contre tout. J'aimais bien être avec l'une autant qu'avec l'autre, mais pas avec les deux à la fois. Je pense que je ne me sentais pas capable de soutenir une attention double. En plus, je redoutais affreusement qu'elles puissent s'apprécier mutuellement plus qu'elles ne m'aimaient, moi. Vous devinez la suite, évidemment. Elles se sont liguées contre moi et sont devenues les meilleures amies du monde. J'ai réagi en retirant mes billes et en partant en quête d'une autre copine. Il ne m'a même pas effleuré l'esprit de rester dans le circuit et d'accepter de faire partie du trio — ce qu'elles auraient volontiers accepté —, ni d'attendre qu'elles se fatiguent l'une de l'autre. Je ne voyais pas d'autre solution que de tirer ma révérence. Après cette histoire, je crois que je ne leur ai pratiquement plus adressé la parole. Notez que j'ai récemment renoué avec l'une d'entre elles que j'ai croisée par hasard dans la rue. Nous avons eu beaucoup de plaisir à nous retrouver. C'est une personne vraiment adorable et je regrette sincèrement toutes ces années perdues.*

C'est à l'adolescence que se manifeste la propension de l'enfant unique à trop attendre des relations amicales, surtout dans un rapport fille/garçon. Les élèves d'écoles non mixtes, en particulier, se sont retrouvés en terrain complètement inconnu face aux représentants de l'autre sexe, qu'ils considéraient presque comme une espèce à part. Aux doutes qui agitent tout adolescent s'ajoutent, pour un enfant unique, un manque de mesure caractéristique.

*C'était une école de filles. En plus, mon père avait une drôle de conception des rapports avec les garçons. Je n'avais même pas le droit de m'en approcher. Ce qui fait que par la suite, j'ai eu des contacts difficiles avec les hommes.*

*Comme je fréquentais une école de filles, je n'avais pas la moindre idée de ce que pouvaient être les garçons, ces êtres bizarres. C'est seulement quand j'ai entamé une relation stable avec mon petit ami que j'ai pu nouer des amitiés masculines. Je ne sais pas si cela est dû au fait que j'ai été élevée dans un milieu familial et scolaire exclusivement féminin, ou à ma situation d'enfant unique. Toujours est-il que je n'étais pas habituée à émettre les signaux appropriés.*

Une fois le contact établi, certains fils uniques admettent avoir fait fuir les filles en se montrant trop envahissants :

*Je lui ai foutu une trouille terrible.*

*Avec Madeleine, je n'avais aucun sens de la mesure. J'étais tellement fou d'elle que je lui faisais peur.*

Nombreux sont ceux qui savaient pertinemment qu'ils réagissaient de manière excessive vis-à-vis de leurs amis. Nous avons également évoqué plus haut leur incapacité à se juger et à s'évaluer par rapport aux autres. Cette lacune est due au manque de querelles qui sont le lot quotidien des enfants de familles nombreuses, à l'absence de critiques et de réconciliations. Entre frères et sœurs, même si l'on ne s'apprécie pas particulièrement, on apprend à accepter et à tolérer les différences de chacun. On n'a pas le choix. Privés de cette possibilité, les enfants uniques portent des jugements erronés sur les intentions et la loyauté de leurs amis.

Parce qu'ils n'ont aucune expérience des heurts entre frères et sœurs, les enfants uniques ne savent pas gérer les conflits en général. En amitié, ce déficit engendre une double conséquence. Tout d'abord, les enfants uniques risquent de ne pas surmonter les accrochages, pourtant normaux et inévitables dans toute relation :

*On s'est disputé bêtement pour une histoire de politique, une divergence d'opinion idiote sur le déficit de la sécurité sociale, et je ne savais pas comment m'y prendre pour réparer les pots cassés. Je ne savais pas si ce différend risquait de porter un coup fatal à notre amitié et j'appréhendais de l'appeler.*

Par ailleurs, un enfant unique ne s'avère pas toujours être un allié fiable dans une discussion. Il ne faut pas trop compter sur lui pour vous soutenir dans un débat ou un conflit.

L'esprit de corps, que développent en général les enfants ayant grandi entourés de frères et sœurs, n'est pas son fort.

*Quand on fait partie de la même famille, on se serre les coudes. Je le sais bien. Je les ai vus à l'œuvre : ils se soutiennent quitte à déployer des trésors de mauvaise foi. Mais je ne sais pas comment ils font.*

*Je ne sais pas dire : «Fiche-moi la paix !» à quelqu'un. J'ai trop peur qu'on ne me prenne au pied de la lettre. Entre frères et sœurs, on peut toujours s'envoyer au diable sans que cela porte à conséquence.*

En outre, les enfants uniques considèrent qu'ils ont des difficultés à trouver le juste équilibre entre donner suffisamment en amitié et se mettre à l'abri d'un rejet. Là encore, tout remonte à l'absence d'affrontements propres à la fratrie dans les premières années de la vie. Les enfants uniques doivent évaluer le degré d'exigence qui convient dans une relation. Or ils ne disposent d'aucun point de repère, d'aucun critère de mesure pour cela. Loin de nous l'idée que les enfants de familles nombreuses savent bien réagir en toutes circonstances. Mais pour le moins, ils ont assimilé les mécanismes relationnels au sein de leur famille.

*Je garde toujours un peu mes distances. Je n'ai pas vraiment d'ami proche. Je suis d'une compagnie agréable et j'ai le sens de l'humour, mais je n'ai pas de copain avec qui aller boire un pot au pied levé et j'aurais du mal à trouver un confident à qui parler en dehors du cercle familial.*

*Certains de mes amis prétendent que je suis un véritable ours. Même lorsque je pars en vacances en groupe, j'ai besoin de m'isoler de temps en temps. Je préserve toujours mon jardin secret. J'ai tendance à me montrer peu communicatif.*

Les enfants uniques risquent également de ne pas savoir évaluer le moment où il est préférable, voire nécessaire, de mettre un point final à une relation. Leur crainte de se montrer trop insistants ou exigeants est telle qu'ils préfèrent s'effacer plutôt que de courir le risque d'être rejetés, même si celui-ci est encore loin d'être patent.

Nos interlocuteurs sont tout à fait conscients de leur tendance à considérer les amis comme des substituts de frères et sœurs. Ils savent qu'il leur faut prendre garde à ne pas forcer le trait, même si une telle situation n'est pas dénuée d'avantages :

*J'avais une copine de lycée qui s'appelait Pauline. On se comportait comme des sœurs, toutes les deux. Quand on voulait obtenir une permission exceptionnelle, on n'hésitait pas à jouer sur les deux tableaux, entre ses parents et les miens.*

Toutefois, les attentes focalisées sur le substitut de frère ou de sœur sont en général vouées à la déception :

*Je l'ai toujours considérée comme une sœur. Pendant les périodes difficiles, nous avons toujours répondu présentes l'une pour l'autre. Il m'est arrivé de l'appeler en plein milieu de la nuit. Une fois, elle est venue à la maison à trois heures du matin. Mais un jour, j'ai eu un véritable coup dur et je l'ai appelée à la rescousse. Je tombais mal : c'était le mariage de son frère. Évidemment, elle ne pouvait y renoncer pour voler à mon secours. J'ai tout à fait compris, mais il n'empêche que je me suis sentie lésée.*

## Conclusion

En dépit de tous les inconvénients que comporte leur statut et des difficultés auxquelles ils sont exposés, la plupart des enfants uniques interrogés sont finalement parvenus à construire des amitiés durables et épanouissantes. Tôt ou tard dans l'existence, il nous faut apprendre à tirer de l'expérience d'autrui les enseignements qui s'imposent et à les exploiter pour enrichir et élargir la nôtre. Les enfants uniques doivent apprendre à concevoir l'amitié sous cet angle. Si vous ne connaissez pas les règles de l'engagement, vos amis les connaissent certainement. Rien ne vous empêche de combler votre déficit en tirant parti de l'expérience de votre entourage.

N'oubliez pas non plus que si cela présente certainement des inconvénients, avoir un enfant unique pour ami comporte aussi des avantages précieux. Vous pouvez être certain qu'il se conduira avec loyauté, fiabilité et sens des responsabilités. De plus, vous pouvez compter sur sa fidélité et sa constance. Nombre d'enfants uniques s'entendent à merveille à garder un lien avec leurs connaissances, même si les contacts sont peu fréquents !

*Avec la plupart de mes amis, j'échange à peu près un coup de fil par semaine. Mais de ma copine qui est enfant unique, je n'at-*

*tends pas grand-chose... Je sais qu'elle se manifestera quand bon lui semblera.*

*J'ai quelques amis avec lesquels j'entretiens une relation de longue date. Si nous parvenons à nous retrouver une ou deux fois par an pour prendre un verre, cela suffit à maintenir le lien. L'un d'eux est un copain d'enfance et, à chaque fois que nous nous revoyons, c'est comme autrefois, rien n'a changé. Dans mon esprit, il ne fait aucun doute que c'est un ami pour la vie. Pour ma femme, en revanche, un ami avec qui l'on n'entretient pas un rapport hebdomadaire est un ami perdu.*

Les enfants uniques ne sont pas non plus du genre à vous éliminer de leur liste de cartes de vœux. À vrai dire, ils ont plutôt tendance à continuer à vous souhaiter une bonne année même si vous les avez rayés définitivement de votre carnet d'adresses, tant ils redoutent de ne pas se faire aimer !

*J'ai la chance de pouvoir voyager aux quatre coins du monde. J'entretiens consciencieusement toutes les amitiés liées sur place. Elles revêtent une grande importance à mes yeux, quitte à faire des efforts pour les maintenir.*

Enfant unique, si vous souhaitez devenir un ami apprécié et vous épanouir en amitié, nous vous suggérons les règles suivantes :

1. Gardez le sens de la mesure.
2. N'attendez pas trop des autres.
3. N'oubliez pas que les amitiés peuvent survivre aux disputes.
4. Mettez à profit l'expérience de vos amis pour élargir la vôtre.
5. Ne prenez pas les choses trop au sérieux.
6. N'oubliez pas que vous êtes considéré comme quelqu'un de fiable, digne d'estime et de confiance.

# 9.

# L'enfant unique dans le monde du travail

Dans le monde du travail, les enfants uniques restent fidèles à leur réputation de premiers de la classe. Les ambitions de leurs parents, alliées à toute leur attention et à des ressources non partagées, garantissent à un grand nombre d'entre eux un bon niveau d'études ou de formation, ce qui leur permet d'accéder à de bons postes. En outre, la maturité sociale et les nombreux autres atouts de l'enfant unique font de lui un individu parfaitement adapté au monde du travail, milieu où il peut se mettre en valeur. Ainsi, son succès professionnel reste un fait indiscutable.

Il n'en reste pas moins que les enfants uniques doivent procéder à de sérieuses mises au point pour se conformer à la vie de l'entreprise. D'après nos interlocuteurs, contrairement aux apparences, leur réussite ne se résume pas toujours à une carrière fulgurante, même si, dans le milieu professionnel, l'enfant unique peut plus facilement cacher les doutes qui risquent de l'assaillir. Ses difficultés se faisant beaucoup moins criantes que dans l'intimité du couple, par exemple, elles pourront passer inaperçues aux yeux d'un étranger.

Étant donné ce que nous savons déjà de l'enfant unique et notamment son besoin obsessionnel «d'être tout», s'ensuit pour lui l'obligation de porter toutes les responsabilités et d'encaisser tous les reproches, une tendance à se montrer très dur envers lui-même et à placer la barre très haut.

Comment s'intègre-t-il dans le monde du travail ? Nous allons nous pencher sur les choix professionnels de l'enfant unique, mais ce sont surtout ses modes de fonctionnement dans ce contexte qui nous intéressent. Quel genre de collègue est-il ? Quel genre de patron ? Quel type d'emploi doit-il rechercher ? À quoi doit-il faire attention ?

## Le fonceur

Certains de nos interlocuteurs nous ont renvoyé l'image stéréotypée de l'enfant unique fonceur et ambitieux :

*Je suis terriblement ambitieux. Je me demande toujours si ma carrière est à son apogée ou si je peux encore aller plus loin. Ce n'est peut-être plus aussi crucial pour moi que ça l'a été par le passé, mais c'est encore important. L'image que j'ai de moi-même est conditionnée par ma réussite professionnelle, bien que celle-ci ne soit pas toujours liée à des enjeux financiers.*

*Après avoir aligné les promotions, je me suis retrouvé le plus jeune des cadres supérieurs. Aujourd'hui, je suis directeur général, mais je ne suis pas très sûr de moi dans ce rôle. Et pourtant, je suis motivé et je veux persister. Mon ambition, c'est maintenant de parvenir à coller à mon personnage.*

*Il y a une chose que nous savons bien faire, c'est optimiser notre temps de travail.*

Les qualités d'organisateur, l'amour de l'ordre, des listes et des choses bien faites — toutes ces valeurs de grandes personnes acquises à un âge précoce — se révèlent parfaitement adaptées à l'univers, adulte s'il en est, que constitue le monde du travail. Dans la vie professionnelle, en effet, il est essentiel de savoir finir ce que l'on commence et d'aller jusqu'au bout de ses projets :

*J'apprécie l'ordre. J'attache beaucoup d'importance à mes affaires, à ma présentation, quoi que je fasse. C'est une forme de dignité, j'en suis convaincu.*

*Il aime que ses affaires soient en ordre, mais il n'éprouve pas le besoin d'imposer cela aux autres. Il a suffisamment confiance en lui. Il ne s'en sert pas pour se faire valoir.*

*Il travaille très bien tout seul.*

Savoir garder ses distances se révèle souvent appréciable :

*Dès que quelqu'un a un problème personnel ou avec un client... un véritable essaim de collègues gravite autour de moi, alors que cela fait seulement un an que je suis dans la boîte.*

*C'est toujours lui le négociateur, voire le conseiller. Tout le monde s'adresse à lui. Il est devenu le confident de chacun.*

De toute évidence, sa fiabilité — rappelez-vous qu'il a toujours l'impression de porter toutes les responsabilités — fait de l'enfant unique un collègue en qui l'on peut avoir toute confiance. Vous pouvez compter sur lui pour mener à bien les projets qui lui sont impartis et pour atteindre les objectifs fixés :

*Je n'ai aucun problème pour me motiver. Enfant, j'ai pris l'habitude de m'organiser tout seul, et cela m'est resté à l'âge adulte.*

*Quand j'entreprends quelque chose, il faut que j'aille jusqu'au bout. Je déteste faire les choses à moitié. Je suis du genre obstiné... C'est comme ça que j'en suis arrivé là, professionnellement. Je me suis entièrement consacré à ma carrière. En plus, j'ai choisi un métier où il est particulièrement difficile de faire son trou. C'était un véritable défi. J'adore travailler. J'y consacre toute mon énergie. C'est comme cela que je fonctionne. J'ai besoin d'extrêmes, c'est dans ma personnalité.*

La réalisation d'un projet ne se conçoit pas isolément, mais en coopération et en contact avec d'autres intervenants. L'aspect relationnel revêt une grande importance dans le milieu du travail. Or c'est sur ce plan que l'enfant unique risque d'avoir quelques difficultés à se mettre au diapason de ses collègues. Certains aspects de son vécu peuvent se révéler problématiques dans le contexte professionnel, ce qui risque de mettre en évidence ses lacunes relationnelles.

## Critique et concurrence

En général, critiques et concurrence font partie intégrante de la vie professionnelle, comme nous l'avons vu dans le chapitre 3, *L'image de soi*. Explicite et constructive, la critique aide à réaliser et à mener à bien les projets entrepris. Implicite, elle s'inscrit dans le cadre de ce que nous désignons par le doux euphémisme de «politique de bureau» — même si ce genre de pratique n'a pas besoin de bureau pour s'épanouir ! Rares sont ceux d'entre nous qui apprécient la critique mais, comme nous l'avons expliqué plus haut, privés de l'expérience des petites bagarres entre frères et sœurs, les enfants uniques y sont particulièrement sensibles.

Les réactions de nos interlocuteurs à la critique et à la concurrence sont révélatrices de la manière dont ils mènent leur carrière professionnelle :

*J'ai du mal à encaisser les échecs. Je suis plutôt perfectionniste. Je me fixe des objectifs ambitieux et, si je ne les atteins pas, je le prends mal.*

*Je suis très sensible aux critiques. Si, en tant qu'enfants uniques, nous avons du mal à les accepter, c'est parce que nous sommes déjà très durs vis-à-vis de nous-mêmes. Alors si quelqu'un d'autre s'y met, le vase déborde. Nous sommes tellement habitués à assumer tous les reproches que nous avons tendance à partir systématiquement du principe que tout est de notre faute.*

*Je n'accepte pas la remise en question personnelle et je prends très mal les critiques professionnelles. Il n'y a pas si longtemps de cela, je boudais pendant des heures. Je n'ai compris que récemment que la critique peut être constructive.*

*Je place la barre trop haut. Tout le temps. Autrement dit, je passe mon temps à essayer d'atteindre de nouveaux objectifs. L'intérêt ne réside pas tant dans le résultat que dans la progression du projet. Je me juge sans complaisance aucune et je suis plus indulgent à l'égard des autres. J'ai du mal à encaisser les critiques. Je peux éventuellement les accepter de la part des gens que je respecte, mais il n'y en a pas beaucoup. Je suis une tête de mule et, en général, je n'écoute pas les autres.*

N'ayant pas l'habitude d'être remis en cause, taquinés ou renvoyés à leur place au quotidien, les enfants uniques ont du mal à garder le sens de la mesure dans le milieu professionnel.

Les critiques les dépriment en profondeur car ils ont tendance à se sentir rejetés. S'ils ont du mal à reconnaître leurs torts et à admettre leurs erreurs, cela est probablement dû à l'image perfectionniste qui leur a été imposée dès l'enfance.

*Mes débuts dans l'univers professionnel ont complètement bouleversé mon système de fonctionnement. Enfant, j'étais aimé et adulé de façon inconditionnelle. À l'école, j'étais toujours le premier de la classe. J'étais heureux et à l'aise dans ce contexte. Tout ce que j'avais à faire pour entretenir le statu quo, c'était de rester sage et sérieux.*

*Évidemment, je n'encaisse pas les critiques. Quand on n'a jamais été rodé à ce type d'échanges, c'est la fin du monde à la moindre remise en question… On prend tout de façon beaucoup trop personnelle. Alors on s'arrange pour éviter la critique.*

Face à la concurrence, il nous a semblé que les enfants uniques avec lesquels nous nous sommes entretenus avaient tendance à réagir de façon extrême. Certains se déclarent fortement stimulés par la concurrence :

*J'ai l'esprit de compétition très développé. Sur le marché du travail, je veux être la personne la plus courtisée dans ma branche d'activité. Si je n'ai pas de rival, alors je me fais concurrence à moi-même. Notez que je n'aime pas les sports d'équipe, mais je fais régulièrement de la gymnastique. J'essaye de me dépasser en me mesurant aux haltères ou à la piste de jogging.*

À l'inverse, d'autres décident purement et simplement de se retirer du circuit. Peut-être parce qu'ils préfèrent ne pas s'engager dans une situation où ils ne sont pas certains d'être les meilleurs !

*La concurrence, je l'évite à tout prix. Je préfère me retirer de la course. J'ai beau dire que c'est parce que la victoire ne m'intéresse pas, je crains plutôt d'avoir peur de ne pas en sortir vainqueur.*

Les enfants uniques exercent une concurrence tous azimuts. Ils se comportent en tyrans vis-à-vis d'eux-mêmes et placent la barre très haut pour leurs collaborateurs. À cet égard, il leur faudra se montrer extrêmement vigilants pour ne pas devenir insupportables, notamment s'ils dirigent une équipe :

*Je suis capable d'abattre une grande quantité de travail en très peu de temps. Bien sûr, je prends sur moi pour ne pas imposer le même rythme à mes collaborateurs. Pour ce faire, nous avons mis en place tous les mécanismes nécessaires : objectifs, plans de carrière, etc. Il reste une chose à laquelle je ne peux rien : ils se sentent quand même un peu à la traîne, puisque je ne peux pas dissimuler ma productivité et la rapidité à laquelle je me sens obligé d'avancer. Pour être honnête, je ne peux pas non plus cacher ma contrariété quand l'un d'entre eux rate une échéance, même si je fais tout mon possible pour essayer de le comprendre. Pour ma part, ne pas remplir un objectif reste quelque chose d'inconcevable. Cela ne m'arrivera jamais, quoi qu'il puisse m'en coûter.*

## Au centre de toute l'attention

Ce qui sauve les enfants uniques, en les empêchant de devenir trop exigeants avec leurs collaborateurs, c'est bien évidemment leur désir d'être aimé. Même si leur nature les pousse à vouloir tout contrôler, ils éprouvent aussi le besoin d'être appréciés, indispensables et rassurés :

*Quand mon supérieur hiérarchique est un homme, j'ai tendance à tomber facilement dans le rôle de la petite fille si je ne me surveille pas. Je me mets à faire des propositions dans tous les sens au lieu d'agir en adulte raisonnable. Tout cela parce que je veux qu'on m'aime.*

*Je suis sans cesse en quête de reconnaissance. Ce besoin ne m'est pas passé à l'âge adulte. Je veux contenter tout le monde, tout en sachant que ce n'est pas possible, mais ce n'est pas faute d'essayer. Maintenant, je commence à m'affirmer un peu plus. Mais il m'a fallu un certain âge pour y parvenir.*

*Mon travail veut que j'aie mille choses à gérer. Au début, je cherchais à retrouver ce à quoi j'étais habituée : louanges et adulation. Je voulais à tout prix satisfaire tout le monde. Il m'a fallu du temps pour comprendre que les enjeux de la vie professionnelle étaient tout autres. Je me suis trop investie dans mon premier emploi. Je voulais être aimée, adulée et indispensable. Aujourd'hui, j'ai pris un peu de recul.*

Il arrive aussi que les enfants uniques utilisent le milieu professionnel pour compenser le vide familial. Certains chercheront ainsi à se fabriquer une famille de substitution sur leur lieu de travail :

*Je me rends parfaitement compte que j'occupe une position professionnelle qui me permet d'être au centre de tout. Ici, je suis le point de mire de toute mon équipe. Je me suis forgé une petite famille de substitution. Je veux tout savoir, parce que cela me donne l'impression d'être partie prenante. En revanche, je ne veux pas qu'on connaisse tout sur moi, parce qu'au fond, je reste solitaire et réservé. Je préfère observer plutôt que participer.*

Cet état d'esprit peut instaurer un contexte professionnel agréable. À l'inverse, il peut aussi inciter l'enfant unique à nourrir des attentes trop lourdes à porter pour ses collègues. Ces derniers devront alors non seulement satisfaire des critères professionnels très exigeants, mais aussi être prêts à lui apporter un soutien personnel. À l'instar de notre interlocuteur cité ci-dessus, il risque de vouloir tout savoir et d'attendre de ses collègues qu'ils remplacent la famille qu'il n'a pas :

*Je leur en veux s'ils ne restent pas prendre un pot avec moi après le travail quand j'ai un coup de déprime. Je réagis de telle manière qu'il leur est très difficile de dire non.*

Bien sûr, ce qui sauve l'enfant unique, c'est qu'il n'est jamais aussi exigeant avec les autres qu'envers lui-même. Ce sentiment omniprésent «d'être tout pour les autres» prévaut aussi bien sur le lieu de travail que dans la vie privée —, et ce avec des fortunes diverses :

*La première fois que j'ai occupé un emploi, j'avais l'impression de devoir être tout pour tout le monde. Je travaillais de 7 heures du matin à 11 heures du soir, sans m'accorder de pause. J'avais toujours l'impression de devoir être aux côtés de chacun, et ce pas seulement sur le plan professionnel. J'assumais aussi les problèmes personnels de mes collègues. Et puis les choses ont mal tourné, j'ai craqué. Un matin, je n'ai pas pu me lever pour aller travailler. J'ai fini par être arrêté trois mois. Mon médecin traitant m'a adressé à un psychologue. Depuis, j'ai beaucoup progressé, ce qui a facilité les rapports avec moi-même et avec les autres. J'ai encore tendance à trop en faire, mais maintenant, avant d'entreprendre quoi que ce soit, je me pose ces quatre questions :*

- *Ceci est-il* essentiel *? Faut-il absolument que je le fasse ?*
- *Ceci est-il* faisable *? Suis-je en train de me fixer un but ou un objectif raisonnable ou de m'exposer à un échec ?*

- *Ceci est-il* indépendant ? *Ce projet est-il susceptible d'entraîner d'autres contraintes auxquelles je ne pourrais pas faire face ?*
- *Ceci est-il* réaliste ? *Ai-je bien évalué le temps libre qu'il me restera une fois que j'aurai rempli toutes mes autres obligations ?*

*Dans mon cas, ce petit test a donné de bons résultats. Je ne saurais trop recommander à tout enfant unique de mettre au point un système équivalent.*

C'est la voix de la sagesse qui a parlé. Si vous êtes enfant unique, nous vous suggérons de vous inspirer de cet exemple sinon vous risquez d'en arriver à de regrettables extrêmes :

*Il y a cinq ans, j'ai fait une crise cardiaque pour cause de surmenage. Au bureau, j'en faisais dix fois plus que ce qu'on me demandait. Je sais, je vous tiens là un discours typique d'enfant unique, toujours prompt à s'accuser de tous les maux. Mais croyez-moi, c'était vraiment de ma faute. Toujours est-il que je me suis mis au régime, que j'ai commencé à faire du sport régulièrement et à prendre soin de moi de façon générale. Je me suis juré de ne plus jamais me laisser envahir par le travail. Mais regardez où j'en suis aujourd'hui : j'ai repris toutes mes mauvaises habitudes. J'ai l'impression que tout ce dont je suis capable, c'est de vivre au-dessus de mes limites. C'est une manière de satisfaire mes propres attentes. Résultat : je vis avec une épée de Damoclès au-dessus de la tête.*

Heureusement, tous les enfants uniques ne finissent pas cardiaques ! Il n'en reste pas moins qu'ils ont un dénominateur commun : le refus d'admettre une ignorance quelconque ou de s'abaisser à demander de l'aide dans leur vie professionnelle. Les messages inculqués depuis la plus tendre enfance — tu devras bien faire et tu assumeras toutes les fautes en cas de dérapage — sont irrémédiablement ancrés :

*En tant qu'enfants uniques, nous hésitons beaucoup à recourir aux autres, alors qu'en cas de problème, n'importe qui d'autre se tournerait vers son voisin pour demander de l'aide, tout simplement.*

*Nous nous estimons responsables de tout. «Je n'en fais pas assez» est une expression qui m'obsède. Je m'en rends compte, mais je n'y peux rien.*

Sur le terrain professionnel, certains manœuvrent de façon à *éviter* qu'on leur en demande trop ou qu'on les surcharge de responsabilités. Les difficultés à s'engager sur le plan personnel, comme nous l'avons vu dans le chapitre 4, *LA MATURITÉ SOCIALE*, engendrent aussi un mécanisme d'autoprotection dans la vie professionnelle. C'est ainsi que les enfants uniques choisissent parfois de s'en tenir à des contrats à court terme :

*Vous savez ce que je redoute le plus dans la vie ? Un contrat à durée indéterminée ! Cela voudrait dire que je m'engage sur une voie balisée et que je n'exerce plus aucun contrôle sur ma vie. Je préfère m'en tenir à des missions courtes dont la fin reste toujours à portée de vue.*

*Ce poste de suppléante me va comme un gant... surtout pas d'engagement à long terme.*

D'autres encore vont se diriger vers un emploi ou une carrière où ils pourront rester maître de la situation :

*Je suis décorateur. Je travaille à mon compte, pour la simple et bonne raison que cette solution me laisse la possibilité de gérer mon temps comme bon me semble.*

*C'est pour cette raison que je travaille chez moi. C'est un atout de savoir s'organiser et mener à bien des projets par soi-même.*

*Je gagne ma vie en* free lance. *Quelquefois, je me demande si ce choix de travailler seule ne signifie pas que je refuse de m'intégrer à une équipe. Moi qui ai été élevée pour être dépendante, je ne veux plus jamais en entendre parler.*

Nous allons maintenant constater que travailler seul ou en *free lance* peut constituer une bonne solution pour certains enfants uniques.

## LA POLITIQUE DE BUREAU

L'un des aspects du travail en équipe demeure ce que l'on appelle couramment la «politique de bureau». Pour un enfant unique, elle est similaire aux situations de groupe qu'il avait déjà tendance à ne pas apprécier et à fuir du temps de l'école :

*Je ne supporte pas les petites intrigues de bureau. Je préfère de loin travailler avec des personnes franches plutôt qu'avec des gens qui communiquent par réponses codées. Ces manigances me déstabilisent parce que rien n'est clair. C'est comme les taquineries. Encore un jeu que je n'ai jamais eu l'occasion d'apprendre, contrairement à ceux qui ont grandi entourés de frères et sœurs. Pour un enfant unique, tout est noir ou blanc, il n'y a jamais de nuances. En réalité, je ne maîtrise pas du tout les ficelles de la politique de bureau. Soit vous avez la fibre, soit vous ne l'avez pas, mais cela ne s'acquiert pas.*

*Mon entreprise a fusionné avec une autre et je n'ai pas supporté la nouvelle ambiance. Je ne suis pas faite pour toutes ces manœuvres de couloir. Je m'arrange pour ne passer que quelques après-midi par semaine au bureau. J'apprécie le groupe à sa juste valeur, mais à condition de le tenir à distance.*

*Je ne me suis pas suffisamment chamaillée quand j'étais petite. Je n'arrive pas à me sortir honorablement de ce genre de situation au travail. Je déteste les affrontements, et ce d'autant plus que je ne sais pas gérer la politique de bureau.*

En toute logique, l'une des solutions face à ce problème consiste à se dérober en créant son propre espace :

*Je suis professionnellement basé à Nice, mais j'ai ma tanière dans l'arrière-pays. Quand il a été question de créer une filiale, j'ai négocié pour qu'elle se situe à l'écart. J'ai besoin de m'échapper et de me préserver. C'est peut-être là l'une des qualités de l'enfant unique : savoir négocier.*

Mais plutôt que de s'esquiver, certains enfants uniques préfèrent simplement exclure toute situation de groupe de leur vie professionnelle en travaillant seuls, comme nous l'avons vu plus haut.

*Dans son travail, il a choisi la solitude à 100%. S'il le pouvait, je crois qu'il se passerait aussi de téléphone.*

## S'INTÉGRER AU GROUPE

Les conclusions que nous avons jusqu'à présent exposées dans ce chapitre impliquent-elles que les enfants uniques sont de piètres coéquipiers ? Pas forcément, même s'il faut bien admettre qu'ils risquent d'avoir plus de difficultés à s'intégrer à une équipe que les personnes ayant acquis, au sein d'une famille, l'expérience de l'adaptation et des négociations :

*J'ai toujours préféré les sports individuels, comme le tennis ou la natation, aux jeux collectifs. Si je devais participer à un sport d'équipe, je serais avant-centre, en plein milieu, parmi les meneurs et les attaquants.*

*Dans mon travail, il m'arrive de devoir partager mon ordinateur. À chaque fois, je crois devenir fou. Quand j'ai prévu de travailler et que je me retrouve bloqué parce qu'un collègue est déjà installé devant l'écran, je suis furieux. Je voudrais pouvoir disposer de mon outil de travail à tout moment.*

S'il veut s'intégrer à une équipe, l'enfant unique doit combattre sa tendance naturelle à être le centre du monde. Il doit aussi veiller à ne pas juger toute situation en fonction de l'impact qu'elle exerce sur lui :

*Je n'oublierai jamais ce qui s'est produit la première fois que j'ai travaillé dans un espace collectif. J'ai décrété que je n'aimais pas la disposition de mon bureau. J'avais l'impression que j'aurais plus facilement accès aux documents dont j'avais besoin en changeant d'angle. Un matin, je suis arrivé à l'avance et j'ai réaménagé mon coin. Je ne m'attendais pas du tout aux hurlements de mes collègues quand ils ont vu ça. Je ne m'étais tout simplement pas rendu compte que ma nouvelle installation bloquait le passage. J'étais vexé d'être remis à ma place... dans tous les sens du terme. Évidemment, ils avaient raison.*

*Notre situation d'enfant unique fait de nous des personnes indépendantes. Nous sommes capables de fonctionner sur un mode parfaitement autonome. De temps en temps, je me dis qu'il ne doit pas toujours être facile de travailler avec moi. J'ai développé des méthodes et des raisonnements très personnels. J'ai du mal à partager. L'avantage, c'est que je suis mieux placé pour observer, ce qui est propice à la réflexion. Il y a toujours une explication rationnelle à tout.*

Une fois que vous avez admis ces défauts, gardez-vous de tomber dans l'excès inverse et d'assumer une responsabilité qui ne vous incombe pas :

*Il a un sens des responsabilités beaucoup trop développé, c'est terrible. Je n'arrête pas de lui dire : tu ne peux pas résoudre les problèmes de tout le monde. Si ce travers est typique des enfants uniques, alors Charles en est un à 100 %. Il se sent responsable du bonheur de la terre entière.*

*En tant qu'enfants uniques, nous sommes étrangers au sentiment de responsabilité qui unit les différents membres d'une famille. C'est pour cela, sans doute, que nous opérons un transfert sur les autres. Dans mon cas, il s'agit de mes clients. Je me sens responsable d'eux.*

Par ailleurs, il faut admettre que travailler en équipe implique parfois des heurts, ce que l'enfant unique, qui a tendance à fuir les conflits, aura peut-être du mal à accepter :

*Je ne supporte pas de voir deux personnes s'affronter. J'ai beaucoup de mal à gérer les conflits et à défendre mes intérêts. Dans l'une des sociétés où j'ai travaillé, mes collègues me traitaient comme quantité négligeable : ils avaient pris l'habitude de tenir des réunions pour organiser mon planning. Et les délais de remise de mon travail étaient de plus en plus courts. Avec le recul, je me rends compte que j'aurais dû immédiatement mettre un terme à ce genre d'agissements, au lieu de bouillir intérieurement sans me rebiffer, car je savais que c'était un cyle infernal. Mais je n'ai pas su m'imposer quand il le fallait. Je n'étais pas à l'aise dans cette position. Je n'aime pas m'opposer.*

*Il a choisi un secteur qui lui permet d'être indépendant. Il n'aimait pas travailler au sein d'une collectivité. Il n'a jamais su jouer des coudes. Il est bien trop gentil. Il ne supportait pas les intrigues et les bras de fer, c'est pour ça qu'il a jeté l'éponge. Maintenant, il est consultant spécialisé, ce qui lui va comme un gant. Il n'est pas armé pour bousculer et écraser les autres sans scrupules. En revanche, on peut compter sur lui les yeux fermés. C'est mon îlot de stabilité.*

Il n'est pas toujours facile de trouver le niveau approprié dans une relation :

*J'ai raté quelque chose sur le plan des relations d'égal à égal — d'enfant à enfant, par exemple, ou d'adulte à adulte. Alors maintenant, j'ai tendance à dériver vers des rapports parent/enfant. Dans la dernière société où j'ai été employé, j'ai suivi une formation pendant laquelle j'ai tenu le rôle de l'enfant. Quelqu'un m'a alors pris comme bouc émissaire et c'était horrible. Maintenant que je suis devenu formateur à mon tour, je me surprends à adopter une attitude de parent qui n'est pas non plus de mise.*

Aux yeux de ses collègues, l'enfant unique peut paraître trop sérieux et trop responsable. De toute évidence, il risque d'être considéré comme quelqu'un de rigide et de trop attaché à des choses sans importance :

*Je me souviens que l'on me taquinait souvent parce que je n'aimais pas qu'on touche à mon bureau. Je ne suis certainement pas le seul à ne pas apprécier qu'on fouille dans ses affaires. Je me mettais vraiment en colère quand on ne me rendait pas l'agrafeuse ou quand on changeait mon téléphone de place. Au début, mes collègues en riaient, mais quand j'ai remarqué que mon attitude commençait sérieusement à les irriter, j'ai joué profil bas. Je suppose que, comme la plupart des enfants uniques, j'avais l'habitude de toujours retrouver les choses dans l'état où je les avais laissées.*

Peut-être devriez-vous essayer de vous montrer un peu plus spontané, de prendre les choses avec plus de légèreté. Et pourquoi ne pas brouiller les pistes, de temps à autre ? Vous prouveriez ainsi à vos collègues que vous n'êtes pas toujours parfait et que, vous aussi, vous avez des moments d'insouciance.

*Je sais qu'il est important de se montrer sociable, et je m'y prête de bonne grâce quand il le faut. Je sais jouer le jeu dans les soirées.*

Si vous faites quelques efforts dans ce sens, vos collaborateurs seront plus enclins à apprécier vos incontestables qualités professionnelles. Qui est capable de mettre la main sur le dossier que tout le monde cherche ? Qui est la personne la mieux organisée du bureau ? Qui n'oublie jamais d'éteindre la lumière ou d'acheter du café ? L'enfant unique, évidemment. Il ne vous reste qu'à admettre que vous pouvez être fier et satisfait de ces qualités. N'hésitez pas à les cultiver, à condition de ne pas envoyer promener ni mépriser ceux qui en sont dépourvus — ils ne vous sont pas inférieurs, ils sont juste différents.

## Conclusion

1. Réfléchissez à votre choix professionnel et aux raisons qui l'ont motivé. Avez-vous suivi cette voie pour répondre aux attentes de vos parents ? Pour satisfaire leurs ambitions plutôt que les vôtres ? C'est peut-être fort bien ainsi, mais il est toujours bon de le savoir. À l'inverse, il serait tout aussi absurde d'embrasser une carrière uniquement pour se rebeller contre la volonté parentale. Un métier se choisit en fonction de ce que l'on veut pour soi-même.

2. En tant qu'enfant unique, vous n'avez pas autant que d'autres l'occasion de discuter du chemin à suivre avec des personnes de votre âge. Alors demandez conseil hors de la cellule familiale, sondez l'opinion de votre entourage :

   *Si je n'étais pas enfant unique, je crois que j'aurais fait un choix de carrière différent. J'aurais aimé pouvoir en discuter avec quelqu'un d'autre. J'aurais pu exprimer certaines idées au lieu de les garder enfouies en moi.*

   En outre, une ouverture vers l'extérieur devrait vous aider à résoudre le sempiternel problème des attentes familiales. Sont-elles réalistes ? Etes-vous certain de vouloir suivre les traces de votre père ? Envisagez-vous cette solution parce qu'il n'y a personne d'autre pour le faire ?
3. Acceptez l'impact de votre expérience d'enfant unique sur votre personnalité. Appréciez-vous la solitude plus que d'autres ? Ressentez-vous un impérieux besoin d'espace vital ?
4. D'après l'expérience de nos interlocuteurs, nous vous conseillons d'opter pour une profession où vous serez décisionnaire — être fonceur peut avoir de bons côtés — ou pour un métier où vous serez votre propre maître, soit *free lance,* soit spécialiste dans un domaine très pointu. En outre, cette solution convient parfaitement à tous ceux qui aiment bien se démarquer.
5. N'oubliez pas que vous avez tendance à être solitaire. Essayez d'éviter les professions à caractère plus technique qu'humain. Vous risqueriez de vous enfermer dans une situation privée de contacts et de passer tout votre temps devant des machines — c'est tellement plus facile !

*J'ai choisi une formation de paysagiste. J'aime bien ce contact à la nature, le fait de travailler à l'extérieur, etc. Mon premier emploi, dans le milieu écologique, impliquait de nombreux contacts humains mais il me laissait aussi une grande marge de manœuvre. Avec le recul, je me rends compte que je me suis rapidement concentré sur l'aspect humain de mes responsabilités, non pas que j'aie fait passer l'environnement au second plan ! J'avais simplement besoin d'échanges et j'adorais cela. Évidemment, je ne pouvais pas prétendre à la même reconnaissance de la part d'un arbre ! J'aurais dû m'en douter plus tôt : je disposais de tous les éléments nécessaires pour comprendre que les professions dites «humaines» me conviennent mieux. Mais à l'époque, il ne s'est jamais trouvé personne, à mes côtés, pour me dire tout simplement : «Pourquoi t'obstines-tu dans cette direction ? Ça ne te convient pas du tout !»*

6. N'ayez pas honte de vos qualités d'organisateur et de votre tendance à vouloir tout mettre en ordre. Ce sont aussi de précieux atouts.
7. Fixez-vous des limites raisonnables. Renoncez à partir à la conquête du monde.
8. Ne jugez pas les autres selon vos critères — vous placeriez la barre trop haut pour eux.
9. Ne leur en demandez pas trop. Vos collègues ne sont pas votre famille.
10. Gardez-vous du péché mignon de l'enfant unique : la théorie d'après laquelle il n'y aurait pas d'autre réalité sur terre que lui-même. Le monde du travail ne tourne pas autour de vous. Entretenez ou développez votre sens de l'humour. Le métier le plus sérieux au monde n'est jamais complètement dénué de légèreté.

## 10.

# L'enfant unique et la prise en charge des parents

*J'appréhende le jour où je vais devoir m'occuper d'eux !*

*En tant qu'enfant unique, évidemment, je n'avais pas le choix. Quand ma mère est devenue dépendante, il a fallu que je m'en occupe.*

*S'il est une chose que je redoute, c'est de les voir tomber malades. Lorsque cela se produira, je vais m'effondrer. Comment faire face ? Comment gérer cela, parallèlement à ma vie professionnelle et à ma propre vie de famille ?*

Dans ce chapitre, nous allons aborder le problème de la prise en charge de parents âgés. Comment s'organiser le jour où ils ne peuvent plus se débrouiller sans aide extérieure ? Les plus grandes craintes de nos interlocuteurs se focalisent sur cette question qui, inévitablement, se posera un jour, sur le fait de devoir assumer tout seul cette responsabilité. Il est vrai qu'étant tous parvenus à l'âge adulte, ils ont maintenant des parents relativement âgés et susceptibles d'avoir besoin de soins particuliers.

La plus grande partie de ce chapitre donne des conseils sur la prise en charge des parents. Toutefois, commençons par citer le témoignage de quelques enfants uniques sur ce sujet :

*Je m'inquiète énormément pour mes parents. Il n'y a personne d'autre que moi pour s'occuper d'eux.*

*Cette responsabilité me fait froid dans le dos. Papa est parti le premier, c'est peut-être mieux comme ça : il aurait été incapable de se prendre en charge. Quant à maman, elle a souffert toute sa vie d'une belle-mère envahissante. Comme elle s'était juré de ne jamais tomber dans le même travers, elle s'est installée dans une maison de retraite à la mort de papa. Je m'en tire plutôt bien…*

*Ce n'est pas une sinécure de passer des vacances avec elle. Sa mémoire est défaillante. Toutes les conversations sont devenues répétitives. Quelquefois, quand elle est fatiguée ou énervée, elle déraisonne. Lundi dernier, nous avons fêté son quatre-vingt-dixième anniversaire. Une fois tous les invités partis, il ne restait plus que mes deux fils et moi. Elle s'est mise à radoter. Vingt fois de suite elle nous a demandé si nous avions soif. J'avais beau lui répondre que non, la question revenait… J'ai fini par hausser le ton pour qu'elle se calme. Je vous parais peut-être dure, je sais, mais j'ai du mal à supporter ce genre de choses. À chaque fois, les garçons me lancent un regard réprobateur. Mais entre une position de fille et de petit-fils, il y a un monde. Ce ne sont pas les mêmes peurs, même si le lien de parenté reste très proche. Le fait est que ses excentricités sont loin de déclencher la même inquiétude chez eux que chez moi. J'ai quand même beaucoup de chance : ma mère est une heureuse nature. Elle se contente de ce qu'elle a et ne regrette pas (du moins pas ouvertement) ce qu'elle ne peut pas faire ou avoir. Je suppose qu'elle doit traverser des moments de déprime, mais elle ne le dit pas.*

*Mon mari a trois frères et sœurs. Quand ils ont un problème de famille, j'ai remarqué qu'ils se téléphonent ou se débrouillent pour en parler, même s'ils ne sont pas particulièrement proches. Ils ne se voient pas très souvent, mais dès qu'il y a une décision à prendre, tous sont au rendez-vous. De mon côté, je n'ai aucune chance de pouvoir procéder ainsi.*

Pour un enfant unique, la prise en charge des parents représente une double angoisse. À l'inquiétude — voire l'appréhension — de les prendre sous sa responsabilité s'ajoute l'obligation morale de le faire. C'est un fardeau considérable.

Rien d'étonnant à ce que les enfants uniques redoutent le jour où ils devront faire face.

Évidemment, ces angoisses ne sont pas le monopole des enfants uniques. Il n'en reste pas moins que ces derniers ressentent plus intensément les obligations et l'absence d'alternative que les membres de familles nombreuses. Ils n'ont personne avec qui partager ce devoir de responsabilité et de prise en charge des parents. Entre frères et sœurs, on peut parler : «À ton avis, quelle est la meilleure solution pour maman ?» Et puis, il y en a toujours un pour se dévouer... Comme nous l'avons vu, il est naturel, pour un enfant unique, d'assumer toutes les responsabilités. À cette période de la vie, toutefois, il devient particulièrement difficile de tout porter sur ses épaules :

*Quand je m'occupais de ma mère mourante, j'ai souffert de ne pas avoir bénéficié d'un soutien. J'étais seul à décider s'il fallait augmenter la dose de morphine (c'est une décision terrible à prendre). La seule personne qui m'ait soutenue, c'est une vieille amie de la famille qui nous accordait un ou deux jours par semaine. Elle était enfant unique, elle aussi, et elle me comprenait. Elle savait que j'avais avant tout besoin d'être épaulé.*

Rares sont ceux qui envisagent avec sérénité la prise en charge d'un parent à plein temps :

*Je songe à les prendre chez moi, et puis, l'instant d'après, je chasse cette idée. Je ne veux pas y penser. Je suis prête à faire en sorte qu'ils ne manquent de rien et qu'ils aient accès aux meilleurs soins, mais je ne veux pas me laisser envahir.*

Cependant, rares sont ceux qui se dérobent face à leurs responsabilités :

*En ce qui concerne mon père, la prise en charge est un problème urgent. C'est une énorme responsabilité car son bien-être dépend entièrement de moi. S'il est une chose dont j'ai toujours été conscient, c'est qu'il me faudrait être capable de tout organiser. Pourtant, dans le cas de mon père, qui souffre de la maladie de Parkinson, je me retrouve complètement désemparé. Il n'y absolument rien à faire et je suis la seule personne sur qui maman puisse compter. Ma propre vie s'en trouve bouleversée. Étant donné la situation, les vacances, par exemple, sont exclues du programme. J'en suis frustré et, du coup, je me sens coupable, même si je ne rechigne pas à m'occuper d'eux.*

Deux pressions s'exercent sur l'enfant unique : la nécessité de bien faire, et la culpabilité s'il est impuissant à faire face. Pour l'enfant unique ayant épousé un enfant unique, la responsabilité est double.

*Je considérerais cela comme un fardeau si maman venait vivre chez nous. Nous sommes dans une situation difficile, étant donné que nous avons chacun deux parents, et que, évidemment, nous avons tous deux nos responsabilités envers eux.*

En dépit des craintes sincères et très fréquentes de nos interlocuteurs, s'occuper de ses parents n'est pas forcément une épreuve insurmontable, même pour un enfant unique. Qui plus est, c'est peut-être l'occasion de développer des rapports nouveaux et épanouissants avec le ou les parent(s) qui ont besoin d'aide. À partir de l'expérience d'enfants uniques ou d'autres personnes assumant la prise en charge de leurs parents, nous nous proposons, dans ce chapitre, de vous livrer quelques conseils qui, nous l'espérons, vous seront utiles. (1) *Préparation*, (2) *Communication*, (3) *Négociation* et (4) *Attentes* demeurent les mots clefs de la stratégie du mieux-être de l'enfant unique responsable de ses parents. Examinons-les de plus près.

### Vous n'êtes pas seul

Tout d'abord, un mot sur l'assistance aux personnes âgées en général. Aujourd'hui, la société encourage la prise en charge par la famille. Pour un enfant unique, la première étape consiste à comprendre qu'il n'est pas seul. Or nous ne savons que trop bien que vous êtes *convaincu* d'être seul. En l'occurrence, ce n'est pas entièrement vrai. Vous n'êtes qu'une personne parmi plusieurs millions d'autres dans la même situation. Nombreux sont ceux qui vous confirmeront qu'il est possible de s'occuper de ses parents sans se laisser totalement engloutir.

## PRÉPARATION

Vous reconnaissez-vous dans ce témoignage ?

*Je n'ose pas penser à ce qui va se passer quand papa et maman vieilliront. Ils me téléphonent tous les dimanches. Chaque semaine, après leur appel, je me dis : «Dieu merci, encore une semaine de sursis.»*

Mais un jour, un coup de téléphone vous apprendra que l'un d'eux a eu une défaillance et il vous faudra réagir. N'attendez pas le dernier moment. *Commencez à vous préparer dès maintenant.* Pour ce faire, il convient de considérer le problème sous trois aspects : *financier*, *pratique* et *psychologique*.

## Préparation financière[1]

Tout d'abord, analysez la situation actuelle afin de partir sur des bases saines. Nombreux sont ceux qui restent persuadés que les frais d'hébergement en maison de retraite sont assurés par l'aide sociale, ce qui n'est le cas que dans certaines conditions — les soins médicaux restant du ressort de l'assurance-maladie. Sur examen du dossier, votre parent[2] peut aussi bénéficier de l'allocation-logement sociale. Par ailleurs, c'est le conseil général qui décide de la part des ressources prélevées pour rembourser les frais d'hébergement en maison de retraite.

Il se peut aussi que votre parent ait effectivement besoin de soins, mais qu'il puisse continuer à vivre chez lui en bénéficiant d'une aide ou d'une garde à domicile, voire d'une auxiliaire de vie. Dans ce cas, une prise en charge par l'aide sociale est possible. Néanmoins, ces aides diverses peuvent ne pas couvrir la totalité des dépenses. Vous aurez donc, le cas échéant, à payer la différence. Pour faire le point de la situation, nous vous invitons à répondre aux questions suivantes :

- Possédez-vous des biens ? Vos parents possèdent-ils des biens ?
- Comment évaluer l'ensemble de ces biens ?
- Pouvez-vous envisager un transfert de propriété ?
- Vos parents ont-ils souscrit à une caisse privée ou autre fonds de pension ?
- Comment associer au mieux votre intervention et les soins d'une aide à domicile rémunérée ?
- Envisagez-vous une alternative à la maison de retraite ?
  Foyers-logements, comme les foyers-soleil,
  Résidences service,
  Résidences médicalisées.

---

[1] Paragraphe en grande partie adapté au contexte français.

[2] Pour simplifier, nous avons choisi le terme de «parent» au singulier, mais il est bien évident que notre propos s'adresse aussi aux enfants uniques responsables de leurs deux parents.

Une fois que vous aurez calculé avec exactitude la somme dont vous disposez, vous pourrez passer aux aspects pratiques de la prise en charge.

## Organisation

Avant tout, posez-vous les questions suivantes :

- Quelle est la nature de l'aide dont votre parent a ou aura besoin ?
- Quelles sont les solutions offertes au niveau régional — Centres communaux d'action sociale (CCAS), Office des personnes âgées (OPA) ? Ou par les associations de bénévoles — Croix-Rouge ou autres organismes d'aide aux troisième et quatrième âges ? Ou encore par votre entourage — amis et parents ?
- La région dispose-t-elle d'un bon réseau de transports en commun ?
- L'installation dans une région plus accessible ou mieux desservie est-elle envisageable ?
- Pouvez-vous aménager une douche de plain-pied ?
- Est-il possible de prodiguer d'ores et déjà à votre parent certains soins préventifs susceptibles d'éviter les problèmes ultérieurs — exercice ou régime, par exemple ?

## Préparation psychologique

Sous ce titre peut-être un peu rebutant, il s'agit simplement d'aborder les ajustements auxquels l'enfant unique doit procéder pour surmonter l'épreuve de la prise en charge des parents. De part et d'autre, il existe certainement des non-dits et des attentes muettes qui risquent d'entraver les préparatifs essentiels. Votre parent a-t-il lui-même dû pourvoir aux besoins de ses propres parents ? En avez-vous déjà discuté ensemble par le passé ?

Il vous faudra également essayer d'évaluer le genre de personne âgée que votre parent est susceptible de devenir. À l'aube du troisième âge, il n'est en général pas très difficile de deviner si c'est sa santé physique ou mentale qui posera problème. Restez à l'affût des signes avant-coureurs d'une éventuelle dégradation :

1. Si vos parents vivent encore ensemble, lequel semble le plus dépendant ? Comment s'en tirera-t-il sans l'autre ?
2. Avez-vous remarqué que l'un ou l'autre a des trous de mémoire ?
3. Vos parents s'intéressent-ils à l'actualité ?
4. Restent-ils actifs et continuent-ils à s'intéresser aux événements qui se déroulent en *dehors* de leur petit monde et du cadre restreint de leur vie ? Si oui, il est fort probable qu'ils demeureront plus alertes et indépendants en vieillissant.
5. Sont-ils souvent fatigués ? Ont-ils des difficultés à se lever d'une chaise ? Si vous remarquez que vos parents commencent à éprouver des difficultés physiques, envisagez une autre étape de vie pour eux.

Il n'est pas possible d'affirmer qu'un problème est plus grave qu'un autre — tous impliquent leur lot de difficultés. L'essentiel, c'est d'être préparé et de ne pas se laisser prendre au dépourvu.

## Communication

Même si cela n'est pas facile, vous devez discuter avec vos parents de vos préparatifs et des projets que vous avez envisagés pour leur prise en charge le jour où ils ne pourront plus se suffire à eux-mêmes. En général, on évite de s'engager sur un terrain aussi glissant, ce qui se comprend aisément, car le sujet est délicat. Pourtant, il importe de faire preuve de bon sens. Une absence de dialogue avec les parents à ce moment de leur vie découle en général d'un déficit global de communication. Il est évident qu'il n'est pas possible d'instaurer un mode d'échange intime avec des parents vieillissants si vous n'avez jamais été proche d'eux. Vous pouvez néanmoins aborder le sujet en lançant quelques remarques comme : «Est-ce que vous avez pensé à ce que vous feriez si l'un de vous restait seul ?» Vous pouvez également tenter de sonder le terrain sous l'angle financier. Il est fort probable que vous vous apercevrez que vos parents s'inquiètent, eux aussi, et qu'ils sont soulagés d'avoir l'occasion d'en parler.

En famille, on hésite souvent à extérioriser ses émotions. À cet égard, nous nous sommes aperçus que les familles avec un enfant unique sont, en général, encore pires que les autres. Dans un premier temps, il paraît donc sage de se borner à aborder les détails pratiques. L'expérience de Judith, par exemple, se révèle édifiante :

*Évidemment, en tant qu'enfant unique vivant à 150 kilomètres de chez mes parents, l'une de mes premières pensées à la mort de papa a été pour ma mère. Elle s'attendait peut-être à ce que je lui propose de venir vivre chez moi. J'en étais incapable. Je n'aurais pas pu assumer. Je l'aime beaucoup, mais mon rythme de vie (je suis hôtesse de l'air sur long-courriers) ne lui aurait pas convenu. Et quand je suis en congé, j'aime bien être libre de mon temps. De plus, bien que je sois célibataire, il y a ma vie amoureuse… J'étais donc en butte à ce problème, et je savais aussi qu'il fallait crever l'abcès. Un week-end, je suis allée la voir et lui ai suggéré de faire installer des toilettes au rez-de-chaussée. Après en avoir discuté, nous avons décidé que le mieux serait d'installer une douche par la même occasion. Au cas où maman deviendrait infirme, il lui suffirait de faire descendre son lit en bas pour rester indépendante. Je me suis aperçue que cela faisait des mois qu'elle y pensait. J'ai compris qu'elle n'avait pas plus envie de vivre avec moi que moi de vivre avec elle. C'est juste que nous n'avions pas su nous exprimer plus tôt. J'avais fait l'erreur de penser qu'elle voulait s'immiscer dans ma vie, alors que, comme elle me l'a dit, elle redoutait avec effroi que mon emploi du temps décalé ne bouleverse sa routine.*

En général, les enfants uniques n'ont pas l'habitude de laisser libre cours à leurs émotions avec leurs parents. Ils ne peuvent donc pas s'attendre à ce que la situation se débloque du jour au lendemain. N'oubliez pas que vous avez, autant que vos parents, le droit d'avoir une opinion sur la manière dont vous souhaitez les aider. Voici qui nous amène au point 3 de notre stratégie du mieux-être.

## Négociation

La plupart des relations comportent leur part de compromis ou de négociation, même si celles-ci restent implicites. En général, nous avons une certaine idée de ce qui est acceptable et de ce qui ne l'est pas, et nous avons tendance à moduler notre comportement en conséquence. Le plus souvent, un enfant sait jusqu'où aller pour ne pas contrarier ses parents. Dans un couple, chacun sait jusqu'où il peut pousser son partenaire et à quel moment il faut lâcher du lest. Les enfants uniques, en revanche, éprouvent des difficultés particulières à maîtriser les règles d'une relation.

Comme nous l'avons vu, cette lacune leur pose notamment des problèmes quand vient le moment de parler de leur prise en charge avec les parents. En tout état de cause, dans un tel contexte relationnel, les droits de négociation sont souvent difficiles à imposer, puisque l'une ou l'autre des parties a déjà tacitement jeté l'éponge — l'enfant pour préserver sa tranquillité, le parent pour éviter de se sentir reconnaissant ou redevable à outrance. Dans certains cas, toute négociation est exclue. Si la personne prise en charge souffre de sénilité, par exemple, la communication devient extrêmement difficile.

Un tel scénario peut engendrer rancœur et culpabilité. Ces deux émotions, qui sont par ailleurs les grandes spécialités de l'enfant unique, sont aussi les plus fréquemment associées à la prise en charge des parents. Aussi est-il essentiel d'apprendre à les gérer. N'oubliez jamais que, quelle que soit la reconnaissance que vous devez à vos parents pour vous avoir donné la vie, élevé et soutenu, VOUS AVEZ AUSSI D'AUTRES OBLIGATIONS DANS LA VIE. Il n'y a pas de honte à vouloir garder certaines choses pour soi : du temps, de l'intimité, des relations amicales, le droit à la fatigue, etc. Essayez de le comprendre en temps voulu et vous en recueillerez les fruits dans l'avenir :

*J'ai toujours su que papa devrait se rapprocher de moi à un moment ou à un autre. Pour un vieux monsieur de 77 ans, avec tous ses problèmes, je le trouve particulièrement peu exigeant. Il habite dans son propre appartement au bout de ma rue. Au quotidien, nous nous organisons très bien. Il ne craint pas de rester tout seul chez lui. À vrai dire, il préfère cette solution. J'espère qu'il aura la chance de mourir dans son lit. Je suis parfaitement préparée à m'occuper de lui s'il traverse une crise, quelle que soit l'aide dont il pourrait avoir besoin.*

Afin de rester efficace et de vous préserver, sans manquer à vos devoirs envers vos parents, n'oubliez pas de tenir compte de notre quatrième point.

## Les attentes

Nous avons déjà abordé le problème des attentes chez l'enfant unique. Or il est essentiel de rester lucide quant à ce que peut apporter la prise en charge des parents.

L'aide que vous, en tant qu'enfant unique, apportez à vos parents, s'inscrit dans le contexte de la relation que vous avez développée avec eux au fil des années. En effet, c'est cette relation qui vous désigne responsable de vos parents. Si vos rapports ont été difficiles dans le passé, ils ne vont certainement pas s'améliorer comme par magie. Si votre mère a toujours été maladroite, elle ne deviendra certainement pas diplomate du jour au lendemain pour la simple raison qu'elle a besoin de quelqu'un pour s'occuper d'elle. Si vous n'avez jamais apprécié la manière dont vous traite votre père, n'imaginez pas que les choses vont subitement s'arranger parce qu'il a besoin de vous pour se déplacer ou s'habiller.

La relation d'assistance entre parent et enfant est nécessairement affectée par le vécu de chacun. Vous devez «faire avec», sans essayer d'influencer la situation pour la conformer à vos désirs. Ne croyez pas non plus que le fait d'assumer la responsabilité de vos parents va effacer le passé et résoudre toutes les difficultés antérieures. C'est impossible. Pourtant, les perspectives sont plutôt encourageantes. Nombre d'enfants uniques partagent l'expérience de Renée :

*J'ai toujours craint ma mère, même si je ne l'ai compris que tardivement dans la vie. Elle me dominait, avec sa forte personnalité et son tempérament imprévisible. Elle essayait de me contrôler et de contrôler mon père. L'un des leitmotivs de ma vie est longtemps resté : «Ne pas énerver maman.» Quand elle a eu son attaque et qu'elle est venue s'installer chez nous, j'avais encore peur d'elle, je crois, mais, peu à peu, j'en suis venue à la considérer comme une vieille dame fragile. Par ailleurs, elle me considère désormais comme une personne fiable, et non plus comme quelqu'un de faible et désemparé, conformément à l'image qu'elle semblait avoir de moi par le passé. Peu à peu, nous sommes parvenues à mieux nous comprendre. Je suis contente que nous en ayons eu la possibilité. Sinon, à sa mort, j'aurais eu l'impression d'avoir laissé quelque chose d'inachevé.*

Au bout du chemin, il y a le décès d'un parent. Pour un enfant unique, il semble que cette épreuve soit particulièrement difficile à surmonter.

*Je crois que la période qui a suivi la mort de maman a été la plus solitaire de ma vie. C'est une période terrible pour tout le monde, je sais, mais en tant qu'enfant unique, n'oubliez pas que vous restez irrémédiablement seul à penser et à murmurer ce mot «maman». Il n'y a personne d'autre pour ressentir les mêmes émotions que vous, personne avec qui partager les souvenirs. J'ai traversé une période d'isolement effroyable.*

## Conclusion

Si vous parvenez à suivre notre guide du mieux-être, si vous pouvez vous préparer à prendre vos parents en charge, si vous arrivez à en discuter et à négocier le degré d'assistance nécessaire au présent ou dans l'avenir, si vous savez définir des attentes réalistes de part et d'autre, alors vous avez toutes les chances de vous sortir aussi indemne que possible d'une situation incontournable pour un grand nombre d'enfants uniques. Cette expérience peut même se révéler enrichissante :

*Quand maman est tombée malade, nous lui avons proposé de s'installer chez nous. Pour moi, cela n'a pas été une décision facile à prendre parce que je n'avais jamais envisagé l'éventualité d'accueillir un jour mon père ou ma mère sous mon propre toit. Je crois que j'ai toujours espéré qu'ils meurent avant que ne se pose le problème de la prise en charge, parce que ce n'est pas le genre de choses auxquelles on a envie de réfléchir. Mais maman avait beaucoup changé et moi aussi. C'était très important pour moi qu'elle ait passé ses six derniers mois avec nous. Cette période est restée très précieuse à mes yeux.*

*La chance de l'enfant unique responsable de ses parents âgés, c'est la possibilité d'instaurer avec eux une relation plus équilibrée que par le passé. Au moins, ils sont enfin obligés de le considérer comme un adulte !*

# 11.
# Noël et autres fêtes de famille

*Noël est toujours une vraie corvée ! Voyez-vous, j'ai ma vieille mère, qui a 84 ans, et ma tante Marthe, qui en a 89. Tante Marthe est la sœur de maman. Elles se détestent depuis un différend familial qui remonte à Dieu sait quand. Toutes deux sont pleines d'arthrite et clouées sur un fauteuil roulant. Je ne peux quand même pas les laisser seules le soir du réveillon ! Alors Janine et moi, nous nous les coltinons tous les ans à Noël. On monte à Lille et on les emmène dîner dans le meilleur restaurant que nous pouvons nous offrir. Cette année-là donc, on avait choisi un hôtel qui, en fait, était fort peu accueillant. Nous passons à table et, au beau milieu du repas, une femme meurt sur place, à quelques mètres de nous. En la voyant, je me suis dit : «C'est fini, elle est morte.» Les serveurs ont soulevé la chaise et l'ont transportée comme ça, adossée au siège. Je n'y croyais pas. Aucun de nous quatre ne s'était régalé pendant le dîner. Et le dessert ne s'annonçait guère mieux. Il n'y avait pas de crème brûlée pour la tante Marthe. Ma mère refusait d'adresser la parole à sa sœur, laquelle pleurait comme une Madeleine. Mais maman savait aussi être charmante et aimable avec les autres, ce qui fait qu'on ne pouvait pas l'accuser d'être infernale. Elle se protégeait d'un côté, tout en faisant souffrir Marthe… C'est alors qu'un incendie s'est déclaré et que les alarmes se sont déclenchées... La cerise sur le gâteau. Il a fallu sortir en vitesse, descendre par des escaliers de secours. J'ai bien cru que maman et la tante Marthe ne s'en remettraient jamais. Voilà mon réveillon de Noël !*

Qui n'a pas quelques scénarios de ce genre en puisant dans ses souvenirs ? Lors de ces occasions, les membres d'une famille qui, pendant le reste de l'année, n'échangent peut-être que quelques appels téléphoniques se retrouvent soudain confinés dans le même espace pendant trois ou quatre jours, privés de distractions extérieures et plus ou moins obligés de faire bonne figure. C'est ainsi que, chez certaines personnes, l'enthousiasme et la joie anticipée qui précèdent les fêtes de fin d'année se teintent souvent d'une certaine appréhension au fur et à mesure qu'approche décembre. Chez les enfants uniques, en tout cas, la simple évocation des fêtes de famille suscite des grincements de dents à l'unanimité, ou presque. Pour la majorité d'entre eux, l'appréhension, la culpabilité, la pression et les responsabilités qui reposent sur leurs épaules annihilent toute perspective de réjouissance. Nous avons vite compris que ce n'était pas Noël en soi qui leur faisait horreur, mais les attentes parentales dont ils faisaient l'objet à l'occasion de toute réunion. Étant donné que la famille se résume à leur seule présence, ces moments sont en général plus difficiles pour eux que pour les enfants entourés de frères et sœurs. Dans ces conditions, rares sont ceux qui gardent le sens de la fête !

Même si notre premier exemple était peut-être extrême, nos interlocuteurs nous ont confié que les réunions de famille, quelles qu'elles soient — anniversaires, Noël ou autre —, se sont toujours révélées particulièrement problématiques dans leur situation. Là encore, ils éprouvent plus que jamais l'impression «d'être tout» pour leurs parents.

*Quand les filles sont à la maison et que nous sommes tous réunis, à Noël surtout, j'ai l'impression de devoir être tout pour tout le monde, ce qui, aujourd'hui, m'irrite profondément. Si je ne me sens pas bien, c'est la consternation générale. Est-ce parce que depuis des années j'assume de tous les côtés ? Allié à mon sens des responsabilités, le fait d'être enfant unique renforce l'impression de devoir compenser la mort de mon père vis-à-vis de ma mère. Je garde le rôle de la fille, tout en la prenant en charge et en lui remontant le moral.*

*Il ne fait aucun doute que, lorsque j'arrive, je suis l'attraction. Je m'en rends compte, maintenant que maman est plus âgée. À Noël dernier, j'avais l'impression que tous les regards étaient braqués sur moi. «Voilà, c'est Noël, c'est à toi de jouer. Tu dois assurer du début à la fin.» Dès que je gardais le silence plus d'une minute, tout le monde me demandait : «Ça ne va pas ? Tu es contrariée ?» Évidemment je les rassurais. Je ne sais pas pourquoi, mais je ressens toujours cette exigence. Vous avez beau orchestrer parfaitement le repas, penser à tout, vous vous sentez toujours sur la sellette. Vous osez à peine cligner des yeux, de peur que quelqu'un ne relève l'incident ! Difficile d'avoir le sens de la fête dans ces conditions ! Quand j'étais petite, c'était pareil. Je ne me reconnaissais pas le droit de laisser libre cours à mes émotions. J'étais toujours en train de réprimer quelque chose, de la colère, des larmes ou je ne sais quoi. Je me sentais très souvent obligée de me contrôler, de refréner mes sentiments. Il fallait toujours refouler quelque chose pour faire plaisir à quelqu'un.*

Tout petits, les enfants uniques ressentent déjà cette impression «d'être tout pour leurs parents».

*C'est un véritable dilemme. C'est toujours vous qui avez le gros oreiller, la part de gâteau qui reste, etc. Mais vous avez toujours l'impression d'être redevable de cette abondance. Vous êtes obligé d'avoir l'air comblé par vos cadeaux toute la journée. Impossible de souffler. Il n'y a aucune chance que l'attention générale se concentre sur quelqu'un d'autre.*

En effet, le plaisir de profiter de tous les jouets est tempéré par l'absence d'un frère ou d'une sœur avec qui partager ses émotions. Si bien qu'un enfant unique est rarement nostalgique quand il évoque ses souvenirs :

*J'avais Noël en horreur. Ne m'en parlez pas ! Personne avec qui ouvrir les cadeaux et fouiller dans les souliers. Il y avait bien les parents, mais ce n'est pas pareil. Et puis avec l'hôtel, ils étaient épuisés après le déjeuner. Le jour de Noël ressemblait à n'importe quel dimanche après-midi. «Occupe toi en silence sur le tapis avec tes nouveaux jouets.» J'associe Noël à ma place sur le tapis ! Il n'y avait même pas de cousins à la maison ce jour-là.*

Pour beaucoup d'enfants uniques, Noël est synonyme d'une vague tristesse :

*Je m'ennuyais un peu, sincèrement. Il n'y avait personne d'autre que moi pour participer à la fête. Je dois bien reconnaître que c'était plutôt une corvée.*

*Mes Noëls étaient toujours un peu moroses. J'aurais tant aimé avoir de l'animation autour de moi. Maman disait à papa et à grand-père : «Occupez-vous d'Anne pendant qu'on fait la cuisine !» Mais ils ne faisaient que siroter leur apéritif et somnoler. Une fois, je me suis sauvée par la porte-fenêtre. Je me disais : «Maintenant que j'ai tous ces jouets, je voudrais bien les montrer à mes copines.» Mais, évidemment, elles étaient toutes occupées en famille. Pour moi, cette période était un peu solitaire, parce que placée sous le signe de la famille. Je m'ennuyais ferme. En revanche, mes fêtes d'anniversaire étaient toujours réussies. Comme j'étais la seule, mes parents me gâtaient.*

Pour beaucoup de nos interlocuteurs, il n'y avait jamais assez d'invités :

*Quelle famille ? Essayez de jouer au Trivial Pursuit à trois... C'est ennuyeux à mourir. Et les anniversaires... ce n'est pas vraiment une explosion de joie. Il ne se passe jamais rien de vraiment spécial. On se dit : «Alors, c'est tout ?»*

*Le plaisir que j'éprouvais à la perspective des fêtes de famille était toujours suivi d'une déception. Nous n'étions pas suffisamment nombreux, tout simplement.*

*Il n'y avait personne avec qui jouer ou partager aux anniversaires ou pendant les fêtes. Je n'ai jamais aimé ces jours-là.*

*Notre famille est tellement petite que j'ai l'impression d'être une race en voie de disparition. À chaque Noël, c'est un peu comme dans les* Dix petits nègres *d'Agatha Christie : il y en a toujours un de plus qui manque à l'appel. Au début, j'avais tous mes grands-parents, puis plus que deux, et maintenant plus que mes parents. Un jour ce sera leur tour de partir... J'aimerais avoir cent cinquante cousins !*

Bien sûr, il existe aussi des enfants uniques qui aiment les fêtes :

*J'adorais Noël. Tous mes oncles et tantes me gâtaient. Ce matin-là, je découvrais un monceau de nouveaux jouets. En tant qu'enfant unique, on croule littéralement sous les cadeaux. C'était la même chose à Pâques avec les œufs. J'avais des provisions de sucreries pour plusieurs jours !*

Il reste que Noël — fête de famille par excellence — semble être un moment particulièrement sensible pour l'enfant unique. La place de chacun étant alors auprès des siens, cela revient pour lui à un tête-à-tête avec ses parents. De cela, il tire une conclusion très claire : dans les grandes familles, on s'amuse *forcément* — ce qui n'est pas son cas.

*J'ai passé la plupart de mes Noël seule avec maman. J'en profitais pour ranger ma chambre. Une fois, j'ai écrit toutes mes cartes de vœux le 25 décembre. L'année dernière, changement de programme. Christophe m'a invitée dans sa famille. J'ai pu ouvrir mes cadeaux sans que tous les regards soient braqués sur moi. Mais je me sentais dans mon élément. J'étais contente de me retrouver dans un environnement familial, d'être une personne parmi tant d'autres, de faire ce que bon me semblait sans être le point de mire.*

*Une fois les paquets ouverts, la fête est finie. Il faut s'en contenter. Les fêtes de fin d'année ne sont pas une bonne période. Inévitablement on fait des comparaisons et l'on envie le joyeux chahut d'un Noël au sein d'une famille nombreuse.*

Dans les familles de trois personnes, le choc entre le rêve et la réalité s'avère souvent violent :

*Noël n'a jamais été à la hauteur de mes attentes. Dans les contes, cette fête est décrite comme un moment familial chaleureux. Du bonheur à l'état pur... Mais la réalité est bien différente. Quelle déception pour moi de me retrouver seul avec mes parents. C'est carrément triste d'être enfant unique dans ces cas-là.*

Dans les familles restreintes, Noël peut être synonyme de casse-tête. En effet, comment faire lorsque deux enfants uniques sont mariés ? On ne peut pas être à la fois dans la famille de l'un et dans celle de l'autre. D'où une culpabilité chez l'un des conjoints. Ce cas illustre de façon éloquente le fait que les enfants uniques sont parfois soumis à des situations cornéliennes.

C'est donc lors de ces grandes occasions où chacun se retrouve en famille que le statut de l'enfant unique se fait le plus vivement sentir. «Culpabilité et pression familiale» restent le leitmotiv des enfants uniques parvenus à l'âge adulte :

*Noël ? C'est une obligation ! Il n'y a pas de quoi se réjouir. C'est plutôt une période de stress et de tension.*

*Quand arrivent les fêtes de fin d'année, on se sent plus coupable que jamais. Si j'évoquais l'éventualité de ne pas y participer, gare à moi ! C'est pour ça que je déteste Noël. L'année dernière, ça a été le comble ! Pour la première fois de ma vie, je me suis fait arrêter pour excès de vitesse sur le chemin du retour, tellement j'étais pressé de rentrer !*

Comme nous l'avons évoqué plus haut, le problème s'aggrave pour un couple composé de deux enfants uniques :

*Comme je suis mariée avec un autre enfant unique, Noël, pour nous, c'est un dilemme. Il faudrait pouvoir se couper en deux. C'est une lutte perpétuelle pour choisir entre les uns et les autres. Avec qui passer le réveillon ? Combien de jours d'un côté ? Combien de déjeuners de l'autre ? À une époque, nous en étions arrivés à nous demander si le petit déjeuner comptait pour un repas !*

Le problème tient au fait que cette commémoration religieuse soit devenue une fête familiale. D'ailleurs, on retrouve les mêmes difficultés dans les familles ne se réunissant pas à Noël :

*Chez nous, Noël n'existe pas. Mais l'état d'esprit est le même dans d'autres occasions. Si je ne vais pas les voir pour mon anniversaire, mes parents en font un drame. Si je ne vais pas déjeuner chez eux le jour de l'An, c'est aussi la catastrophe. Ils y accordent une importance énorme, comme s'il s'agissait de leur domaine réservé. Quand j'étais petit, mes parents invitaient d'autres enfants pour les anniversaires et tout se passait bien. Aujourd'hui, quand nous allons les voir, nous ne sommes plus que tous les quatre. Il faut souffler les bougies, maman exhume invariablement la décoration féerique qu'elle avait confectionnée pour le gâteau de mes 12 ans et nous restons assis là, tous les quatre, autour de la table. C'est sinistre.*

Par ricochet, les fêtes de famille posent également problème au conjoint :

*J'aimais beaucoup la période de Noël quand j'étais petite. On allait à la campagne avec tous mes cousins et cousines. Aujourd'hui, je me sens obligée d'être avec mes parents le 25 décembre et c'est une pression énorme. La situation devient d'autant plus épineuse que mon nouveau petit ami voudrait que nous fêtions Noël en amoureux… Mais si je ne vais pas chez mes parents, je n'ai pas fini d'en entendre parler ! C'est l'histoire de la poire qu'il faudrait couper en deux.*

Le sens du devoir chez l'enfant unique s'exprime de façon particulièrement aiguë en période de fête :

*C'est la même chose avec les anniversaires. Ce n'est pas simple non plus... que ce soit le mien ou celui de mes parents. Il m'est toujours pénible de leur dire que je ne pourrai pas venir ce jour-là.*

*L'avantage des familles comptant plusieurs adolescents, c'est qu'on peut s'éclipser au cours d'une réunion familiale sans que personne ne s'en aperçoive. Il n'y a pas de véritable obligation à demeurer en compagnie des autres. Quelle précieuse liberté de pouvoir se dire : «Je vais aller faire un tour ou regarder une vidéo dans ma chambre.» Je ne me rappelle pas avoir jamais connu un tel état d'esprit. Pour moi, il fallait rester avec les parents et faire ce qu'ils attendaient de moi.*

Nos interlocuteurs ont souvent l'impression de devoir «amuser la galerie», pour reprendre les termes de l'un d'eux :

*Quand je vais les voir, le dimanche, c'est comme si le spectacle commençait. Je me sens tenu de les faire rire, d'apporter un peu de vie dans cette maison.*

En toute logique, cette obligation d'être le clown de service engendre amertume et ressentiment, et ce non seulement chez l'enfant unique, mais aussi chez son conjoint.

## Quelques règles fondamentales

Pour éviter que les fêtes de famille ne deviennent une pomme de discorde, il convient d'établir les règles du jeu :

1. Tout d'abord, souvenez-vous que la pression que vous ressentez au moment des fêtes de famille est probablement liée à cet impératif qui ne vous est que trop familier : le devoir de bien faire. Pour éviter les désillusions, dites-vous que ce Noël ou cet anniversaire ne sera pas forcément parfait pour *tout* le monde. Si vous vous pliez aux souhaits de votre mère, vous risquez peut-être de contrarier votre conjoint, et ainsi de suite.
2. Définissez d'emblée vos limites. Si, comme notre premier intervenant, vous supportez de passer un réveillon exécrable, tant mieux pour vous. Mais si vous n'êtes pas dans ce cas de figure, ne forcez pas votre nature.

3. Les enfants uniques étant d'excellents organisateurs, planifiez votre temps. Prévenez tout le monde, consultez chacun, et ce suffisamment tôt pour ne pas vous retrouver acculé à des décisions de dernière minute.
4. Si besoin est, posez vos conditions : «Cette année, je viens pour Noël, mais je ne serai pas là au premier de l'An.» Expliquez à vos parents que vous ne pouvez pas leur consacrer tout votre temps libre.

Et avant tout, chassez toute culpabilité ! Nous savons que vous avez du mal à vous y résoudre, mais sachez qu'il n'y a rien de répréhensible à faire ce que bon vous semble à Noël, le jour de votre anniversaire ou de celui de votre mère. C'est même la meilleure façon de marquer l'occasion, au lieu de vous plier à une lutte d'influence psychologique.

## PLAN DU MIEUX-ÊTRE EN DIX POINTS

Au fil des pages précédentes, nous avons étudié le comportement de l'enfant unique dans certaines situations clés de la vie, tenté de dégager l'impact de son enfance sur ses réactions d'adulte et formulé quelques conseils permettant d'éviter les pièges signalés par nos interlocuteurs. En conclusion, notre guide du mieux-être se résume à dix mots d'ordre :

1. *N'essayez pas d'être parfait :* le mieux est l'ennemi du bien. Quel que soit le message que vos parents vous ont communiqué, il existe mille et une manière d'être, et aucune n'est idéale. Vous avez le droit à l'erreur et nul ne cessera de vous aimer pour autant.
2. *Ne soyez pas si dur envers vous-même.* Apprenez à être indulgent. Nous savons que vous avez dû endosser tous les reproches, ou du moins que vous en avez eu le sentiment, mais sachez que personne ne se montrera aussi intraitable envers vous-même que vous ne l'êtes.
3. *Déridez-vous !* Un peu d'humour aide à vivre. Il faut voir le bon côté des choses. Vous avez le droit à un peu de légèreté. Nul ne vous jugera irresponsable pour autant.
4. *N'attendez pas trop des autres.* Restez réaliste et mettez votre sens critique en sourdine. Bien sûr, nous savons

que toutes les attentes se sont concentrées sur vous pendant votre enfance, mais ce n'est pas une raison pour infliger le même sort à votre entourage Vous obtiendrez de meilleurs résultats en montrant l'exemple et en encourageant les autres, plutôt qu'en les culpabilisant.

5. *N'oubliez pas qu'en tant qu'enfant unique, vous détenez bien des atouts.* Nul autre que vous n'est aussi fiable et organisé. Globalement, vous êtes plutôt quelqu'un sur qui l'on peut compter en période de crise. Vous êtes une personne de confiance, vous êtes loyal et — on ne le dira jamais assez — responsable, alors profitez-en !
6. *N'attendez pas des autres qu'ils réussissent dans tous les domaines.* Vous ne pouvez pas juger votre entourage sur ce seul critère. Vous y gagnerez en sérénité en l'admettant.
7. *Apprenez à dire «non».* Et sans culpabiliser pour autant. Vous avez peut-être l'impression que personne ne fera les choses aussi bien que vous, mais cela ne veut pas dire qu'il vous faut tout faire. Les gens vous respecteront et vous apprécieront d'autant plus que vous saurez reconnaître vos limites.
8. *La vulnérabilité n'est pas un crime. Acceptez vos faiblesses et apprenez à en tirer profit. En réalité, la vulnérabilité présente plus de charme que vous ne pouvez le supposer. La faiblesse et le manque d'assurance sont parfois des qualités séduisantes.*
9. *Cessez de vous poser en sauveur.* Vous n'êtes pas responsable de la terre entière. Vous ne ferez pas changer les gens de force. C'est une décision qui appartient à chacun. Vous ne pouvez ni vous substituer aux autres ni les protéger de leur propre faiblesse. Renoncez-y !
10. *Cessez de croire que vous êtes le centre du monde.* Montrez-vous plus ouvert. Vous connaissez les préjugés qui circulent sur les enfants uniques, réputés égoïstes et égocentriques... Il ne tient qu'à vous de prouver le contraire en accordant aux autres le respect et l'attention qu'ils méritent.

# Troisième partie

# À L'INTENTION DES FUTURS CONJOINTS

Si vous n'êtes pas un enfant unique, vous ne serez pas étonné si dès à présent vous pensez : «C'est caractéristique des enfants uniques ! C'est eux exactement, c'est tout à fait leur point de vue !»

Mais pour ajouter une pointe de réalisme, ne faudrait-il pas connaître le point de vue des autres gens sur ces enfants uniques ?

C'est précisément ce que nous allons aborder maintenant, en faisant appel aux avis et à l'expérience de leurs proches : leurs conjoints.

Puis, nous donnerons des conseils à ceux qui ont ou envisagent d'avoir un enfant unique. Ce ne sera pas *notre* avis, mais c'est un ensemble de réflexions émanant des témoins interrogés, et nous espérons que cela sera profitable aux parents.

# 12.
# Les conjoints

Si nous avons pris notre temps pour examiner dans les moindres détails les témoignages des enfants uniques, ce n'est pas parce que les autres points de vue nous semblent dépourvus d'intérêt, mais parce que nous avions le sentiment qu'il était essentiel de commencer par recueillir les impressions des principaux intéressés pour définir leur expérience.

Si vous êtes issu(e) d'une famille nombreuse et partagez la vie d'un enfant unique, n'oubliez pas qu'il n'a pas eu la chance de grandir entouré de frères et sœurs. Et même si ces derniers vous ont maintes fois agacé, ils n'ont pas manqué de mettre le doigt sur vos travers.

Nous avons tenté ici de fournir aux enfants uniques quelques repères, afin de les aider à identifier les points communs qu'ils ont avec d'autres enfants uniques, alors que, jusqu'à présent, ils pensaient probablement que ces petits défauts leur étaient spécifiques. Ainsi, cette prise de conscience leur permettra de se voir tel un membre d'un groupe qui, même s'il englobe des personnalités très différentes, se distingue par une expérience commune responsable d'un grand nombre de types comportementaux.

Dans ce contexte, quelle est la place du *conjoint* ? Si les enfants uniques présentent des schémas comportementaux spécifiques du fait de la configuration particulière qui a présidé à leur éducation, les personnes les plus susceptibles de faire les frais de leur attitude demeurent leur compagne ou compagnon. Tout d'abord, un message rassurant — du moins nous l'espérons — à l'attention des conjoints : les réactions inexplicables qu'il vous faut gérer au quotidien sont peut-être moins dues à la personnalité de votre bien-aimé(e) qu'à sa situation d'enfant unique.

Les témoignages de plusieurs conjoints nous ont permis d'énumérer un certain nombre de ces particularités. Et quand bien même les comportements de votre âme sœur apparaîtraient comme déconcertants, vous saurez au moins pourquoi il ou elle réagit ainsi. Nous vous livrons quelques astuces qui devraient vous aider à réagir un peu mieux face à d'agaçantes habitudes qui sont celles de l'enfant unique ! Laissons la parole aux principaux intéressés :

*Je ne sais pas comment j'ai pu être aussi inconsciente, mais le fait est que j'ai été mariée deux fois, et deux fois avec un enfant unique. Ils forment vraiment une espèce à part, je n'ai aucun doute là-dessus. Les pauvres chéris ! Ils ne comprennent pas qu'ils ne sont pas seuls sur terre. Mes deux ex-maris, tous deux fils uniques, sont convaincus que le monde tourne autour d'eux et de leurs exigences. Je ne pense pas que ce soit la faute de leurs mères. Loin d'être trop protectrice, celle de mon premier mari était même relativement indifférente. Le problème, c'est qu'ils n'ont jamais eu à tenir compte des exigences et de la volonté d'un groupe, qu'ils n'ont jamais eu à s'adapter pour s'intégrer. Cela n'a rien à voir avec l'égoïsme. Quand on lui rappelle l'existence des autres, mon mari devient l'homme le plus attentionné du monde. Seulement voilà, penser aux autres n'est pas un réflexe… Il faut sans cesse le lui rappeler. Il a beau me voir hyperstressée, débordée, il ne pense qu'à lui.*

Les conjoints d'enfants uniques dont nous avons recueilli les témoignages ont identifié certains points problématiques, que nous allons analyser au fil des pages suivantes. Les plus récurrents se révèlent être les suivants :

- difficultés à partager,
- peur de l'intimité affective,

- immaturité affective,
- problèmes face à leurs propres enfants,
- tendance à se mettre toujours en avant,
- difficultés à gérer la colère et les conflits,
- trop sérieux et trop responsable.

Comme nous l'avons souligné plus haut, il est évident que les difficultés relationnelles ne sont pas l'exclusivité des enfants uniques. Ce que nous souhaitons mettre en évidence, ce sont les éléments qui découlent directement de l'expérience de l'enfant unique dans les premières années de son existence. Si ce chapitre se concentre sur les problèmes de la vie de couple ou de famille avec un enfant unique, il n'en reste pas moins que ce dernier a aussi des qualités appréciables. D'ailleurs, ce sont certainement ces points forts qui ont d'emblée séduit compagne et compagnon. N'oublions pas que l'enfant unique est responsable, toujours prêt à corriger ses défauts, fiable, loyal et souvent brillant sur le plan professionnel. Vivre avec un enfant unique n'est pas, par définition, un calvaire !

*J'ai l'air de me plaindre, non, mais je suis tout de même convaincue que les enfants uniques pourraient se montrer* plus *attentifs aux autres. Cependant, lorsqu'ils ont admis leurs erreurs, ils se montrent beaucoup plus enclins que quiconque à se rattraper. C'est peut-être pour cela que j'en ai épousé deux !*

Avant d'examiner de plus près les différentes pierres d'achoppement inhérentes aux relations avec un enfant unique, nous voudrions attirer votre attention sur quatre observations :

1. de toute évidence, la vie en couple implique une intimité avec autrui établie sur un pied d'égalité (autrement dit avec un frère ou une sœur, et non pas avec un parent). Or l'absence d'expérience sur ce plan-là suffit presque à décrire l'enfant unique ;
2. ce n'est pas parce que l'enfant unique n'a aucune expérience des relations intimes qu'il ne les désire pas. Au contraire, il peut en éprouver un besoin profond. Compagne ou compagnon doivent savoir que, si un enfant unique se comporte parfois de façon étrange, cela ne signifie pas qu'il ou elle n'est pas attentif ou n'aime pas. C'est juste qu'il ou elle n'a pas l'habitude de vivre dans l'intimité d'une autre personne ;

3. les de chacun peuvent avoir une grande influence sur l'évolution d'une relation. Ce que le conjoint va découvrir en partageant sa vie avec un enfant unique risque, s'il est issu d'une famille nombreuse, de se révéler très différent de ce qu'il attendait. Bien sûr, nous offrons tous en société un visage différent de celui qui nous caractérise dans l'intimité, mais ce décalage s'avère souvent plus marqué chez les enfants uniques. Le choc de ce contraste risque de désarçonner certains conjoints, qui éprouveront alors des difficultés à gérer le comportement de l'enfant unique. La compagne ou le compagnon en puissance peut se laisser aveugler par l'assurance, la fiabilité et les qualités de meneur exceptionnelles dont l'enfant unique fait preuve en public. Il ou elle n'est certes pas préparé aux doutes et aux lacunes relationnelles qui se feront jour dans l'intimité du couple ;
4. à l'inverse, comme nous l'avons dit plus haut, les enfants uniques n'ont pas toujours la notion des avantages que représente le fait d'avoir grandi avec des frères et sœurs. Manquant d'expérience pratique à l'aune de laquelle ils pourraient évaluer les relations hors du cercle familial, ils risquent fort d'avoir développé des attentes irréalistes en matière de cohabitation, fondées en partie sur leurs fantasmes. Comme en témoigne ci-dessous l'une de nos interlocutrices, ils s'exposent alors à un échec :

*C'était un vrai dilemme. J'avais l'impression que mes parents formaient un couple heureux. Avec mon mari, je voulais imiter ce modèle — lui prendre la main dans la rue, jouer les amoureux, etc. Mais je ne savais pas comment faire pour en arriver là. Je n'avais aucune idée de la marche à suivre. J'avais l'impression qu'en faisant ce que ma mère m'avait dit de faire, tout arriverait par miracle.*

Que nous apprend le point de vue des conjoints ? En toute logique, le portrait qu'ils nous brossent de l'enfant unique se concentre sur ses difficultés relationnelles et vient confirmer les problèmes d'espace, d'intimité, d'engagement et de gestion de la colère.

À l'évidence, le rouage essentiel d'une vie de couple harmonieuse se compose d'un ensemble de qualités et de compétences dont l'enfant unique a tendance à être dépourvu. Il s'agit là surtout de l'aptitude à PARTAGER : partager le temps, l'espace, les sentiments et les ressources. Ce sont là des qualités que l'enfant unique n'a pas eu l'occasion de développer, privé de l'expérience extrêmement formatrice que sont les petites bagarres entre frères et sœurs pendant l'enfance. Évidemment, certains ont peut-être acquis une certaine aptitude à partager à la faveur d'autres expériences dans la vie. Toutefois, comme nous l'avons déjà souligné, ils peuvent avoir acquis une maturité sociale au prix de leur maturité affective. Ainsi, si vous débutez dans la vie avec un enfant unique, vous pouvez le considérer, au pire, comme un conducteur novice qui, bien que maîtrisant parfaitement le code de la route relationnel, manque totalement de pratique quant aux principes de base de la cohabitation.

En qualité de conjoint ou d'ami d'un enfant unique, il est important de savoir que celui-ci tarde à jouer le jeu de la cohabitation, la pierre d'achoppement demeurant le partage. Examinons maintenant les effets de cette absence d'expérience du partage sur le principal intéressé et la manière dont *vous*, en tant que compagne ou compagnon, pouvez les gérer.

## PRÉSERVER SON PROPRE ESPACE

Les conjoints d'enfant unique, ainsi que les principaux intéressés eux-mêmes, ont insisté à plusieurs reprises sur la nécessité de préserver leur propre espace, que ce soit une pièce, un bureau, voire une simple remise.

*Il trouve toujours le moyen de s'isoler physiquement, dans le bureau ou dans le jardin, parfois même, s'il pleut, dans la remise. D'une manière ou d'une autre, il se débrouille pour se ménager un espace personnel.*

La plupart des enfants uniques ont été accoutumés à disposer de leur propre espace — ne serait-ce que leur chambre, même minuscule. S'ils ont acquis une certaine habitude de la vie en communauté, comme dans la plupart des familles, c'est en dehors de leur espace privé. Ce qui leur manque, c'est l'expérience du partage d'égal à d'égal. S'ils ont eu à le faire, c'était en général avec des personnes exerçant une autorité, c'est-à-dire leurs parents. N'ayant aucune notion de l'échange fait sur un pied d'égalité, ils ont du mal à concevoir qu'il leur soit possible de s'imposer dans ces conditions ou de négocier pour s'assurer leur part d'attention.

L'enfant unique risque de mal réagir aux changements apportés à son espace vital sans négociations préalables, tant il a l'habitude de pouvoir laisser ses affaires tout en étant assuré de toujours les retrouver intactes en toutes circonstances. Aux yeux de quelqu'un qui a été élevé au sein d'une famille nombreuse, ce genre de réactions peut sembler déplacé et trahir un individu coincé, psychorigide, etc. Pour peu qu'il en soit conscient, l'enfant unique se force à réprimer sa contrariété si l'on s'immisce dans son aire privée. Or si son entourage ne comprend pas qu'il en a besoin, il en ressentira une frustration qui risque de dégénérer en intolérance, sans que lui-même en admette la véritable raison :

*Je respecte parfaitement son besoin d'espace privé. Ce qui me dérange, c'est qu'elle ne se gêne pas pour balancer ses affaires partout et empiéter sur mon espace à moi. Je trouve qu'elle exagère un peu ! De quel droit se montre-t-elle aussi* exclusive *? Pourquoi tient-elle à exiger son espace personnel au point d'envahir aussi le mien ?*

La cohabitation n'implique pas seulement le partage d'un lieu, mais aussi du pouvoir, du temps, des ressources et des responsabilités. Les premières années de l'enfant unique étant marquées par la soumission à une autorité supérieure, celle des parents, il n'a pas l'habitude d'avoir les mêmes droits que la personne avec qui il cohabite. Durant son enfance, il ne partage que si ses parents l'y autorisent. Par la suite, peut-être craint-il de perdre le pouvoir acquis, quel qu'il soit, en s'autorisant une trop grande proximité avec sa compagne ou son compagnon.

Lorsque vous vivez avec quelqu'un, que vous partagez le même lieu, il est fort probable que l'autre empiète sur votre domaine et déplace les objets qui s'y trouvent — si vous tournez le dos, vous ne retrouverez pas forcément vos affaires à la même place, surtout s'il y a des enfants à la maison. En l'absence d'accord préalable sur ce point, l'enfant unique risque de ressentir toute modification de son espace personnel comme une invasion, voire une violation.

## Partager son temps

*Roger n'a jamais songé qu'il était singulier qu'il passe un week-end sur deux à faire de la voile ! Moi, je n'ai jamais compris qu'il s'absente quand les enfants étaient bébés et que j'avais tant besoin qu'il reste à la maison. Enfin, non, je n'avais pas absolument besoin de lui, mais cela m'aurait réconfortée qu'il soit là. Son attitude me semblait incroyablement désinvolte. De son point de vue, puisqu'il était membre du club nautique, il fallait qu'il y soit, que cela me plaise ou non, voilà tout.*

L'enfant unique grandit ainsi avec la possibilité d'organiser son emploi du temps pour lui seul, et souvent avec la conviction que le monde doit tourner en fonction de ses choix. C'est pourquoi certains conjoints se sentent relégués au second plan, avec leurs propres exigences :

*Je ne me sens jamais libre de prendre des décisions spontanées. Depuis toujours, il m'adresse ce message : «Si tu bouleverses mon emploi du temps, cela va mal se passer et tu le regretteras !» Il manque de respect pour ses proches. Tout est programmé par et pour lui.*

L'autre conjoint risque de se sentir tenu à l'écart, indésirable. Il a l'impression de ne pas être un rouage essentiel de la vie de l'enfant unique :

*L'état normal pour un enfant unique, c'est d'être seul, même si la compagnie des autres est bienvenue et se révèle un enrichissement très apprécié.*

Bien évidemment, le partage du temps, de l'espace et des ressources s'étend aussi au partage des joies familiales. D'après l'expérience de la plupart de nos interlocuteurs, avoir un conjoint ou des amis proches issus de familles nombreuses est une source de satisfaction. Ils racontent avoir saisi avec joie l'occasion de participer aux activités familiales dont ils avaient manqué dans leur enfance. À cet égard, toutefois, la prudence est de mise.

Comme nous l'avons déjà expliqué, l'enfant unique risque fort de vivre dans un univers imaginaire, où il se fait une idée fausse de la vie en commun. Comme nous l'avons vu, il n'est pas rare qu'il choisisse un conjoint issu d'une famille nombreuse, et ce, justement, parce qu'il est conscient des déficits de son propre milieu familial. On dirait qu'il ou elle espère se rattraper du jour au lendemain, en saisissant l'occasion de partager enfin et son temps et son espace. Or rares sont les enfants uniques qui possèdent les qualités nécessaires pour y parvenir immédiatement. Les frictions sont souvent inévitables, dans la mesure où le besoin d'espace resurgit régulièrement, plus virulent que la volonté de changer :

*Ma meilleure amie et moi sommes toutes les deux mariées à des enfants uniques. Et tous deux ont des problèmes avec nos frères et sœurs, en partie parce qu'ils les soupçonnent de menacer l'autorité qu'ils ont prise sur nous. Parce qu'ils n'ont jamais eu de frères ni de sœurs, ils ne peuvent pas concevoir l'influence que ces derniers exercent à notre égard. C'est comme cela, tout simplement parce que ce sont nos frères et sœurs. Mon conjoint ne comprend pas qu'ils osent me critiquer. Je considère qu'ils en ont parfaitement le droit, pour la simple et bonne raison qu'ils m'aiment sans conditions. Inconsciemment, nos conjoints respectifs nous refusent le droit à l'attention que nous portent nos frères et sœurs parce que, eux, ils n'en ont jamais bénéficié. S'ils en ont été privés, pourquoi d'autres y auraient-ils droit ?*

Il arrive que la situation se dégrade :

*On dirait que les enfants uniques raisonnent ainsi : « Tant mieux pour toi si tu as des frères et sœurs à qui tu peux demander conseil et sur qui tu puisses compter, mais, moi, je n'ai que de vieux parents, alors j'ai autre chose à faire que de m'intéresser à ta famille ! »*

### *Comment faire ?*

D'une façon ou d'une autre, faites en sorte d'assurer à l'enfant unique qui partage votre vie ce précieux espace auquel il tient tant. Il se satisfera peut-être de peu — une armoire ou même un tiroir peut suffire —, mais il est essentiel que cet espace demeure exclusivement personnel et que personne d'autre n'y touche... jamais. Par ailleurs — et ceci revêt une importance cruciale —, n'allez pas imaginer que, parce qu'il a besoin de s'isoler des autres et de passer un peu de temps seul, il vous rejette et renie votre relation. Il n'en est rien ! La plupart des enfants uniques apprécient tant la possibilité de pouvoir rester seuls pendant un bref laps de temps qu'ils ne reviennent sur la scène familiale qu'avec plus de plaisir et d'enthousiasme qu'auparavant.

*Quand nous partons en vacances ou que nous sortons avec des amis, il est plus difficile de l'avoir à l'œil que les enfants. C'est un cauchemar, par exemple, d'aller au marché avec lui ou de visiter une ville inconnue. Il n'arrête pas de disparaître à droite ou à gauche. Il ne sait pas se comporter en groupe. Il ne dit pas où il va, il s'éclipse, voilà tout, et si je lui en fais la remarque, il se contente de me répondre : «Oui, mais moi, je savais où te trouver.»*

*Je me rends compte que je suis solitaire et j'apprécie ma solitude. J'ai besoin de passer du temps seul. Dans cette grande maison, on n'est jamais les uns sur les autres. Je n'aime pas que tout le monde sache toujours ce que je suis en train de faire. J'aime bien me ménager du temps pour faire ce dont j'ai envie. Quand nous sommes en vacances tous les deux, nous partons chacun de notre côté pendant quelques heures dans l'après-midi. Nous n'en avons jamais discuté, ça s'est fait de manière spontanée.*

En vacances, prévoyez chaque jour une petite plage de temps libre, afin de procurer à votre compagne ou compagnon la latitude dont il a besoin pour s'isoler un peu. Anticipez cette attente, qui est normale et inévitable ; insistez sur le fait que tout le monde l'accepte et qu'il ou elle n'a pas à avoir mauvaise conscience. Ces concessions ne doivent pas ériger les conjoints en martyrs ! Lorsque votre compagne ou votre compagnon revient de sa promenade en solitaire, insistez pour qu'il ou elle s'occupe des enfants. En ménageant ainsi du temps et de l'espace dans votre vie commune, vous rendez service à tout le monde, à commencer par vous-même. L'enfant unique qui partage votre vie n'est pas prêt à passer chaque heure de son existence en votre compagnie, alors, mettez à profit la marge de liberté qu'il vous laisse !

N'oubliez pas que l'enfant unique a besoin de planifier ! Cela peut être très utile pour organiser le partage de l'espace et du temps, voire des ressources du couple. Invitez votre compagne ou compagnon à se plonger dans un agenda, une carte, un planning annuel et une liste de projets : il ne sera que trop heureux de s'y atteler à votre place. Sans compter qu'il s'attachera à s'y tenir — encore un atout typique de l'enfant unique. Ainsi, à condition que vous ne fassiez pas trop d'entorses au planning (ou que vous fassiez en sorte qu'il ou elle ne les remarque pas), vous réussirez à maintenir l'harmonie de votre couple.

## La peur de la proximité

L'enfant unique n'a pas seulement besoin d'espace physique. Il éprouve aussi souvent un besoin profond d'espace affectif :

*Je me dis toujours qu'il a une sorte de petit coin dans la tête, dans lequel il se réfugie dès qu'il a un problème affectif.*

*On dirait qu'il ne sait pas faire face lorsqu'il se trouve directement impliqué. Son meilleur ami est au bord du divorce, par exemple, mais il ne se résout pas à lui téléphoner, à se mouiller quitte à se faire éclabousser affectivement parlant. Cela n'empêche pas que si Philippe lui demande un service concret, il se mettra en quatre pour lui venir en aide. Je crois qu'il a peur de ne pas être à la hauteur. Il se force à faire ce qu'il pense devoir faire le moment voulu, mais vite, il reprend ses distances.*

Un enfant unique élevé par deux parents très unis peut grandir avec le sentiment d'être tenu à l'écart de la relation centrale, plus importante. Une famille monoparentale risque aussi de générer la même réaction : la relation avec un parent ayant été trop intense, trop intime, l'enfant unique réagit par le rejet.

Ce manque d'expérience de l'intimité affective risque d'être interprété par autrui comme un déficit sur le plan sentimental et passionnel, une réticence à s'engager et à s'impliquer. Or ce n'est en général pas le cas. Au contraire, l'enfant unique aspire peut-être désespérément à se lancer, mais ses expériences passées lui ont enseigné qu'il risque d'être écrasé par l'autre dans le cadre d'une relation aussi intime. En effet, les seules personnes avec lesquelles il a vécu sont ses parents, et tous deux détenaient un pouvoir illimité sur lui.

Une relation peut être intense par moments et distante à d'autres, affectueuse et harmonieuse un instant, puis soudain agressive et conflictuelle. Pourtant, l'enfant unique n'en a jamais eu l'expérience. Il lui manque une notion que l'on acquiert en général dans les familles nombreuses : il ne conçoit pas que l'on puisse être très proche d'une personne tout en préservant sa liberté. L'enfant unique cultive parfois une peur disproportionnée de la proximité, de crainte d'y laisser sa propre marge de manœuvre, voire son identité même :

*Je n'ai jamais vécu avec personne. Cela me fait peur. Étant attirée par les hommes mariés, je me dédouane de toute responsabilité. À une époque, je sortais avec un enfant unique. Il était très indépendant. À ses yeux, l'idéal aurait été de vivre dans deux appartements mitoyens, reliés par une porte. Ce n'est pas bête. Pour ma part, je m'arrangerai toujours pour au moins garder une chambre à moi, où il faudra frapper avant d'entrer.*

Les principaux intéressés sont nombreux à abonder en ce sens !

Évidemment, qui vit isolé n'a pas à craindre la proximité. L'enfant unique est déchiré par des sentiments contradictoires de désir et de crainte à l'égard de l'intimité. Or ceux-ci semblent être étroitement liés à son besoin d'espace personnel :

*Mais j'aimais bien, et j'aime encore, partager et sentir la proximité d'une présence physique. J'ai gardé un excellent souvenir de l'époque où je partageais une chambre à la cité U. Le soir, on bavardait après avoir éteint les lumières. Je n'avais jamais eu l'occasion de faire ce genre de chose auparavant. J'ai encore beaucoup de plaisir à partager ma chambre, même si je fais tout pour préserver mon petit domaine, ne serait-ce qu'une armoire ou une commode à moi. J'aime bien partager, mais je crois que j'ai peur de perdre mon espace vital.*

Les enfants uniques ont beau hésiter à s'engager, ils peuvent se montrer très possessifs et exigeants à l'égard de leur conjoint. L'un de nos interlocuteurs explique :

*Il faut parfois des années à un enfant unique pour accepter l'idée de partage. Certains n'y parviennent jamais. Sur le plan affectif, pourtant, il se révèle beaucoup plus possessif vis-à-vis du conjoint : « Tu fais partie de moi-même ! » Il le considère comme l'origine, l'essence et l'aboutissement de toute chose. Il faudrait pouvoir combler tous ses besoins, ce qui mène inévitablement à se dire : « Je ne suis pas à la hauteur. » Il faut faire tout le travail et pouvoir être tout pour l'autre. La dernière fois que je suis sortie avec quelqu'un, j'ai fini par me dire que je ne lui suffisais pas. Si quelqu'un me quitte, j'ai l'impression de ne pas avoir été assez généreuse pour le garder. Tout cela, parce que moi, je suffisais à mes parents, puisqu'ils ne voulaient pas d'autre enfant.*

***Comment faire ?***

En agissant lentement, mais sûrement. N'oubliez pas qu'un enfant unique risque à tout moment de se sentir écrasé. N'oubliez pas non plus que s'il se réfugie dans son cocon, ce n'est pas parce qu'il vous rejette. En général, ce n'est pas qu'il ne veut pas être proche de vous. Ne le soupçonnez pas non plus de ne pas en être capable. Il a seulement besoin d'entraînement, plus que les enfants de famille nombreuse, parce qu'il a un retard important à rattraper. Dès que les enfants uniques ont compris combien une relation intime peut être épanouissante, ils se révèlent des partenaires on ne peut plus loyaux. Ne vous découragez donc pas ! Ils apprennent vite !

## Immaturité affective

Comme nous l'avons vu au chapitre 4, *La maturité sociale*, les enfants uniques se révèlent souvent plus mûrs que la moyenne sur le plan social. Ceci s'explique du fait qu'ils ont passé une grande partie de leur temps en compagnie d'adultes, qu'ils ont dû «être tout pour leurs parents», et souvent assumer plus de responsabilités que les enfants issus de familles nombreuses. Le conjoint risque de se laisser abuser par cette façade, pensant qu'elle dissimule une maturité affective. En général, il se trompe lourdement ! Là encore, nous pensons que cette caractéristique des enfants uniques s'explique par l'ignorance des petites bagarres entre frères et sœurs :

*Elle paraissait tellement sûre d'elle en société ; elle excellait dans l'art de bavarder à bâtons rompus. Je n'ai pas tout de suite compris que, sur le plan affectif, elle était parfaitement novice. Elle s'est révélée être tout à fait incapable de discuter ou de gérer spontanément les problèmes importants. Jamais elle ne s'énervait contre moi, ce que je trouvais particulièrement difficile à supporter. Pour ma part, je me mettais souvent en colère, ce qui me donnait affreusement mauvaise conscience. Ses réactions, tout à fait adaptées en société et dans le milieu professionnel, me semblaient parfaitement déplacées dans la sphère de notre couple.*

Il ressort de plusieurs témoignages que les enfants uniques excellent à assumer les contraintes pratiques en cas de crise, mais qu'il ne faut pas trop compter sur eux sur le plan émotionnel :

*Quand notre fille a eu un accident et qu'elle a été grièvement blessée, mon mari a parfaitement bien réagi. Il est resté calme et s'est occupé des problèmes pratiques. Pourtant, j'aurais tant aimé le voir pleurer et se laisser aller. Cela m'aurait rassurée, j'aurais eu l'impression qu'il souffrait autant que moi. Je sais bien qu'il était effondré, mais rien dans son comportement ne le trahissait. On ne peut pas tout avoir !*

C'est vrai, on ne peut pas tout avoir. Avec un conjoint enfant unique, il vous faudra aussi accepter certaines lacunes.

En outre, son immaturité émotionnelle risque d'amener l'enfant unique à cultiver des attentes irréalistes vis-à-vis de son conjoint :

*Je n'ai pas l'habitude de demander de l'aide. «Tu devrais savoir ce que je ressens», dis-je immanquablement à mon mari.*

*Les enfants uniques recherchent un amour inconditionnel dans le couple.*

Parmi nos interlocuteurs, nombre d'enfants uniques ont trouvé l'amour chez un compagnon ou une compagne affichant une grande différence d'âge. Étant donné le retard qu'ils ont tendance à accuser dans le domaine affectif, rien d'étonnant à cela ! Beaucoup éprouvent une attirance naturelle pour des personnes considérablement plus âgées, certains pour de plus jeunes. Le fait est que, en étudiant, dans le cadre d'un autre ouvrage, les différences d'âge des couples, nous nous sommes aperçus que les enfants uniques sont sur-représentés dans ces unions atypiques.

*Si je suis portée sur les hommes nettement plus âgés que moi, c'est en partie parce que je suis naturellement attirée par cette génération, mais aussi parce que j'ai besoin de mon propre espace. Or quelqu'un de plus âgé a déjà un sens plus développé de son espace personnel et cela me convient mieux.*

*Elisabeth a dix-neuf ans de plus que moi. Pourtant, je ne recherchais pas consciemment une compagne plus âgée, ni quelqu'un qui avait une famille.*

*J'ai 25 ans et mon compagnon 57 ans. Récemment, nous avons organisé pour lui une grande fête avec soixante invités. Je m'entendais comme larron en foire avec les personnes de 50 à 60 ans qui dégagent quelque chose de sécurisant. Je ne me sens pas en sécurité avec les hommes plus jeunes.*

*Je suis souvent sortie avec des hommes brillants et plus âgés que moi. Je retombe toujours dans le même schéma : je me laisse séduire plutôt que je ne cherche à séduire.*

*Je suis à l'aise avec les gens plus âgés. Je me sens toujours en porte-à-faux avec ma génération. J'ai l'impression de ne pas en faire partie.*

Un enfant unique suggère une explication :

*Quelle que soit leur personnalité, les enfants uniques répugnent tous à prendre des risques. Ils restent toujours prudents et responsables. Ils ne s'aventureront jamais à mettre la charrue avant les bœufs. S'ils disent qu'ils vont faire quelque chose, c'est qu'ils sont sûrs d'y parvenir. Cette prudence naturelle ressort tout particulièrement dans leurs relations de couple. Ajoutez à cela qu'en général leur expérience et les qualités acquises en famille, qui leur confèrent un plus sur le plan de la maturité sociale, leur ont appris à se sentir plus proches des personnes plus âgées.*

***Comment faire ?***

Avant tout, sachez que la maturité affective s'acquiert. Il est essentiel que vous et votre conjoint compreniez bien qu'exprimer et partager ses émotions constituent déjà un progrès considérable. Si vous êtes issus d'une famille de plusieurs enfants, vous en savez certainement plus que vous ne le pensez sur la manière d'exprimer vos sentiments ; il est fort probable que vous serez mieux armé qu'un enfant unique en la matière.

La maturité affective s'acquiert de plusieurs manières : par exemple, par l'expérience, parfois même grâce à un suivi psychologique. Comme tout le monde, l'enfant unique apprendra à reconnaître les lacunes qui l'empêchent de mettre ses réactions affectives au niveau de sa maturité sociale. À mesure qu'il prendra de l'assurance sur le plan affectif, il vaincra l'angoisse de ne pas être à la hauteur. Ce n'est pas le manque de maturité en soi qui est grave. Benjamins et cadets, eux aussi, sont souvent immatures sur le plan affectif, et tout le monde apprend à vivre avec. Le problème des enfants uniques réside dans le décalage entre ce qu'ils sont et ce qu'ils semblent être. En conséquence, comme nous l'avons souligné, conjoints et amis nourrissent à leur égard des attentes erronées. Cependant, il peut aussi se révéler très rassurant, pour un partenaire, de découvrir que l'enfant unique est tout aussi vulnérable que les autres :

*Je crois qu'elle m'a toujours beaucoup impressionné. Elle donne toujours le sentiment de tout maîtriser. En mon for intérieur, je pense que je ne l'appréciais pas vraiment, car j'avais l'impression de ne pas être à la hauteur. Lorsque je me suis aperçu qu'elle aussi dissimulait une incroyable fragilité, cela nous a vraiment aidés. Nous nous sommes rapprochés l'un de l'autre quand j'ai compris qu'elle avait beaucoup plus besoin de moi que je ne le pensais.*

## Moi, moi, toujours moi

*Je n'en ai aucune preuve, mais j'ai toujours pensé que le monde du spectacle devait foisonner d'enfants uniques. En tout cas, je sais que mon mari n'est plus le même lorsque les projecteurs sont braqués sur lui, quand il prend la parole lors d'une réunion, qu'il tient un discours ou qu'il est pour une raison quelconque le centre du monde.*

Si l'enfant unique se considère comme le centre de l'univers ou s'arroge ce droit, c'est à ses risques et périls. Or cette tendance n'est pas non plus sans danger pour le conjoint. Souvenez-vous de ce que nous avons dit sur l'enfant unique qui fait main basse sur la dernière part de gâteau. Il vous faut vivre avec. Vous parviendrez sans doute à lui faire comprendre que ce n'est pas une chose à faire. En revanche, il vous sera certainement plus difficile de gérer ce droit qu'il s'octroie de se comporter ainsi :

*Éric n'aurait jamais osé s'approprier la dernière part du gâteau, parce qu'on lui avait appris que ce n'était pas poli. Mais, spontanément, il n'éprouverait aucune gêne à le faire. À ses yeux, où est le problème ? Il part du principe que la dernière part lui revient, alors que, chez moi, on aurait coupé la dernière part en quatre pour que chacun en profite.*

*En vacances, Philippe avait l'habitude de s'éclipser sans crier gare. Il disparaissait sans rendre de compte à personne. À mon avis, le gros problème des enfants élevés sans frères et sœurs est qu'ils ne savent pas forcément respecter la volonté des autres.*

*N'ayant pas appris à tenir compte de leur entourage, ils risquent de devenir insupportables. C'est encore pire chez ceux qui ont eu une relation distante avec leurs parents, comme Philippe. «Pourquoi est-ce que je penserais à toi quand j'ai envie de faire ce que je veux ?»*

C'est ainsi que compagnes et compagnons se trouvent, en général, obligés de répéter inlassablement à l'enfant unique qui partage leur vie qu'il lui faut tenir compte des autres. Globalement, nos interlocuteurs se sont déclarés relativement tolérants vis-à-vis de ce travers. Ceci s'explique en grande partie par la bonne volonté du conjoint à faire amende honorable, certains expriment même des remords, lorsqu'on pointe leur égocentrisme :

*Je n'arrive pas à rester fâchée contre lui très longtemps. Il ne fait pas exprès d'agir en égoïste. C'est juste qu'il est programmé comme ça. Il est terriblement attristé quand il se rend compte de l'effet que son comportement produit sur les autres.*

En tant que conjoint, toutefois, il faut vous faire à l'idée qu'il est possible qu'il ou elle ne change jamais.

## Des enfants ?

Pour un enfant unique ayant l'habitude de se placer au premier plan, la perspective d'avoir lui-même des enfants pose problème. Aussi convient-il, pour le conjoint, de le ou la sonder attentivement sur ce point. Le fait est qu'un nombre considérable de nos interlocuteurs ont exprimé, sans ambiguïté aucune, leur volonté de ne pas avoir d'enfants :

*Honnêtement, je n'ai jamais envisagé de fonder une famille. Je ne l'ai jamais caché à mon mari. Je me suis toujours dit que je préférerais m'en abstenir. Je crois que j'ai eu l'impression de materner mes propres parents et je n'ai pas envie de remettre ça.*

Beaucoup affirment même carrément ne pas aimer les enfants :

*Je ne supporte pas les enfants, ils me dégoûtent. Les couches et tout l'attirail… Je ne vois pas pourquoi je m'infligerais tout cela. De toute façon, je n'aurais jamais la patience qui est nécessaire.*

*Je* déteste *les gosses. J'ai vraiment un problème avec les gamins. Plus ils sont petits, plus ils sont gênants. Je ne veux pas d'enfant. J'ai l'habitude d'être seule. Je ne suis pas habituée à être respon-*

*sable d'autrui. Cette simple perspective me terrorise. J'ai bien des élans d'instinct maternel, mais envers les hommes. C'est comme ça ! Cependant, cela m'inquiète beaucoup de ne pouvoir supporter l'idée de la maternité.*

*Je ne supporte pas les enfants. Je fais littéralement un bond en arrière quand l'un d'eux s'approche de moi dans un supermarché. Je ne les supporte pas à moins d'un million de kilomètres. Je crois que je ne suis pas tout à fait normal !*

*Je ne veux d'enfant à aucun prix et, sur ce point, j'ai eu de la chance, car ma femme n'en veut pas non plus. Nous formons un couple uni dans la stérilité. Je n'aime vraiment pas les enfants. Je ne les déteste pas non plus, ce sont des êtres humains comme les autres, mais je n'en veux pas chez moi. L'ironie du sort veut que je les attire. Ils se jettent systématiquement sur moi. Je dois rester là, à leur faire des risettes, alors que, intérieurement, je suis au bord de la crise de nerfs.*

En général, les enfants uniques n'ont eu que de rares contacts avec des nourrissons :

*Je n'ai ni nièces ni neveux. Je ne suis pas habitué à avoir des enfants en bas âge dans mon entourage. Je n'ai pas du reste pas beaucoup d'affection pour eux. En présence de gamins, je passe mon temps à réprimer une irrésistible envie de distribuer des gifles à la ronde. Je n'ai jamais envisagé l'éventualité d'être parent, à part, peut-être, l'espace de cinq brèves secondes, il y a trente ans. Aujourd'hui, plus je vois de jeunes enfants, plus je me dis que j'ai pris la bonne décision.*

Une fois sorti de l'école, ou plus exactement de l'école primaire, il est fort possible qu'un enfant unique n'ait plus jamais de contact avec des tout-petits. En l'absence de neveux et nièces, toute leur vie se joue dans un univers d'adultes. Dans ces conditions, ces êtres imprévisibles que sont les bambins leur inspirent certainement une crainte terrible. Il est vrai que les enfants n'observent pas les mêmes règles du jeu et que, avec des petits, il devient très difficile de planifier quoi que ce soit — alors que la planification est l'un des dadas de l'enfant unique. N'ayant pas eu la possibilité de partager jeux et espaces avec d'autres jeunes dans le privé quand ils étaient petits, les enfants uniques ne se sentent ni à leur place ni à l'aise lorsque, adultes, ils se trouvent confrontés à cette situation.

*Comment faire ?*

Lorsque votre conjoint se comporte en égocentrique, n'hésitez pas à le lui faire remarquer (la plupart des enfants uniques s'inquiètent beaucoup de l'impression qu'ils offrent et font preuve de beaucoup de bonne volonté pour se corriger autant qu'il est possible). Ne le laissez pas s'en tirer à si bon compte ! En lui faisant remarquer ses travers, vous courez de grandes chances qu'il finisse par rectifier le tir et réussisse à se débarrasser de son égocentrisme, ou du moins à le brider.

Au sujet des enfants, il vous faudra agir avec circonspection. Il est essentiel de ne jamais rien considérer comme acquis. Ne partez pas du principe que l'enfant unique dont vous partagez la vie finira par vouloir fonder une famille ou par se résigner devant le fait accompli. Évitez la politique de l'autruche. Discutez-en avec elle ou lui. Essayez d'évaluer l'importance de la maternité ou de la paternité dans votre vie, tout en gardant à l'esprit que votre conjoint ne changera pas d'avis avec le temps. N'oubliez pas qu'un enfant unique est extrêmement déterminé et qu'il n'aime pas prendre de risque. Sachant qu'une grande partie de ses réticences provient de sa méconnaissance des tout-petits, vous pouvez l'amener à côtoyer de jeunes enfants de temps à autre afin de l'aider à changer d'attitude. Il vous faudra en passer par là, pour l'encourager à acquérir de l'assurance dans ses relations avec les enfants.

## La colère

Comme nous l'avons vu dans le chapitre 4, *LA MATURITÉ SOCIALE,* les enfants uniques ont tendance à ne pas savoir gérer la colère ni exprimer leurs contrariétés, ce qui peut se révéler parfaitement exaspérant pour un conjoint :

*Rien ne m'agace plus que de voir qu'il ne sort jamais de ses gonds. Il garde toujours son calme et ne panique jamais. J'ai l'impression de me ridiculiser en m'énervant. D'une certaine manière, ça le laisse maître de la situation.*

«Ça le laisse maître de la situation», évidemment ! C'est d'ailleurs pour cette raison qu'il ne s'énerve jamais, c'est justement pour garder le contrôle de la situation. L'enfant unique a compris que rester calme et impassible est un atout. Mais pour une compagne ou un compagnon, cette placidité a quelque chose d'irritant. Une fois que vous aurez compris que, s'il ne s'énerve pas, ce n'est pas parce que c'est un surhomme, mais parce qu'il ne sait pas être autrement et que la situation le met mal à l'aise, vous pourrez adapter votre attitude :

*Il préfère enfouir les conflits plutôt que les résoudre. Je dois le forcer à exprimer ses griefs.*

Comme nous l'avons vu, nombre d'enfants uniques ne possèdent pas les qualités nécessaires pour résoudre un conflit. Ajoutez à cela leurs compétences de médiateurs hors pair, et vous aurez tôt fait d'obtenir de grands spécialistes du surf sur la vague des conflits familiaux, prêts à tout pour éviter de prendre le taureau par les cornes. Peut-être cela s'explique-t-il ainsi :

*Lorsqu'il est directement impliqué, l'enfant unique n'arrive pas être objectif. C'est parce qu'il est trop centré sur lui-même et qu'il manque de maturité affective. Il préfère se tenir un peu à l'écart. Or, au sein d'une famille, tous les membres sont bien évidemment directement concernés.*

***Comment faire ?***

*Cela n'a pas été facile, mais j'ai fini par le convaincre de se faire entendre lors de disputes et conflits. Maintenant, il se met même en colère assez souvent. Évidemment, il a toujours éprouvé des contrariétés, mais ce qui est nouveau, c'est qu'il arrive à les exprimer. La première fois qu'il est sorti de ses gonds, je pense qu'il fut vraiment surpris de me retrouver à la maison lorsqu'il rentra après avoir claqué la porte. Avant, c'était moi qui détenais le monopole de la scène de ménage !*

Ce n'est pas parce que vous cédez à la colère de temps en temps que vous êtes en tort. Ce n'est pas non plus parce qu'il garde son calme que l'enfant unique est supérieur — mais il est novice en matière de dispute. Faites-lui comprendre que l'on peut se fâcher contre une personne tout en continuant à l'aimer, que l'on peut faire des reproches à quelqu'un à un moment donné, puis partager un fou rire avec lui quelques instants après.

## Un sens des responsabilités démesuré

N'ayons pas peur des mots : il n'y a que les enfants uniques pour être aussi moroses, hyperconsciencieux, trop responsables, dépourvus de tout humour et, globalement, un peu pénibles. Un enfant unique n'est pas sur terre pour s'amuser. Sa conception de l'image que sa famille doit offrir aux autres n'est pas des plus faciles. Souvenez-vous de la consigne qui a marqué son enfance : «Sois parfait !» Ce n'est pas si simple à effacer. N'oubliez pas non plus que, dès son plus jeune âge, il a assumé le poids de toutes les responsabilités :

*Stéphane attache une grande importance à l'image que nous offrons à notre entourage. Il n'aimerait pas que les enfants sortent débraillés, par exemple, et il n'apprécie pas du tout s'ils font des bêtises, parce qu'il se dit que leur attitude va rejaillir sur lui. Il se sent responsable de chacun d'entre nous.*

*Hervé est toujours trop sérieux ! Si je fais du bruit en m'amusant avec les enfants, je peux être sûre qu'il n'est pas loin et qu'il va nous demander de baisser d'un ton. Récemment, nous sommes allés au cinéma tous ensemble. Marion et moi avons attrapé un fou rire à propos d'un gag idiot. Je ne pouvais pas m'empêcher de pouffer, alors qu'il n'arrêtait pas de me répéter de me ressaisir. Il me fait de la peine, sincèrement, parce que je sais qu'il n'a jamais appris à se montrer de temps à autre irresponsable, contrairement à moi, qui suis la benjamine d'une famille nombreuse.*

### *Comment faire ?*

Essayez d'être patient. Dites-vous que l'enfant unique dont vous partagez la vie ne demande peut-être qu'à se montrer irresponsable, mais qu'il ne sait pas comment faire. Il apprendra, peu à peu, et il y prendra goût, très certainement. Il lui faudra aussi comprendre qu'il n'a pas l'exclusivité des responsabilités.

*Devenus parents, les enfants uniques se trouvent face à une toute nouvelle situation, où d'autres personnes qu'eux assument les responsabilités.*

S'il vous arrive d'être excédé(e), souvenez-vous qu'il est aussi très appréciable de vivre avec quelqu'un qui s'assure que les factures sont payées en temps et en heure, qui n'attend pas de tomber en panne sèche pour faire le plein d'essence et sur lequel vous pouvez compter pour présenter tous les papiers nécessaires à l'aéroport. Il n'a pas l'habitude de partager les responsabilités, mais de toutes les assumer. Peut-être apprécierait-il justement de ne plus être seul à s'occuper de la maison ou de la voiture, par exemple. Il serait peut-être soulagé de ne plus avoir à se battre seul sur tous les fronts.

Ce n'est peut-être pas une bande de joyeux drilles, mais ils ont aussi leurs bons côtés, ces enfants uniques. Pour peu que vous leur inculquiez les rudiments de l'autodérision, ils peuvent être de parfaits compagnons !

## La vie de famille

*Il devrait être interdit de n'avoir qu'un seul enfant. Etre enfant unique rend pratiquement inapte à la vie de famille.*

Ces propos sans concession sont extraits du témoignage de l'épouse d'un enfant unique. Il est vrai que les principaux intéressés eux-mêmes, approuvés par leurs conjoints, ont exprimé à plusieurs reprises leurs difficultés pour s'intégrer à la vie familiale :

*Il ne faut pas oublier que tout un pan de la vie familiale, tout un domaine de cette expérience leur reste parfaitement inconnu et qu'ils ne pourront jamais rattraper ce retard. Les rivalités, la concurrence pour capter l'attention des parents, les disputes, les réconciliations, les hauts et les bas d'une relation sont autant d'expériences que l'enfant unique n'a jamais connues et ne connaîtra jamais. En tant que benjamine et mère de trois enfants, je sais que j'ai eu une position privilégiée, et Didier m'a toujours fait de la peine. Il avait l'air tellement malheureux quand je m'amusais avec les enfants et que nous faisions les fous ! Pour lui, l'intimité de la cellule familiale était quelque chose de sérieux alors que je savais que l'on pouvait tellement s'amuser.*

Dans le domaine des règles qui régissent la vie de famille, les enfants uniques se révèlent en général novices, inexpérimentés. Tacites, ces règles n'en sont pas moins valides. Elles posent les limites à ne pas dépasser lorsque l'on embête ou taquine les autres ; elles déterminent le moment où chacun doit se calmer. Quiconque a grandi entouré de frères et sœurs les a acquises dès l'enfance, soit à travers ses propres réactions, soit à travers celles des autres. L'enfant unique n'a jamais vécu ces situations. Ceci explique ses réactions, plus ou moins excessives, lorsque l'on met en question sa perception de ce qui est juste ou non. Il a appris à jauger le monde selon les règles édictées par les adultes, mais jamais en se bagarrant avec ses frères et sœurs.

Ainsi, tout en éprouvant un besoin profond de participer à la vie de famille, ils se montrent souvent inaptes à l'intégrer véritablement :

*Le problème d'Éric, c'est qu'il aime bien participer aux bagarres et aux jeux des enfants, mais qu'il n'en connaît pas les règles. Chez moi, nous étions quatre enfants, alors je pense savoir où m'arrêter pour éviter que les choses ne dégénèrent. Je sais où est la limite entre la taquinerie et la méchanceté. Éric, lui, n'en a aucune notion. Rien qu'en observant et écoutant les enfants, je les vois venir et je me dis : «Ça y est, ça lui échappe, il n'a pas su mettre le holà tant qu'il en était encore temps.» Et puis j'entends les cris et les pleurs et je me dis : «S'il avait compris les règles du jeu, nous n'en serions pas là !»*

### *Comment faire ?*

Si vous partagez le quotidien d'un enfant unique, vous allez devoir l'aider à combler son manque d'expérience. Vous devez comprendre que certaines choses qui vous semblent aller de soi ne font pas partie du monde auquel il est habitué : le chahut, les taquineries et les petites piques entre frères et sœurs ; quelqu'un qui entre dans la salle de bains quand vous y êtes ou qui déplace vos affaires, etc. Il lui faudra peut-être apprendre progressivement, grâce à votre aide.

L'avantage des enfants uniques, c'est qu'ils ont, en général, très envie de s'adapter et de s'intégrer à l'univers familial. Nous n'insisterons jamais assez sur le fait que leur handicap n'est pas dû à leur mauvaise volonté, mais à leur ignorance. D'ailleurs, nombre d'entre eux font de gros efforts à l'égard de la famille de leur conjoint pour compenser leurs lacunes. La plupart des enfants uniques que nous avons rencontrés nous ont confirmé que leur belle-famille revêtait une grande importance à leurs yeux. La plupart sont ravis de pouvoir intégrer une famille nombreuse :

*Je me souviens que je ne me tenais plus de joie quand j'ai appris que Gilles avait trois frères et sœurs. Tout à coup, j'avais enfin l'occasion d'intégrer une vraie cellule familiale ! Élevée avec des parents qui n'étaient plus tout jeunes, je me suis toujours sentie seule. J'avais soudain l'impression que mes beaux-frères et belles-sœurs m'offraient un cocon bien douillet.*

# 13.

# Conseils aux jeunes parents d'un enfant unique

On ne naît pas parent, on le devient. La meilleure chose que l'on puisse espérer, c'est qu'un jour, nos enfants disent de nous : «Ils ont fait de leur mieux.» Nous avons demandé à tous les enfants uniques avec lesquels nous nous sommes entretenus quel conseil ils donneraient à des parents prévoyant de n'avoir qu'un seul enfant. Ils ont été nombreux à répondre spontanément, parfois de manière assez catégorique : «Dites-leur de ne surtout pas faire une chose pareille.»

*Grand Dieu, ayez un deuxième enfant, ou un troisième : voilà mon premier conseil.*

*Si vous ne pouvez avoir qu'un seul enfant, il est préférable de ne pas en avoir du tout. Pensez à lui : jamais il ne pourra vous observer dans votre rôle de parents avec quelqu'un d'autre. Il ne pourra pas relativiser les choses. C'est une responsabilité trop lourde à porter pour une seule personne.*

*Mon conseil arrive probablement trop tard, mais s'il est encore temps, surtout écoutez-moi : ne faites pas ça. NE FAITES JAMAIS ÇA !*

Pas un seul de nos interlocuteurs n'a conseillé aux parents de se cantonner à un seul enfant :

*Si vous me demandez si cela vaut la peine d'avoir un seul enfant, en termes d'avantages pour lui, je vous répondrai que non. Il n'y a pas véritablement d'avantages. Bien sûr, toute expérience comporte ses aspects positifs : les gens qui sont sortis des camps de concentration affirment aussi en avoir tiré des enseignements positifs.*

Les conjoints d'enfants uniques partagent cet avis :

*Surtout, ne faites pas une chose pareille !*

Malgré ces conseils unanimes, chacun sait que, par choix ou par nécessité, des enfants uniques continueront à voir le jour. Puisant dans leur expérience personnelle, les personnes que nous avons interrogées nous ont livré des conseils judicieux destinés à permettre aux parents d'atténuer les difficultés liées au statut de l'enfant unique. L'élément récurrent de leurs recommandations réside dans la spécificité de l'expérience de l'enfant unique. Pour bien gérer cette situation, il importe d'en comprendre les tenants et les aboutissants. Un enfant unique peut parfaitement être heureux, serein et épanoui. Les parents qui choisissent d'avoir un seul enfant, ou qui ne peuvent fonder une famille plus nombreuse, ne doivent pas se sentir coupables. Au contraire, il est même essentiel qu'ils n'éprouvent pas de culpabilité. En effet, comme nous l'avons vu à travers plusieurs témoignages, ce sentiment risque de rejaillir sur l'enfant.

Quoi qu'il en soit, nous vivons dans une société accordant à la famille une importance considérable : les parents d'enfants uniques risquent fort d'être mal compris et de souffrir de remarques déplacées :

*Les gens pensent qu'avoir un seul enfant, c'est égoïste, et que choisir de ne pas avoir d'enfant l'est encore plus. C'est indéniable, on pense que les gens respectables ont beaucoup d'enfants.*

*J'ai toujours eu le sentiment qu'il fallait que je me justifie de n'avoir qu'un seul enfant. On vous demande toujours quand vous comptez avoir le deuxième. Lorsque vous répondez : «Il n'y aura pas de deuxième», les gens pointent un doigt menaçant vers vous, en vous expliquant que les enfants uniques sont trop gâtés, etc. En fait, après Henri, je n'ai pas pu avoir d'autre enfant pour des raisons médicales, et vraiment, cela me met hors de moi qu'on vienne me le reprocher.*

*Les gens n'ont aucun droit de décréter que je suis égoïste ni que Henri est trop gâté.*

Nous avons déjà constaté que le statut d'enfant unique comporte ses avantages et ses inconvénients. Pour réussir votre mission de parent, vous devez mettre à profit les bons côtés de cette expérience, en vous efforçant d'en limiter les aspects négatifs. Quatre conseils précieux à l'attention des parents d'un enfant unique se dégagent des témoignages que nous avons recueillis :

1. *préservez l'enfance de votre rejeton.* N'en faites pas un petit adulte avant l'heure ;
2. *compensez l'absence de frères et sœurs...* un peu, mais pas trop ;
3. *n'en faites pas un allié* dans vos rapports avec votre conjoint. N'oubliez pas de respecter l'équilibre du triangle ;
4. *N'oubliez pas qu'il ne peut pas être tout pour vous.* Votre vie ne doit pas tourner exclusivement autour de lui.

Les parents d'un enfant unique jouent un rôle plus important que les autres parents, dans la mesure où leur influence n'est pas «diluée» par la présence de frères et sœurs. Il y a fort à parier qu'ils seront davantage considérés comme des modèles, ce qui explique que leur progéniture adopte plus tôt un comportement d'adulte. De plus, les enfants uniques ont moins que d'autres la possibilité d'évaluer leur comportement, ainsi que celui de leurs parents. Ce que disent et font les parents est forcément juste à leurs yeux — votre enfant ne vous voit jamais en interaction avec un autre enfant, ce qui lui permettrait de se rendre compte que vous êtes faillible !

Mais tout d'abord, un mot sur le rôle des parents en général : il n'y a pas de parents parfaits. Le type de parent que vous êtes et le bagage que vous apportez à votre enfant sont en grande partie déterminés par l'expérience que vous avez vécue auprès de vos propres parents. Si vous-même avez été enfant unique, et si vous souffrez des lacunes que nous avons évoquées plus haut, il est clair que vous ne pourrez pas, comme par enchantement, devenir une tout autre personne lorsque vous serez à votre tour parent. Votre objectif doit être le suivant (d'ailleurs, vous pourrez difficilement en faire davantage) : faire un tout petit peu mieux que vos parents, et essayer d'atténuer les aspects négatifs de votre expérience. Si vous y parvenez, et si de surcroît vous arrivez à établir avec votre enfant unique une communication suffisamment profonde pour pouvoir discuter de choses importantes, pour partager vos sentiments et pour lui permettre d'exprimer les siens, vous pourrez estimer que vous avez bien tiré votre épingle du jeu.

## PRÉSERVEZ SON ENFANCE

*J'hésite à donner des conseils : si des parents estiment avoir de bonnes raisons pour n'avoir qu'un seul enfant, je leur dirai certainement d'y réfléchir à deux fois, mais malgré tout, la décision leur appartient entièrement. Efforcez-vous de garder votre maison ouverte à d'autres enfants, laissez votre fils ou fille entretenir autant que possible des relations avec des camarades de son âge et maintenez une ambiance légère et insouciante.*

N'oubliez pas ce que nous avons vu au chapitre 4, *LA MATURITÉ SOCIALE.* Exclusivement entouré de grandes personnes, l'enfant unique risque de devenir adulte trop vite :

*Il est essentiel qu'il vive pleinement son enfance. Avec deux adultes pour s'occuper exclusivement de lui, l'enfant unique est très stimulé, et il possède souvent un vocabulaire assez riche : ses parents ont alors tendance à le considérer comme plus vieux que son âge, et donc à lui en demander trop.*

*Il y a un risque réel : celui d'intégrer tellement l'enfant unique à votre vie d'adulte qu'il ne commencera que fort tard à vivre sa propre vie.*

Plusieurs personnes dont nous avons cité le témoignage au chapitre 4 estiment avoir raté une partie de leur enfance :

*J'ai l'impression d'être passé directement à l'âge adulte.*

Tout parent souhaite voir son enfant progresser et se développer rapidement, ce qui est légitime. Toutefois, les risques pour l'enfant sont les suivants :

1. il n'a pas d'interactions avec ses frères et sœurs pour compenser,
2. il est trop influencé par des comportements et des attentes d'adultes.

Ainsi, vous devez tenir compte de ces risques et faire en sorte que votre enfant ait suffisamment de contacts avec d'autres bambins de son âge. Les personnes que nous avons interrogées ont formulé quantité de propositions à ce sujet :

*Pour que vos enfants aient un développement social normal, ils ont besoin d'être entourés d'autres enfants, aussi est-il indispensable de leur assurer beaucoup de contacts avec des camarades de leur âge, pour qu'ils ne soient pas isolés.*

*Permettez très tôt à vos enfants de fréquenter des camarades de leur âge. Prenez par exemple mon amie Angélique (nous nous connaissons depuis que nous avons cinq ans). Je lui suis vraiment très attachée, parce que nous avons le même âge. Le seul moment de notre existence où nous n'étions pas inséparables, ce fut l'époque des premiers petits amis.*

*Efforcez-vous d'ouvrir votre maison sur l'extérieur, d'accueillir les amis de votre enfant à bras ouverts, pour passer la nuit ou pour venir durant la journée. Faites en sorte que les enfants aient envie de venir chez vous. Si j'étais parent d'enfant unique, je mettrais des lits superposés dans sa chambre. J'essaierais de passer Noël avec d'autres familles, par exemple en louant une grande maison. Je m'efforcerais, dans la mesure du possible, de ne pas vivre replié sur nous trois. Je ferais en sorte que toutes les fêtes donnent lieu à des réunions, pour que mon enfant ait le sentiment de grandir au sein d'un clan. Entouré de tant d'autres personnes, il n'éprouverait pas le sentiment de solitude caractéristique des enfants uniques.*

L'un d'eux souligne :

*… le bonheur d'entendre mes deux enfants jouer ensemble — c'est une chose que je n'ai jamais connue dans mon enfance si solitaire.*

Mais n'oubliez pas que les jeux sont destinés à faire plaisir avant tout à l'enfant :

*J'ai remarqué que lorsque des enfants venaient jouer chez nous, mes parents attendaient de nous que nous jouions près d'eux, j'avais presque l'impression qu'ils voulaient participer à nos jeux. Alors que chez mes amis, c'était différent. Les parents nous envoyaient jouer dans la salle de jeux. Mes parents, eux, donnaient presque l'impression de nous demander de les distraire.*

De même, il peut avoir du mal à se comporter en enfant avec ses amis, parce qu'il est un petit adulte avec vous :

*Ne mélangez pas les rôles. On me demandait de porter plusieurs casquettes. Lorsqu'il y avait des gamins à la maison, on attendait de moi que je me comporte en enfant. Les choses étaient différentes lorsqu'il n'y avait que des adultes. Habitué à la compagnie des grandes personnes, je n'avais aucune envie de jouer avec des petits voyous.*

Plusieurs personnes racontent qu'elles allaient dormir chez des amis, ou que ceux-ci passaient la nuit chez elles, ce qui constituait une expérience précieuse :

*Trouvez autant d'occasions que possible pour que votre enfant soit en contact avec des camarades de son âge. Surtout, invitez ses copains à passer la nuit chez vous, ou vice-versa.*

N'oubliez jamais que sous la façade mûre de votre adorable «petit adulte» se cache un jeune enfant qui manque d'assurance. Ainsi :

*Donnez à votre enfant le sentiment qu'il est désiré. Permettez-lui de fréquenter des camarades de son âge. Et ne focalisez pas tous vos espoirs et toutes vos attentes sur lui... Évitez de faire peser un poids trop lourd sur ses épaules. Les enfants uniques sont plus sensibles, et ils sont seuls à assumer ce fardeau.*

## COMPENSEZ... MAIS PAS TROP

Les parents n'ayant qu'un seul enfant sont indubitablement confrontés à un dilemme : quelle doit être leur indulgence à son égard ? D'un côté, il est leur seule chance, il est un joyau précieux. De l'autre, ils gardent à l'esprit le stéréotype de l'enfant unique, «pourri gâté». Bien évidemment, la solution réside dans une attitude intermédiaire entre ces deux extrêmes. Certes, voilà qui est plus facile à dire qu'à faire...

La critique formulée le plus fréquemment au sujet des enfants uniques est certes qu'ils sont «pourris gâtés». Rien d'étonnant, donc, que ces deux mots suffisent à mettre en rogne les principaux intéressés, qui souffrent cette litanie depuis leur plus jeune âge (elle les agace d'autant plus qu'ils la jugent infondée) :

*Cela m'énerve prodigieusement quand on me dit : «Oh, quelle chance vous avez, vous n'avez pas eu à partager quoi que ce soit avec des frères et sœurs, et vous avez eu tant de choses que mes parents à moi n'ont jamais pu m'offrir.» Les gens partent toujours du principe que nous avons été gâtés à outrance. Ça me met hors de moi ! Je crois qu'en réalité, les enfants uniques, lorsqu'ils sont très jeunes, sont souvent un peu précoces. Et quand c'est le cas, tout le monde décrète qu'ils sont trop gâtés. C'est une explication un peu facile.*

Il est vrai que certains enfants uniques ont été gâtés plus que de raison, ce qu'ils admettent :

*J'ai été terriblement gâté, vraiment. Je n'ai jamais levé le petit doigt à la maison : je ne faisais pas la vaisselle, je ne passais pas l'aspirateur, rien de tout ça. J'ai été tellement gâté qu'aujourd'hui, je suis totalement incapable de partager quoi que ce soit.*

Lorsqu'il est question d'enfants gâtés, certaines personnes pensent aux avantages matériels — surabondance de jouets, absence du sens de la valeur des objets —, tandis que d'autres pensent plutôt aux aspects psychologiques : le comportement de l'enfant indique qu'il n'a pas conscience que son entourage a, lui aussi, besoin d'espace ou d'attention.

De manière générale, les enfants uniques ne sont ni plus ni moins gâtés que les autres. La trop grande indulgence dont bénéficient certains rejetons n'est pas due à la structure de la cellule familiale, mais bien à l'attitude parentale. Or, les parents qui ont ces penchants gâteront leur progéniture, qu'ils aient un ou plusieurs enfants. De plus, le fait de trop gâter son enfant n'est pas lié à la situation financière des parents. C'est plutôt une question d'attitude : ils donnent à l'enfant tout ce qu'il veut, en petites ou en grandes quantités. Ils ne le font pas participer aux tâches ménagères, et ils ne lui apprennent pas à faire passer, dans certains cas, ses désirs après ceux des autres. Par ailleurs, l'égocentrisme dont font preuve certains enfants uniques (nous avons constaté qu'ils ont tendance à considérer que le monde tourne autour d'eux, ce dont leurs parents et eux-mêmes sont conscients) n'est pas lié au fait d'être gâté.

Les enfants uniques sont peut-être privilégiés quant à l'attention que leur consacrent leurs parents (voir *TOUTE L'ATTENTION* au chapitre 1), mais les conséquences de ce surcroît d'intérêt ne sont pas caractéristiques de la personnalité de l'enfant unique.

Ces enfants ont sans conteste des défauts. Toutefois, dans la mesure où l'idée d'enfant unique est immanquablement associée à celle d'enfant gâté, beaucoup de parents, voulant éviter ce travers, tombent dans l'excès inverse :

*Mes parents avaient tellement peur que je ne devienne insupportable et gâté qu'ils ont tout fait pour ne pas me choyer. Résultat : ils ne tenaient aucun compte de mes besoins, encore moins de mes appels au secours.*

Ayant côtoyé de près les adultes, et ayant adopté très tôt un comportement de grande personne, les enfants uniques, loin d'être égoïstes, acquièrent souvent très tôt de bonnes manières, et un comportement «correct» :

*Je crois que les enfants uniques sont polis à l'excès. En fait, j'ai tellement peur d'être égoïste que je tombe dans le travers inverse.*

Comme l'indique un conjoint :

*Je dois dire qu'au plus profond de lui, ce n'est pas quelqu'un d'égocentrique. Quand je lui rappelle ses obligations, il est extrêmement généreux et respectueux d'autrui. Certes, il faut le lui rappeler, mais une fois que le message est passé, il tient vraiment compte des sentiments de son entourage.*

Ne laissez pas la peur de trop gâter votre enfant le priver de l'attention qu'instinctivement vous lui accorderiez.

Les personnes avec lesquelles nous nous sommes entretenus ont toutes souffert de l'image de l'enfant unique gâté et à ce sujet, elles avaient une foule de suggestions :

*Trouvez le juste milieu entre laxisme et sévérité.*

*Il faut être très vigilant pour trouver le bon équilibre. Ne soyez pas trop indulgent, parce que vous ne rendrez pas service à votre enfant en lui donnant systématiquement tout ce qu'il veut. Ne soyez pas non plus trop strict. Certains parents ont tendance à tout focaliser sur leur enfant et du coup, ils ne le laissent même pas se promener seul dans la rue. Il faut lui accorder une certaine liberté.*

*Laissez votre enfant commettre des erreurs. Ne le protégez pas trop. Évitez de l'inhiber en vous montrant trop protecteur — c'est l'erreur que mes parents ont commise. Accordez-lui autant de liberté que vous pourrez.*

Il est important de tenir compte des besoins spécifiques de votre enfant lorsqu'il ira à l'école. Ceux qui ont un frère ou une sœur du sexe opposé se familiarisent très tôt avec «les filles» ou «les garçons». Parmi les enfants uniques que nous avons rencontrés, certains n'ont pas fréquenté une école mixte : ils ont déclaré s'être sentis totalement désemparés lorsqu'ils se sont trouvés confrontés, plus tard, au sexe opposé :

*Je crois que longtemps, je n'ai pas su comment aborder le sexe opposé. Je n'ai commencé à fréquenter des hommes qu'une fois partie de la maison. J'appréciais beaucoup leur compagnie, j'aimais avoir un point de vue masculin sur les choses, mais pour ce qui est des rapports sexuels, je dois dire qu'il m'a fallu longtemps avant d'arriver à nouer des relations de qualité !*

*J'ai l'impression que le fait d'être enfant unique et d'être isolé de l'autre sexe nous rend très différents. Même les enfants qui ont un frère ou une sœur du même sexe sont habitués à une certaine proximité, ce qui leur permet d'aborder plus facilement le sexe opposé.*

Les conjoints d'enfants uniques ont, eux aussi, ressenti cette difficulté :

*Il a fréquenté une école de garçons et il n'a aucune connaissance des femmes. Faites-le entrer dans une pièce remplie de femmes et vous verrez qu'il perdra tous ses moyens et qu'il ne saura pas quoi dire.*

Une scolarité dans un établissement mixte contribue à aplanir ces difficultés :

*Ne le mettez pas dans une école de filles ou de garçons. Bien sûr, les filles font un meilleur parcours scolaire dans une école sans garçons, mais dans la vie, il faut savoir gérer ses rapports avec les hommes, et mieux vaut l'apprendre tôt...*

En apparence, l'internat offre une bonne solution pour compenser l'absence de fratrie. Toutefois, il faut savoir que les rapports entre frères et sœurs (voir chapitre 2, *PETITES BAGARRES ENTRE FRÈRES ET SŒURS*) constituent une expérience très différente de celle de l'internat. La compétition avec des enfants qui ne vous sont pas proches, avec lesquels vous n'avez aucun lien de parenté, sur un terrain étranger, en l'absence de la supervision d'un parent qui vous aime, n'a pas grand-chose à voir avec les relations entre frères et sœurs. Loin de compenser l'absence de fratrie, cette expérience risque encore de renforcer ce sentiment de vide, si l'on en croit ce psychologue :

«L'expérience de la pension est catastrophique. Les enfants se souviennent de l'angoisse qui les étreignait au moment du départ, et du sentiment de mettre leur vie entre parenthèses pendant le séjour à l'internat. Ils disent souvent qu'après avoir survécu à cette expérience, ils sont désormais capables d'affronter n'importe quoi. Mais je crois que cela a un prix : une montagne de sentiments refoulés.»

Ne vous méprenez pas : certains enfants gardent un excellent souvenir de l'internat. Pour eux, le plaisir de côtoyer des camarades de leur âge a largement compensé les difficultés. Pour ces enfants, le moment critique était au contraire le temps des vacances :

*J'étais content de voir mes parents, mais je m'ennuyais assez vite, parce que là où ils habitaient, je n'avais plus d'amis. Je ne connaissais plus personne du voisinage.*

*Non seulement ils n'avaient plus de contacts avec les enfants du quartier, mais ils n'avaient pas de frères et de sœurs avec qui s'amuser.*

Si vous envisagez d'inscrire votre enfant unique en pension, assurez-vous que cette décision est prise dans son intérêt, et non dans le vôtre :

*Lorsque nous vivions en France, mes parents avaient beaucoup de temps libre. Quand nous sommes partis vivre au Québec, ils n'avaient plus autant de loisirs. Aussi ont-ils décidé de me mettre en pension en France, pour se garder du temps à eux. J'avais déjà plusieurs années de retard, ce qui ne m'empêchait pas de faire l'école buissonnière. La directrice de l'internat leur a écrit pour leur dire que j'avais du mal à supporter leur absence, et qu'il valait mieux que je retourne vivre avec eux, ce que j'ai fait. Plus tard, ils m'ont avoué qu'ils estimaient avoir commis la plus grave erreur de leur vie.*

Un enseignant explique :

«J'ai l'impression que les pensions sont faites pour les parents. En nous confiant leur enfant, ils évitent de le voir nouer des relations avec d'autres. Quant à eux, ils peuvent reprendre leur relation de couple bilatérale. Quand l'enfant rentre à la maison, il redevient le centre de l'attention.»

Si vous envisagez de mettre votre enfant dans un internat, réfléchissez-y à deux fois. Prenez cette décision uniquement si elle est véritablement conforme au désir de votre enfant.

S'il décide d'aller en pension, soit. Mais ne le poussez pas dans cette direction. En tout état de cause, choisissez un établissement mixte. Le fruit de cette expérience, c'est d'apprendre à vivre avec les autres.

Nous savons que ce qui vous importe avant tout, c'est le bonheur de votre enfant, et que vous prenez toutes les décisions le concernant très à cœur, mais attention :

*N'essayez pas d'organiser toute sa vie. En tant que père ou mère, on a souvent l'impression d'être jugé à travers son enfant. On se dit que l'enfant est à l'image de ses parents : par conséquent, on veut qu'il parle correctement, qu'il se tienne bien à table, etc. Lorsqu'on a plusieurs enfants, on prend du recul, et on les regarde vivre, on observe avec attention comment les uns et les autres se comportent. Toutefois, le premier enfant de la fratrie subit le même sort que l'enfant unique, mais moins longtemps.*

Lorsque vous vous efforcez de compenser l'absence de fratrie, n'oubliez jamais l'intérêt de votre enfant :

*Il me semble important de ne pas forcer un enfant unique à être sociable, simplement parce que vous voulez qu'il le soit. Par exemple, les parents ne doivent pas le forcer à aller à un goûter d'anniversaire s'il n'en a pas envie, simplement parce qu'ils estiment qu'il doit fréquenter d'autres enfants. On peut transformer le vécu de l'enfant unique en expérience positive, en acceptant que sa propre compagnie lui suffit, et en évitant de trop le gâter. Les parents risquent de sur-compenser l'absence de fratrie en accueillant en permanence chez eux une horde d'enfants.*

Les parents aideront utilement leur enfant en lui assurant le soutien dont il a besoin, notamment dans sa scolarité :

*Les parents doivent apporter une aide à leur enfant. Moi, je n'imagine pas vivre loin de ma famille. Toutes les difficultés que j'ai rencontrées à l'école ou chez les scouts, je ne pouvais pas les raconter à mes frères et sœurs. Par conséquent, je me confiais à mes parents, qui m'écoutaient et qui me donnaient des conseils. Leur disponibilité ne se limitait pas aux vacances et aux week-ends : ils étaient toujours là quand j'avais besoin d'eux.*

Si vous êtes vous-même enfant unique ou issu d'une famille peu nombreuse, compensez l'absence de fratrie en accueillant des amis de votre enfant chez vous, mais proposez-lui aussi des substituts d'oncles et de tantes. La situation est particulièrement extrême chez un couple composé de deux enfants uniques :

*Moi, je suis l'enfant unique de deux enfants uniques, ce qui veut dire que notre famille était pour le moins réduite. Vous savez, vous n'avez peut-être pas forcément envie d'une grande famille, mais c'est quand même pratique d'avoir des gens vers qui se tourner quand on a besoin d'aide.*

Plusieurs enfants uniques que nous avons interrogés ont conseillé le recours aux parrains et marraines (ou leur équivalent culturel) pour élargir le cercle d'adultes gravitant autour de l'enfant.

## N'EN FAITES PAS UN ALLIÉ

Au chapitre 6, nous avons parlé du triangle des relations familiales. L'alliance entre les parents donne généralement à l'enfant unique le sentiment d'être exclu. Toutefois, il arrive que le triangle fonctionne différemment, l'un des parents nouant alors un pacte avec l'enfant contre l'autre parent. Pour l'enfant, cette position se révèle très inconfortable :

*Il était jaloux de moi. J'ai toujours eu l'impression que, du jour de ma naissance, ma mère s'est désintéressé de mon père.*

*Mes parents m'impliquaient dans leurs disputes. Ma mère me manipulait toujours pour que je prennent son parti. Mon père, quant à lui, faisait office de bouc émissaire. Ma mère exigeait que je reconnaisse ses torts et que je prenne ouvertement position contre lui.*

*Ma mère et moi formions une sorte de binôme, ce qui a rejailli sur les relations entre mes parents. Il fallait en permanence que nous prenions parti les uns contre les autres. Ainsi, ma mère me soutenait contre mon père.*

Il arrive que la dépendance se manifeste d'une autre manière : certains parents ne vivent qu'à travers leur enfant. Plusieurs personnes avec lesquelles nous nous sommes entretenus ont fait état de ce type de situations, mais elles sont nombreuses à penser qu'il s'agit d'un comportement propre à la génération de leurs parents :

*De nos jours, les deux parents mènent leur propre vie. Ma mère, elle, n'avait pas de vie à elle. Elle vivait à travers mon père et moi, par procuration en quelque sorte. Je pense qu'aujourd'hui les enfants uniques ne sont plus confrontés à ce type de problèmes.*

*Mes parents se sont estimés heureux d'avoir un enfant, et ils n'ont pas voulu en avoir d'autres. Résultat : ma mère n'est pas très dominatrice, mais très possessive. Nous avons déménagé deux fois avant mon entrée à l'école, et je n'ai jamais fréquenté la maternelle. J'étais très isolé, couvé par une mère qui ne me quittait pas des yeux. Je crois que je comptais énormément pour elle, mais ce sentiment d'avoir été couvé concerne toute mon enfance.*

L'enfant doit avoir sa vie à lui, afin d'éviter que, plus tard, la séparation ne soit source de problèmes, de part et d'autre. Au chapitre 3, *L'IMAGE DE SOI,* nous avons démontré que les enfants uniques éprouvent des difficultés à faire leur crise d'adolescence, et qu'ils ont parfois besoin de l'aide de leurs parents pour quitter le nid :

*Je crois que les choses sont plus faciles quand on a plusieurs enfants. Cela permet de gérer plus facilement la séparation parents-enfant. Si le père et la mère partent en week-end, ils laissent derrière eux deux enfants. Comment justifier le fait de ne pas emmener avec vous un seul enfant ?*

*Ma mère a raconté à Catherine* [l'épouse de notre interlocuteur] *plus d'anecdotes sur mon enfance qu'à moi ! Lorsque j'ai quitté la maison pour faire mes études, je crois sincèrement que ma mère en a eu le cœur brisé, mais, bizarrement, elle n'a jamais réussi à me dire qu'elle souhaitait se rapprocher de moi.*

Aucun parent ne se sépare de gaieté de cœur de son enfant, mais les parents de fils ou de filles uniques s'efforcent plus particulièrement de garder leur enfant près d'eux, soit pour retarder le moment douloureux de la séparation, soit pour bénéficier de leur compagnie. Voilà qui nous ramène à la nécessité de prendre le taureau par les cornes en cas de difficultés : les parents qui cherchent à se faire un allié de leur enfant se comportent de la sorte parce qu'ils ont dans leur vie des conflits non résolus.

## Il ne peut pas être tout pour vous

Bien sûr, tout ce qui concerne l'enfant unique prend une importance considérable aux yeux des parents. Toutefois, il est essentiel que vous gardiez le sens de la mesure concernant vos attentes. Un enseignant explique :

«Les parents d'enfants uniques en demandent trop. Ils focalisent toutes leurs attentes et tous leurs espoirs sur une seule personne. Tout se canalise sur cet enfant. Les parents qui veulent le meilleur pour leur rejeton exigent en retour qu'il leur donne le meilleur de lui-même. Ils se montrent très protecteurs. Ils attendent des enseignants que, par une sorte de télépathie, ils détectent immédiatement lorsque quelque chose ne va pas chez leur enfant. Il est difficile pour eux de comprendre que c'est impossible, nous avons des centaines d'élèves. Eux, en revanche, ont tout leur temps à consacrer à leur enfant.»

Nos enfants uniques ont également des choses à dire :

*Oui, nous sommes tout pour nos parents. Nous sommes leur raison d'être. Dans ces conditions, je crois qu'il est bien facile de culpabiliser son enfant.*

*Mon conseil à moi, ce serait de dire aux parents de ne pas concentrer tout leur intérêt sur leur enfant. Les choses sont plus faciles lorsque la famille repose sur un couple soudé. L'homme et la femme doivent prendre du temps pour eux, sortir le soir, avoir leur vie à eux et le faire comprendre à l'enfant, ce qui permet au couple de ne pas se focaliser entièrement sur leur progéniture. Et par suite, cela sera moins lourd pour lui. L'un de nos neveux qui a un fils unique effectue beaucoup de déplacements professionnels, et l'enfant doit tenir compagnie à sa mère, ce qui est difficile à assumer. Efforcez-vous d'avoir suffisamment d'assurance, pour ne pas projeter trop de choses sur votre enfant.*

N'oubliez pas que votre enfant a besoin de créer son propre univers, mais qu'il contractera envers vous l'obligation de réussir. Veillez à ce que cela ne devienne pas un fardeau pour lui. Ne lui donnez pas le sentiment qu'il est le seul rayon de soleil de votre vie.

S'il est aisé pour des enfants uniques adultes de prodiguer des conseils, il est beaucoup moins facile pour les parents de les suivre, notamment parce que ces enfants ont l'air si mûrs, si responsables. Mais n'oubliez pas que les apparences sont trompeuses, et gardez-vous de confier trop de responsabilités à votre enfant en négligeant ses besoins affectifs.

Sur le grand nombre d'enfants uniques avec lesquels nous nous sommes entretenus, il y avait fort à parier qu'un ou deux avaient subi des abus sexuels dans leur enfance. Effectivement, nous avons recueilli des témoignages de ce type. Deux personnes ont souligné le fait qu'être enfant unique avait facilité l'abus sexuel, dans la mesure où ils avaient plus d'occasions de se retrouver seuls avec un parent, et qu'ils estiment normal de se plier à sa volonté pour lui faire plaisir...

Certaines personnes interrogées ont indiqué que leurs parents avaient déménagé pour satisfaire leurs propres pulsions, sans tenir compte de la perturbation que ce changement occasionnerait à l'enfant :

Évitez de déménager trop souvent : votre enfant risquera de se trouver privé d'amis. Ces déracinements répétés peuvent se révéler très traumatisants.

Quel que soit le contexte familial, tous les parents — et pas seulement ceux d'un seul enfant — doivent se garder d'attendre de leur progéniture qu'elle compense les défaillances de la famille, soit par sa simple naissance, soit par sa présence au sein de la famille. En tant que parent, vous devez vous préparer à régler les différends qui surgissent, et à affronter vos problèmes, sans demander à votre enfant d'assumer un rôle de compensation. Ne projetez pas toutes vos attentes et tous vos espoirs sur cet enfant, et veillez à ne pas faire peser un poids trop lourd sur ses épaules. Les enfants uniques sont très sensibles, bien plus qu'ils ne veulent bien le laisser paraître, et souvenez-vous qu'ils sont seuls à porter le fardeau de vos espoirs.

## Conclusion

Demandez-vous la chose suivante : est-ce que vous voulez mettre en valeur l'expérience de l'enfant unique ou au contraire l'atténuer ?

La plupart des parents aspirent à tirer profit des bons côtés de l'expérience de l'enfant unique, tout en en atténuant les aspects négatifs. Nous pensons que les conseils que nous vous avons prodigués dans cet ouvrage, fruit de l'expérience de tous les enfants uniques avec lesquels nous nous sommes entretenus, vous permettront d'atteindre cet objectif. Surtout, gardez toujours présentes à l'esprit les sages paroles de cet enfant unique :

*Je crois que les parents risquent d'en demander trop à leur unique enfant. Il me semble que ces gamins encaissent pas mal de choses. La plupart des parents qui choisissent de n'avoir qu'un seul enfant doivent savoir qu'ils vont faire peser un poids énorme sur lui. Je pense que de nos jours, beaucoup de gens choisissent de n'avoir qu'un seul enfant, destiné à être exceptionnellement intelligent, sur lequel ils pourront projeter tous leurs espoirs. De plus, il y a tous ceux qui se sont consacrés à leur carrière, et qui décident d'avoir un enfant sur le tard. Mon conseil, c'est qu'il ne faut jamais oublier qu'un enfant est un enfant : permettez-lui de vivre pleinement cette période. L'enfance est un moment fabuleux qui passe trop vite. Laissez votre enfant en profiter pleinement.*

# Conclusion

Cet ouvrage n'est qu'un commencement — un premier plongeon dans les eaux inconnues de l'expérience personnelle de chaque enfant unique. Nous sommes parfaitement conscients de ne pas avoir suffisamment approfondi certaines questions et d'en avoir même omis d'autres.

Alors, que savons-nous maintenant que nous ignorions lorsque nous avons entamé la rédaction de ce livre ?

Au départ, nous pensions que le vécu de l'enfant unique présentait certaines spécificités qui le distinguaient d'individus ayant grandi au sein d'une famille nombreuse, et que ces caractéristiques étaient mal identifiées. De plus, il nous semblait que quantité d'enfants uniques avaient conscience de ces spécificités, mais qu'ils les considéraient comme des traits de caractère totalement personnels, ne découlant pas de leur éducation. Les points de vue exprimés par les personnes interrogées nous ont confirmé qu'il existait bien des traits de caractère spécifiques aux enfants uniques, tout en étayant cette intuition à deux égards.

Tout d'abord, l'éventail des caractéristiques de l'enfant unique s'est révélé bien plus vaste que prévu ; même avec notre imagination fertile d'enfant unique, nous n'aurions jamais pensé à certaines de ces spécificités.

Ensuite, les sentiments exprimés étaient d'une grande intensité, comme l'illustre la sélection des citations. Nous sommes extrêmement reconnaissants aux personnes interrogées de nous avoir consacré autant de temps, et de nous avoir livré leurs sentiments avec tant de finesse.

Certains de nos interlocuteurs ont fait état de blessures si profondes et si intimes, avec une telle franchise et une telle sincérité, qu'il nous a semblé difficile de les reproduire intégralement.

Sans nul doute, il reste encore bien des choses à découvrir sur le sujet. C'est pourquoi toute réaction d'enfant unique ou de conjoint concernant ce qui a été dit, ou ce qui a été omis dans cet ouvrage, nous intéresse au plus haut point. Sa rédaction a constitué pour nous une expérience incroyablement enrichissante, que nous avons eu à cœur d'approfondir.

Nous avons appris une foule de choses sur la vie de l'enfant unique devenu adulte, et sur l'éducation qu'il reçut. Nous espérons que nous avons su les transcrire au fil des pages que vous venez de lire. Parmi tous ces témoignages, un sentiment revient en permanence, comme un leitmotiv, concernant le rôle de la fratrie : peu importe que l'on aime ou que l'on déteste ses frères et sœurs, que l'on s'entende à merveille avec eux ou que l'on se dispute du matin au soir, que l'on partage avec eux idées et sentiments, ou au contraire que l'on s'ignore avec mépris. Ce qui importe, c'est que l'individu ait dû s'adapter à la présence de frères et sœurs au sein de sa famille. Et c'est précisément cela qui lui confère des qualités et des aptitudes qui contribuent à son équilibre affectif.

Si l'enfant est le meilleur moyen que la nature a trouvé pour assurer la survie de l'espèce, les frères et sœurs constituent l'entraînement naturel de l'individu à la vie en société. Sans fratrie, il demeure privé d'un outil social essentiel. Les concessions consenties de gré ou de force à ses frères et sœurs et le partage de l'attention parentale fournissent une excellente mise en pratique de la sociabilité. Certes, bien que privés de cette expérience, les enfants uniques s'en sortent malgré tout. Ils traversent la vie, privés de certaines compétences, et ils en acquièrent d'autres ultérieurement. Il est vrai qu'ils jouissent aussi d'immenses compensations, tant en termes d'attention parentale que de ressources familiales. Toutefois, si ces avantages étaient si appréciables, les personnes interrogées auraient été plus nombreuses à se satisfaire de leur statut. Il est indéniable que ces enfant éprouvent le sentiment d'avoir été privés d'un apport vital, responsable de leurs lacunes. Nous espérons sincèrement que cet ouvrage pourra contribuer à en combler certaines.

Nous pensons avoir cerné l'expérience de l'enfant unique et les comportements qui en découlent. Gageons que cette expérience touchera nos lecteurs et qu'elle leur permettra de mieux se comprendre. Ainsi, nous savons que le fait de parler de leur vie a été utile aux personnes interrogées et les a aidées à y voir plus clair dans leur mode de fonctionnement :

*C'est avec beaucoup d'enthousiasme que j'ai répondu à votre enquête, parce que ce sujet me tenait véritablement à cœur. À la suite de nos entretiens, je me suis mise à réfléchir. Je viens de divorcer, et ma vie est sens dessus dessous. J'ai toujours été très consciente des défauts de mon mari, et je pensais avoir cerné mes propres difficultés et mes travers. Mais ce n'est que lorsque j'ai commencé à réfléchir après nos entretiens, que j'ai pris conscience du fait que tant de difficultés dans notre couple étaient liées à mon statut d'enfant unique, et à tout ce que je n'avais pas appris tôt dans la vie. Je me rends compte maintenant que j'ai passé trop de temps à essayer de faire «ce qu'on attendait de moi», me conformant aux attentes de mes parents. Je n'avais personne avec qui partager cette difficulté. Désormais, je m'efforce d'être «moi-même» (pour autant que l'on sache véritablement qui on est). Je ne serai jamais parfaite, mais maintenant, je me sens mieux.*

Notre dessein fut d'aider les enfants uniques en leur fournissant quelques clés pour mieux se comprendre... et être capables de rire d'eux-mêmes !

# Index

## D



## E



## F



## G-I

## S



## T-V

Imprimé en Italie par Canale, Turin
Dépôt légal : n° 3591 - Mai 2000
ISBN : 2-501-03399-X